EIN ENGEL WERDEN
Der Weg der Erleuchtung

AUTOBIOGRAFIE

KAYA

UNIVERSE/CITY MIKAËL
Gemeinnütziger Verein

VORWORT

Vom Menschen zum Engel

Ich kann aus tiefster Seele und in vollem Bewusstsein bestätigen, dass es das Ziel des Menschen ist, ein Engel zu werden. Dieses Ziel erreicht er durch die Entwicklung seines Göttlichen Potenzials und dessen Verwendung zur Erforschung der unendlichen Möglichkeiten, die er in sich trägt. Es ist inzwischen allgemein bekannt, dass wir nur einen kleinen Teil unseres Bewusstseins gebrauchen. Dem stimme ich voll und ganz zu. Ja, ich würde sogar sagen, dass wir nur einen Bruchteil unserer wahren Fähigkeiten nutzen. Ich hoffe, dass die Schilderung meines Werdegangs all jene inspirieren wird, die sich für die Multidimensionen des Bewusstseins, die spirituellen Kräfte und die Fähigkeit, durch Raum und Zeit zu reisen, zu öffnen wünschen. Mit einem engelhaften Bewusstsein zu leben ist absolut faszinierend! Am Anfang jedoch kann es auf allen Ebenen – Geist, Intellekt, Emotionen und Körper – schwierig und erschütternd sein. In meinem Fall war meine Suche so intensiv, dass ich mich darin vollkommen hätte verlieren können. Deshalb hoffe ich, durch die Mitteilung meiner Geschichte all jenen zu helfen, die den Verwandlungsprozess zum Engel entdecken wollen. Die Erfahrungen, die ich dabei gesammelt habe, können dazu beitragen, dass sie ihren Weg leichter und sicherer begehen, als es für mich der Fall war.

Die Symbolsprache, welche die Sprache Gottes, der Engel und des Universums ist, hat ihre wohlbehüteten Geheimnisse, die man nach und nach entdeckt und zwar in dem Maße, in dem die verschiedenen Schichten des Schleiers, der unser Unbewusstsein verhüllt, sich lüften. Dadurch erweitert sich unser bewusstes Sein, eröffnet sich uns der Zugang zum wahren Wissen und entwickelt sich unsere feinstoffliche und multidimensionale Wahrnehmung. Natürlich ist keiner der spirituellen Wege leicht; sie können alle Erschütterungen hervorrufen, denn es ist unmöglich, tiefgründige Verwandlungen vorzunehmen, ohne die Werte und Prinzipien in Frage zu stellen, auf denen man sein Leben aufgebaut hat. Der Mensch kann als ein *lebender Computer* angesehen werden, der im Verlauf seiner Existenz, über all seine Leben hinweg, Erinnerungen abspeichert. Diese erschaffen Gedanken- und Gefühlsschemas, die konkrete Erfahrungen zur Folge haben, welche dem entsprechen, was er zu erleben hat, um sich zu verbessern und weiterzuentwickeln.

Jeder spirituelle Werdegang beginnt über die Sensibilität, dank der man spürt und sich bewusst wird, dass das Leben sich nicht auf die materiellen Aspekte beschränkt, sondern das Ziel unserer Existenz darin besteht, die Göttlichen Qualitäten zu entwickeln und bessere Seelen zu werden. Anfangs ist es nur ein Gefühl, das ständig Zweifel in uns hervorruft und uns manchmal in extremer Weise zwischen einer entweder zu materialistischen oder zu spirituellen Lebensweise hin- und herschwanken lässt. Die Verschmelzung von Geist und Materie ist eines der höchsten Ziele des Engellebens, und dieses Buch offenbart dessen tiefgründige Bedeutung sowie die große Verantwortung, die sich daraus ergibt.

Meine diversen Erfahrungen auf dem Weg zum Engelleben lassen erkennen, wie die Entwicklung unserer metaphysischen Sinne (Hellsehen, Hellhören, Hellriechen usw.) uns den Zugang zu den anderen Dimensionen eröffnet, unsere Erfahrungen als Mensch vollkommen verwandelt und uns eine neue Lebensweise sowie den Sinn des Lebens auf der Erde entdecken lässt. Diese ersten Öffnungen verändern zudem unsere Auffassung von Gut und Böse und dadurch auch unsere Funktionsweise. Jeder hat sich schon gewünscht, die Zukunft zu kennen, in die Vergangenheit zu reisen und zu wissen, wie wir in der Gegenwart am besten leben sollten. Das alles ist möglich. Damit sich unsere Engelkräfte jedoch voll aktivieren und funktionsfähig werden, ist es notwendig, ja unerlässlich, dass wir unsere Wahlen und Entscheidungen mit einer heiligen Haltung treffen und immer von dem Wunsch beseelt sind, das Richtige zu tun.

Welches ist nun der erste Schritt, den der Mensch unternehmen muss, um ein engelhaftes Bewusstsein zu erlangen und zu integrieren, dank dem er nicht nur ein erfülltes Leben auf der Erde realisiert, sondern gleichzeitig auch völlig bewusst seine Existenz in den Parallelwelten des Universums erlebt? Meiner Meinung nach besteht dieser erste Schritt darin, zu erkennen, dass unser wahres Wesen geistiger Natur ist und wir nur deshalb eine materielle Form annehmen, um die Göttlichen Qualitäten, Tugenden und Kräfte verkörpern zu lernen. All unsere Experimentiererfahrungen haben nur einen Zweck: bessere Seelen, bessere Wesen zu werden.

Ich hatte sehr jung schon Reichtum und Wohlstand kennengelernt und in der Materie experimentieren können. Bereits mit 26 war ich berühmt und wohlhabend und hatte auf der materiellen Ebene alles erreicht, wovon viele Leute träumen. Ich hatte mein Leben nach dem Vorbild meiner Eltern und gemäß dem von der Gesellschaft im Allgemeinen vorgegebenen Modell aufgebaut. Doch mein materieller Wohlstand und meine Lebensweise – die durch Schlafen und intensives Arbeiten, um noch berühmter und reicher zu werden, vorgegeben war – machten mich nicht glücklich. Im Gegenteil, ich empfand eine sehr große innere Leere und mein Leben kam mir sinnlos vor. Ich verstand nicht, warum ich unzufrieden war, nachdem alle um mich herum sich für mich zu freuen schienen. Ohne mir dessen bewusst zu sein, suchte ich nach dem fehlenden Element, welches das irdische Leben mit höheren Zielsetzungen, mit etwas Größerem verband. Ich war tiefgründig auf der Suche und wollte wissen, wer ich war, woher ich kam, ob Gott tatsächlich bestand oder nur eine Illusion war. Ich wollte den wahren Sinn und Grund unserer Existenz auf der Erde entdecken. Meine Suche brachte mich zur Erkenntnis, dass schlafen, arbeiten, eine Familie gründen, Ruhm und Reichtum erwerben, so wie alles, was wir im Leben unternehmen, mit der Absicht erfolgen muss, in erster Linie die Göttlichen Qualitäten, Tugenden und Kräfte zu entwickeln. Nach den sowohl für sich als auch für die anderen richtigen und gerechten Werten und Prinzipien leben, das ist es, was uns wirklich glücklich macht. Ich habe inzwischen die Tatsache integriert, dass wir unserem Leben auf der Erde einen heiligen Sinn geben müssen, damit es eine wahrhaftige Entwicklungsplattform wird und nicht nur ein unaufhaltsamer Kreislauf von Unzufriedenheit und Sensationssuche ist.

Heute lebe ich ständig mit einem engelhaften Bewusstsein und dem Wunsch, mich immer weiter zu verbessern und zu vervollkommnen. Ich weiß nun, wer ich bin und welche Aufgabe ich auf der Erde zu erfüllen habe.

KAYA

„Ein Mensch zu sein ist nicht genug. Wir sind dazu bestimmt, Engel zu werden und unsere Fähigkeit zu entwickeln, zu träumen und die Multidimensionen des Universums zu erforschen. Die Meditation ist der Schlüssel, um unsere Seele neu zu programmieren und die spirituelle Autonomie zu erlangen."

Ich widme dieses Buch meiner engelhaften Frau Christiane, meiner Tochter Kasara und meinem spirituellen Sohn Anthony, die auf dem Weg meiner Verwandlung eine beständige Quelle der Liebe und der Inspiration sind. Mit ihnen der Menschheit zu dienen ist ein wahrer Segen.

Ich danke aus tiefstem Herzen allen Freiwilligen und Wohltätern aus der ganzen Welt, die durch ihre altruistische Hilfe und ihre hingebungsvolle Mitwirkung die Verbreitung der UCM-Mission unterstützen.

KAYA

KAPITEL EINS

DER WENDEPUNKT

In diesem ersten Kapitel berichtet Kaya über seine Kindheit und enthüllt die ersten Schritte seines intensiven spirituellen Entwicklungswegs. Er nennt die Gründe, die ihn veranlassten, die Musikwelt zu verlassen, diesen wichtigen Abschnitt seines Lebenswegs, bei dem er in Kanada als Sänger Berühmtheit, Ruhm und Reichtum kennen gelernt hatte. Er spricht auch über seine ersten mystischen Erlebnisse, die für ihn zugleich erschütternd und inspirierend waren. Sie zeigen, wie machtvoll der Einweihungsweg sein kann, wenn die Himmlischen Mächte uns auffordern, unser Engelpotenzial zu entdecken und unsere Flügel zu entfalten.

*

1- Der Schmied aus Gold

Als ich 26 Jahre alt war, nahm mein Leben eine völlig andere Richtung, die mit sehr intensiven Träumen begann. Schon als Kind war ich spirituell, aber wie die meisten Menschen hatte ich dafür keine konkreten Beweise, und meine Spiritualität beruhte auf meinem Empfinden und einem abstrakten Verständnis. Zwischen dem 7. und 26. Lebensjahr konnte ich mich nicht an meine Träume erinnern, doch ich durchlebte viele mystische Erfahrungen. Außerdem löste meine fortwährende Beobachtung des Lebens viele Fragen in mir aus. Meine Suche nach einem tieferen Sinn entwickelte sich auf der Grundlage einer großen Rezeptivität und eines natürlichen Mitgefühls für meine Mitmenschen. Da ich eher ein Einzelgänger war, betrachtete und beobachtete ich gerne das Leben und mein Umfeld. Mein größtes Problem war damals meine Sensibilität, die mich die Energien meiner Umgebung wie ein Schwamm aufsaugen ließ. In Gesellschaft fühlte ich mich zaghaft, dünnhäutig und unwohl, denn ich wusste nicht wirklich, wer ich war und wie ich mich unter Menschen verhalten sollte. Ich imitierte die anderen und versuchte so zu sein, wie sie und die Gesellschaft mich haben wollten. Ich war *zu* nett, sagte zu allem ja und folgte einfach, ohne jegliche Aggressivität. Mir war alles recht und ich habe nur glückliche Erinnerungen an meine Kindheit und Jugendzeit, die ohne wirkliche Probleme verliefen. Ich hatte gute Eltern und folgte dem Lauf des Lebens, bis eines Tages die tiefen inneren Veränderungen begannen.

Mit 10 Jahren wurde mir die erste Platin-Schallplatte verliehen und mit 18 unterschrieb ich einen Vertrag mit dem internationalen Musikkonzern CBS Records. Durch meine künstlerische Karriere entwickelte ich schon sehr jung ein großes Verantwortungsbewusstsein in Bezug auf meine soziale Rolle. Da ich in meinem Land bekannt und anerkannt war, machte ich es mir zur Pflicht, für meine Umwelt ein gutes Beispiel und ein vorbildliches Modell zu sein. Dies fiel mir nicht schwer, denn es nährte meinen altruistischen Geist, mein natürliches Bestreben, anderen zu helfen und sie zu inspirieren. Mein Perfektionismus hingegen war nicht einfach zu ertragen, doch er veranlasste mich zu stetiger Verbesserung. Als ich begriff, dass der Sinn des Lebens darin besteht, Qualitäten und Tugenden zu entwickeln und zu verkörpern, richtete sich meine Suche nach Vollkommenheit ganz natürlich auf die Perfektionierung meines Bewusstseins aus.

Diese Jahre des Erfolgs und des Ruhmes waren für mich eine wunderbare, erfahrungsreiche Zeit. Ich bereue nichts in diesem Lebensabschnitt, auch wenn ich mich in meinem tiefsten Innern nicht als Sänger fühlte. Ich hatte keine Ahnung, wer oder was ich hätte sein können, aber zu singen war für mich nicht wesentlich. Es war ganz einfach meine Arbeit, und mir war wichtig, die Menschen glücklich zu machen.

Hier nun der erste Traum, der mein Leben veränderte. An einem Samstagnachmittag, als ich eingenickt war, *sah ich* im Traum *einen Schmied ganz aus Gold am Himmel. Er war unbeschreiblich schön, wie ein Engel, und ein machtvolles, strahlendes Licht ging von ihm aus. Ich hatte den Eindruck, ihn schon immer zu kennen, als wäre er mein Bruder, der mich holen kam. Ich stand aufrecht auf der Erde, trug eine braune Hose und eine braune Jacke und blickte zu ihm in den Himmel. Der Schmied fragte mich mit einer tiefen, multidimensionalen, respektvollen Stimme: „Bist du bereit?" Ich antwortete: „Bereit wozu?" Er wiederholte seine Frage: „Bist du bereit? Wir fangen wieder an…" Ich erwiderte: „Aber womit fangen wir wieder an? Ich verstehe nicht…"*

Erst viel später wurde mir klar, dass dieser Traum ein neues Programm ankündigte, das sich in meinem Bewusstsein aktivierte und eine grundlegende Veränderung meines Lebens und Werdens einleitete. Nach diesem machtvollen Traum bekam ich jede Nacht zwischen 10 und 50 Träume. Das war so intensiv! Manchmal kündigten mir schöne Träume eine wunderbare Zukunft an, aber meistens hatte ich gewalttätige, verunsichernde Albträume, die mein Wesen erschütterten und umprogrammierten, mein Bewusstsein prägten und mir die Erinnerungen meiner Seele und des kollektiven Unbewusstseins enthüllten. Heute weiß ich, was das Symbol des Schmiedes in einem Traum bedeutet, denn jahrelang wurde ich richtiggehend zurechtgeschmiedet, um nach und nach eine neue Weisheit, ein neues Wissen und eine neue Erkenntnis zu verinnerlichen.

Jede Nacht studierte ich mein Unbewusstsein, bereinigte die darin enthaltenen Erinnerungen, entdeckte verschiedene Facetten und Szenarien meines Lebens und das meiner Mitmenschen. Wenn ich aufwachte, hatte ich das Gefühl, nicht mehr derselbe zu sein. Ich erlebte Höhen und Tiefen, war launenhaft, was ich sonst nicht an mir kannte, denn ich war immer fröhlich, glücklich und begeistert dem Leben und den Projekten gegenüber gewesen, für die ich mich engagierte.

Die Reisen, die ich in meinen Träumen unternahm, faszinierten mich, auch wenn sie sehr intensiv waren und ich manchmal Angst hatte, die Augen zu schließen. In meinen Gebeten bat ich immer um Reinheit und Göttlichen Schutz, obwohl ich nicht in einer besonders religiösen Familie aufgewachsen war. Ich war – abgesehen von meinem Großvater – der Einzige, der regelmäßig zur Kirche ging. Oft betete ich in der Nacht ununterbrochen das Vaterunser, wie ein Mantra, um mir Trost zuzusprechen und um Hilfe zu bitten.

Was ich nachts erlebte, war so machtvoll, dass ich leicht in einer psychiatrischen Klinik hätte enden können. Doch gleichzeitig war das alles für mich wie ein Glaubensakt, eine heilige Handlung. Ich hatte keine spirituellen Bücher gelesen, weil ich Legastheniker war, bis ich später davon geheilt wurde und selber Bücher schrieb. Ich *las* hingegen jeden Morgen meine Träume, versuchte ihren Sinn zu erfassen und daraus Lehren zu ziehen. Ich war überzeugt, dass die Reisen, die ich in meinen Träumen unternahm, und das, was mir gezeigt wurde, nicht meiner Einbildungskraft entsprangen.

Für mich sprach der Schöpfer zu mir, gab mir Erklärungen und unterrichtete mich. Damals wusste ich weder, was mir geschah noch was diese Informationen bedeuteten. Ich notierte sie alle in mein Tagebuch in der Hoffnung, eines Tages ihre Bedeutung verstehen zu können.

2- Das Ende von Ruhm und Reichtum

Diese ständigen Reisen in die jenseitigen Welten führten mich anfangs hauptsächlich ins tiefste Innere meiner Erinnerungen und zeigten mir meine Verzerrungen und Schwächen. Ich hatte immer nach dem Sinn des menschlichen Daseins gesucht und fand nun in meinen Träumen eine außerordentliche Quelle der Erkenntnis, die sich mir in Form von mathematischen, aus Symbolen zusammengesetzten Gleichungen offenbarte. Mit der Zeit schenkte ich meinen Träumen immer größere Beachtung, während mein Interesse für Musik, Ruhm und Reichtum zunehmend sank. Die Träume wurden zu meinen neuen Musikpartituren, wobei anstelle von Noten meine Gemütszustände und Bewusstseinsbewegungen in Symbolen ihren Ausdruck fanden.

Als ich Vito Luprano, dem damaligen Direktor von Sony Music Canada (früher CBS Records), der unter anderem die Karriere von Céline Dion lanciert hatte, erklärte, dass ich die Musikbranche verlassen und mich ganz zurückziehen wolle, war er geschockt und sprachlos. Er verstand nicht, was mit mir geschah, denn er hatte mir gerade die Verlängerung meines Vertrags vorgeschlagen und einen großartigen Karriereplan erstellt. Ich muss hinzufügen, dass alle Personen aus dem Musikmilieu (meine Manager, Presseattachés usw.) sehr gut zu mir waren und ich keineswegs aufhören wollte, weil ich Probleme mit ihnen hatte. Ich war in Quebec (Kanada) auf dem Gipfel des Erfolgs angelangt und mir war ein wunderbarer Weg für eine internationale Karriere vorgezeichnet, in den Millionen Dollar investiert wurden. Ich erinnere mich noch heute daran, was Vito damals zu mir sagte: „Du hast Geld; geh auf Reisen, nimm eine Auszeit, dann kommst du wieder, und wir machen weiter…" Aber tief in meinem Innern wusste ich, ohne es mir recht erklären zu können, dass für mich ein neuer Weg begann und mich ein spirituelles Leben erwartete. Ich war nicht in der Lage, Vito offen zu gestehen, dass sich in mir – wie ich später erkannte – das Engelleben aktivierte. Deshalb bedankte ich mich an jenem Tag bei ihm für alles, was er für mich getan hatte, und sagte, dieser Lebensabschnitt sei nun für mich beendet. Tatsächlich habe ich sein Büro nie wieder betreten.

3- Die manipulierte Fernsehsendung

Heute verstehe ich, dass dieser Umschwung in meinem Leben von vornherein für mich programmiert und vorgesehen war. Ich erinnere mich an eine Fernsehsendung, an der ich drei Jahre zuvor teilgenommen hatte. Man hatte mich zu einer einstündigen Sendung über mein Leben eingeladen und dies in den Quebecer Medien groß angekündigt. Vor dem Fernsehstudio *Musique Plus* warteten so viele Fans, dass die Polizei eingreifen musste. Ich erinnere mich noch sehr gut, wie ich mich, von Leibwächtern flankiert, durch die Menge auf das Gebäude zubewegte. Am Eingang angekommen, wandte sich ein Mann an meinen Werbemanager und sagte zu ihm: „Ich muss ihn privat sprechen, es ist sehr wichtig." Mein Manager antwortete: „Wer sind Sie? Sie sehen doch, dass er jetzt keine Zeit hat." Wir wurden von allen Seiten bedrängt und hatten Schwierigkeiten, ins Gebäude zu gelangen. Der Mann erklärte, er sei Astrologe und würde während der Sondersendung über mich sprechen. „In Ordnung", antwortete mein Manager, „aber Sie haben nur drei Minuten, mehr nicht."

So fand ich mich denn mit dem Astrologen in einer Künstlergarderobe des Senders wieder. Der Mann schaute mich lange schweigend an. Ich spürte, dass er sich unwohl fühlte, nervös war und nicht sicher, was er mir enthüllen sollte. Schließlich sagte er: „Ich habe dein Geburtshoroskop erstellt und in ein paar Minuten werde ich darüber im Fernsehen sprechen. Weißt du, dass du ein sehr spiritueller Mensch bist?" Ich senkte den Blick, denn ich wusste nicht, was ich darauf antworten sollte, da er meine verborgene Welt angesprochen hatte.

Seit meiner Kindheit war die Spiritualität mein Leben, die Essenz meines Wesens, doch noch nie hatte ich darüber gesprochen, weder mit meinen Eltern oder Freunden noch in einem Interview. Ich deutete an, dass ich es wisse. „Aber du bist nicht nur ein bisschen spirituell", fuhr der Astrologe fort, „sondern in hohem Maße…

Dein Horoskop besteht nur aus Spiritualität... du hast nichts von einem Musiker oder Sänger. Bist du dir darüber im Klaren?"

Zum ersten Mal in meinem Leben sprach jemand konkret aus, was ich empfand und innerlich bekämpfte. Ich kann nicht von mir sagen, dass ich die Musik liebte, für mich war sie lediglich ein Ausdrucksmittel, mehr nicht. Ich antwortete ihm, dass ich verstünde, was er meinte, und er fügte eilig hinzu: „Du verstehst nicht wirklich, was ich meine, nicht tiefgründig. Aber das wird bald kommen... Du hast eine große Mission hier auf Erden zu erfüllen... Im Interview gleich anschließend werde ich nicht dein wahres Geburtshoroskop enthüllen. Ich werde eins erfinden, denn du musst noch geschützt werden. Die Menschen sollen jetzt noch nicht wissen, wer du wirklich bist... das wird später kommen. Hier, ich schenke dir dein Geburtshoroskop, zeig es aber niemandem. Du könntest dich vor dem richtigen Zeitpunkt in der Spiritualität verlieren." In dem Moment kam mein Manager, sagte die drei Minuten seien um und ich müsse auf die Bühne. Die Worte des Astrologen hatten keinen sehr großen Eindruck auf mich gemacht, denn in meinem tiefsten Innern wusste ich das alles bereits, ohne jedoch zu verstehen, was es wirklich für mich bedeutete.

4- Eine Kindheit in der Kirche

Als ich fünf war, bestand mein Lieblingsspiel darin, einen Stift auf den Tisch zu legen und meine Aufmerksamkeit so stark darauf zu fokussieren, bis er sich bewegte. Ich konnte stundenlang schweigend so dasitzen und mich konzentrieren, damit der Stift seine Position veränderte. Niemand hatte mir beigebracht, wie das ging, ich tat es einfach von mir aus.

Eines Tages kam die Kirchenchorleiterin an unserem Haus vorbei und hörte jemanden singen. Da diese Stimme sie sehr berührte, klingelte sie, um zu fragen, wem sie gehöre, und meine Mutter antwortete ihr, es sei ihr fünfjähriger Sohn, der in der Badewanne sang. Sofort lud sie mich ein, am Kirchenchor teilzunehmen, und in den folgenden Wochen wurde ich Solist und Messdiener. Diese gemeinnützigen Aufgaben erfüllten mich mit großer Freude.

Ab meinem sechsten Lebensjahr verbrachte ich viel Zeit in der Kirche, weil ich mich an diesem Ort am wohlsten fühlte. Meistens ging ich nach der Schule hin und half gerne bei den täglich anfallenden Arbeiten.

Nachdem ich sieben geworden war, nahm ich an allen möglichen musikalischen Veranstaltungen, Festivals und Fernsehsendungen teil. Und mit neun wurde ich ausgewählt, beim Rockmusical *Starmania* von Luc Plamondon und Michel Berger mitzuwirken. Ich bekam die Rolle eines außerirdischen Kindes, das die Moral darstellte und die Botschaft überbrachte, wonach die Menschen in ihrem Streben nach materiellem Erfolg und Anerkennung um jeden Preis Gefahr laufen, sich selbst zu verlieren, ohne zu erkennen, dass es im Leben um sehr viel mehr geht.

Es war mir schon lange angekündigt worden, dass ich für diese Rolle vorgesehen war. Zwei Jahre vor diesen Ereignissen hatte ich eines Tages alle Buchstaben des Alphabets gezeichnet und ausgeschnitten, sie in einem Kreis auf dem Tisch ausgebreitet und ein Glas in die Mitte gestellt. Aus Spaß wollte ich die Geister anrufen und ihnen Fragen stellen. Unter anderem fragte ich, was meine nächste Mission sei. Das Glas begann sich zwischen den Buchstaben hin- und herzubewegen und bildete die Worte: s-t-a-r-m-a-n-i-a und l-u-c-p-l-a-m-o-n-d-o-n. Damals hatte ich natürlich keine Ahnung, was das bedeutete, und ich kannte diesen Menschen auch nicht. Aber später, beim Casting, war ich mir sicher, dass die Wahl auf mich fallen würde, denn das hatte das Schicksal für mich bestimmt.

Eines Tages überraschte ich auch meine Großmutter sehr, als eine dieser Sitzungen offenbarte, dass ihr totgeglaubter Bruder noch lebte, aber das Gedächtnis verloren hatte. Er war nach dem Krieg nicht zurückgekehrt, hielt sich nun in Deutschland auf und hatte dort Frau und Kinder. Wir erhielten sogar den Namen der Stadt, wo er wohnte, doch meine Großmutter hatte solche Angst, dass sie die Angaben nicht zu überprüfen wagte.

In dieser Zeit war meine Sensibilität so ausgeprägt, dass ich fast jede Nacht schlafwandelte, mich aber immer erinnerte, was ich dabei erlebte. Oft stand ich aufrecht im Bett, wenn mein Vater kam, um sich um mich zu kümmern. Beim Schlafwandeln *sah ich mich häufig in einem alten Tempel ganz aus Stein, ein wunderbarer Ort, der mir sehr reell schien. Ich sah ein Insekt auf mich zukommen, um mich zu schnappen.* Tatsächlich war es mein Vater, der ins Zimmer kam. Da er ein normales Bewusstsein hatte und nicht verstand, was ich durchlebte, empfand er Angst, und ich nahm die Energie, die er ausstrahlte, in Form eines Insektes wahr, das mich ergreifen wollte.

Als Kind hatte ich auf ganz natürliche Art eine positive Einstellung zur Welt, den Schwierigkeiten, den Problemen und dem Tod. Es war, als hätte ich schon damals gewusst, dass alle Ereignisse – sowohl die positiven als auch die negativen – unserer Entwicklung dienen, obwohl ich in diesem Alter die Dinge noch nicht erklären konnte. Ich erlebte meine spirituellen Erfahrungen mit einer inneren Ungebundenheit, so als wäre das alles ganz normal. Ich sprach auch zu niemandem darüber, machte kein Aufhebens davon und fühlte mich nicht wichtiger als meine Mitmenschen.

Mit 11 Jahren trug ich die Morgenzeitung aus. Denn obwohl ich an sechs Abenden in der Woche Vorstellung hatte, spät heimkehrte und ein Privatlehrer für den Unterricht zu uns nach Hause kam, hatte ich meinen Vater um die Erlaubnis gebeten, die Zeitung austragen zu dürfen, weil ich ein normales Leben führen wollte. So verließ ich jeden Abend sehr spät das Theater, war erst gegen 2 Uhr im Bett, stand um 5 Uhr auf, um die Zeitungen zu verteilen, und legte mich danach wieder schlafen. Ich mochte diese Zeit frühmorgens sehr, wo die meisten Menschen noch nicht auf waren, während ich ihnen die Neuigkeiten in den Briefkasten steckte. Es faszinierte mich, den Leuten so zu helfen und zu wissen, dass durch das Zeitungslesen neue Gedanken in ihrem Kopf auftauchen würden.

Als ich einmal auf der Bank war, um mein wöchentliches Zeitungsgeld zu deponieren, gab es einen bewaffneten Raubüberfall. Ich stand am Schalter des Kassierers und als der Bankräuber das Geld aus der Geldschublade nahm, sah ich ihm durch seine Strumpfmaske hindurch direkt in die Augen. Mein Blick war ihm so unangenehm, dass er plötzlich seine Waffe auf meine Stirn hielt und aus vollem Hals schrie, ich solle meinen Blick abwenden. Da ich aber überhaupt keine Angst spürte und innerlich vollkommen gelassen war, senkte ich den Blick nicht. Nach einigen Sekunden rannte er verschreckt davon. Die Mitarbeiter der Bank waren völlig durcheinander und kümmerten sich sofort um mich. Sie gaben mir sogar Cognac zu trinken. Doch ich hatte wirklich keine Angst und weinte auch nicht. Deshalb dachte ich, ich sei nicht normal. Es war eine sehr besondere Erfahrung. Ich konnte nicht aufhören, über die Ereignisse nachzudenken und mich zu analysieren. Als ich die Bank verließ, fragte ich mich ununterbrochen innerlich und sogar mit lauter Stimme: „Wieso hatte ich keine Angst?" Ich war unzufrieden, weil ich nicht wie die Erwachsenen reagiert und Angst hatte. Noch heute erinnere ich mich an das Ereignis, als sei es gestern geschehen.

In einer vergleichbaren Situation befand ich mich, als mein Großvater starb. Ich wollte wie die anderen weinen, und um das zu erreichen, versetzte ich mich in einen Zustand der Hyperventilation. Es war des erste Mal, dass ich den Tod eines Menschen aus meinem Familienkreis erlebte und diese Erfahrung schrieb sich in mein Herz und in meine Seele wie ein tiefgründiges Rätsel des Lebens ein.

5- Die vertrauliche Mitteilung des Großvaters

Mein Großvater war ein in sich gekehrter, sehr spiritueller Mensch. Jeden Tag ging er zum Beten in die Kirche, sprach aber nie über seine spirituelle Entwicklung. Er redete überhaupt sehr selten, doch man konnte allein durch seine Anwesenheit und tröstliche Ruhe seine Weisheit spüren. Es war erstaunlich, wie gut er über die Welt und die internationalen Ereignisse Bescheid wusste, und ich fragte mich manchmal, wie es ihm gelang, all das zu verstehen. Er hatte ein besonderes Schicksal durchlebt: Nach seinem Universitätsabschluss in Philosophie und Religion hätte er Professor werden können, doch zur Überraschung aller zog er sich in den Wald zurück, wurde Holzfäller und später Vorarbeiter. Für mich war er ein Rätsel. Wenn ich bei ihm war, setzte ich mich oft auf die Treppe über der Küche und dem Wohnzimmer und beobachtete ihn. Ich liebte es, ihn schweigsam zu ergründen. Wenn er mich anblickte, empfand ich etwas anderes als unter dem Blick meiner Eltern oder der Menschen, denen ich im Alltag begegnete. Sein Blick war tief und beobachtend, als ob auch er mich insgeheim erforschen wollte.

In meiner Jugendzeit hatte ich ein Erlebnis, das für immer in meinem Herzen eingeprägt bleiben wird. Nach der Mitternachtsmesse blickte mir mein Großvater direkt in die Augen und bat mich, ihn zu Fuß nach Hause zu begleiten. Es war eine wundervolle Nacht, in der einige Schneeflocken herabfielen. Ich verstand nicht, was los war, denn mein Großvater hatte mich noch nie darum gebeten, mit ihm einen Spaziergang zu machen. Einerseits war ich überrascht, doch andererseits hatte ich auch eine Vorahnung. Dieses Gefühl, etwas zu wissen, ohne genaue Details zu kennen, überkam mich oft. Schon von klein auf war meine Funktionsweise eine besondere, denn ich fühlte intuitiv, wo ich zu sein hatte, und griff den Ereignissen und Situationen meines Alltags ständig voraus. An jenem Abend kehrten alle Enkel meines Großvaters mit ihren Eltern nach Hause, während ich nach dieser wunderbaren Weihnachtsmesse mit ihm auf dem schneebedeckten Weg heimging. Ich erinnere mich noch sehr gut an die Stille, als wir mit langsamen Schritten durch den glitzernden Schnee gingen. Dann begann mein Großvater in feierlichem Ton zu sprechen:

– Ich werde bald von euch gehen…
– Aber wo willst du hingehen, Opa? fragte ich ihn sofort.
– Ich werde bald sterben.
– Sag das nicht, Opa, du bist doch ganz gesund. Du bist nicht krank! Wieso solltest du uns jetzt verlassen?
– Nein, krank bin ich nicht, aber meine Zeit ist gekommen… Du hast eine große Mission zu erfüllen und ich werde dir dabei weiterhin helfen und über dich wachen, sei unbesorgt…

Normalerweise sind Menschen in einer solchen Situation sehr erschüttert und beginnen zu weinen, doch für mich war diese Neuigkeit aus dem Mund meines Großvaters etwas ganz Natürliches. Die geistige Reife, mit der ich in Situationen reagierte, welche die Spiritualität betrafen, war mir unerklärlich.

Mein Großvater ging schweigend weiter und auf dem Rest des Weges sprachen wir nicht mehr. Während ich heute diese Zeilen schreibe, wird mir klar, dass ich nicht einmal mit meinen Eltern darüber sprach, als ob die ganze Situation ein Traum gewesen wäre, eine Prophezeiung, die nicht enthüllt werden durfte. Ich erinnere mich an den Gedanken, dass meine Eltern, meine Großmutter, meine Cousins und Cousinen sicherlich verlegen gewesen wären, wenn ich ihnen erzählt hätte, dass mein Großvater sich mir anvertraut hatte. Ohne mir viele Fragen zu stellen und ohne Gewissensbisse zu haben, wusste ich, dass es so richtig war, weil die anderen es nicht verstanden hätten.

Bald darauf starb mein Großvater, wie er es mir angekündigt hatte. Zwölf Tage später, am 5. Januar, hatte er im Schlaf einen Herzanfall, ohne vorher an einer Krankheit gelitten zu haben. Ich erinnere mich daran, wie ich, als mein Vater mir seinen Tod ankündigte, innerlich zu mir sagte: „Ich muss jetzt weinen, denn das machen die Menschen so, das ist wichtig… Ich muss jetzt weinen… Ich muss jetzt weinen…" Ich wiederholte den Satz so lange, bis ich wirklich weinte, doch in meinem tiefsten Innern verspürte ich keine Traurigkeit. In meiner Seele und in meinem Bewusstsein war der Tod schon als ein Übergang in eine andere Dimension festgeschrieben und nicht als etwas Dramatisches oder als das Ende. Zu jener Zeit empfand ich einen großen inneren Zwiespalt in Bezug auf meine Funktionsweise und meine Reaktionen, wenn ich mich in Gesellschaft befand. Ich versuchte immer, mich wie meine Mitmenschen zu benehmen, wie sie zu leben, zu handeln und zu reagieren. Gleichzeitig analysierte ich alles, denn ich wollte mich richtig verhalten. Die durch diesen permanenten Zwiespalt erzeugten inneren Zustände waren lange Zeit sehr schwierig für mich, bis ich den Zugang zum wahren Wissen fand und meine Engelnatur zum Ausdruck bringen konnte, die schon in meiner Seele und in meinen Erinnerungen eingeprägt war.

6- Großvater, ein Geistiger Führer

Als das Beerdigungsdatum näher rückte, fragte meine Großmutter meinen Vater, ob ich während der Zeremonie singen könne, was ich freudig akzeptierte. Noch heute erzählt mein Vater, was passierte, als ich an diesem Tag zu singen begann. Es war ein wolkenverhangener Tag. Wir waren alle zur Beerdigung in der Kirche versammelt. Normalerweise hatte ich nie Lampenfieber, doch als ich das Vaterunser anstimmte, begann ich am ganzen Körper zu zittern. Beim Ertönen der ersten Noten hob sich mein Körper leicht vom Boden ab und ein Licht, das durch ein Kirchenfenster schien, ließ mich bis zum Ende des Liedes erstrahlen. Die Gemeinde gab ein überraschtes Raunen von sich und selbst der Priester drehte sich um, um zu sehen, was vor sich ging. Mit dem Ende meines Gesangs war alles wieder vorbei. Nach diesem machtvollen

Erlebnis war mir bewusst, dass ich meinem Vater und den nahen Verwandten sagen konnte, dass Großvater mir sein Ableben angekündigt hatte. Zu meiner großen Überraschung wurde diese für mich sehr wichtige Enthüllung für sie aber schnell zu einer unbedeutenden Sache.

Diese Erfahrung veranlasste mich, mein tiefes Nachdenken über das Leben und den Tod, den Übergang in die anderen Welten und die Möglichkeit, mit den sich dort befindenden Wesen zu kommunizieren, fortzusetzen. Nach dem Ableben meines Großvaters sprach ich jeden Abend mit ihm. Wenn es in meinem linken Ohr leicht zu pfeifen begann, wusste ich, dass die Verbindung zwischen uns hergestellt war. Zusammen legten wir einen Kode fest: ein Hochfrequenzton als Ja, ein Niederfrequenzton als Nein. So konnte ich ihm jede Frage stellen. Außerdem erschien er regelmäßig in meinem Zimmer. Diese Erlebnisse waren für mich so real, dass ich es gar nicht abwarten konnte, ins Bett zu gehen, um mich zu verinnerlichen und mit ihm zu kommunizieren.

Vom 12. bis zum 18. Lebensjahr hatte ich ausnahmslos jeden Abend Kontakt zu meinem Großvater. Durch seine Antworten lehrte er mich vieles und half mir, meine Entscheidungen und Erfahrungen zu hinterfragen und zu beurteilen. Ich sprach mit ihm über alles, was ich erlebte, und er führte mich, sodass ich anders zu

denken begann. Manchmal, wenn ich unbedingt etwas tun wollte, stimmte er zu und ermutigte mich, auch wenn es sich um eine negative Erfahrung handelte. So respektierte er meine Entscheidungsfreiheit und half mir zu verstehen, dass die Erfahrung für mich notwendig gewesen war. Ich sprach nie mit meinen Eltern darüber, weil ich nicht das Bedürfnis dazu verspürte. Und ohne es mir erklären zu können, erachtete ich es auch nicht als notwendig, für diese Erlebnisse eine äußere Bestätigung zu verlangen oder mich zu rechtfertigen.

Heute verstehe ich natürlich, dass mich damals ein inneres Programm inspirierte und dazu anhielt, mich spirituell zu entwickeln, eine spirituelle Struktur in mir aufzubauen, um meditieren und mit dem Göttlichen kommunizieren zu lernen. Jetzt weiß ich auch, dass ich in all den Jahren nicht immer nur mit meinem Großvater sprach, sondern ab einem gewissen Moment Geistige Führer aus den Parallelwelten die Kommunikation in der gleichen Weise übernahmen. So konnten sie mir helfen und mich in dem, was ich zu erleben hatte, anleiten. Oft zog ich mich in mein geheimes Versteck unter der Treppe zurück, um über die nächtlichen Gespräche nachzudenken und das daraus resultierende Verständnis zu verinnerlichen. Als ich Jahre später sehr intensiv zu träumen begann, traf ich in der Traumrealität mehrmals dieselben Geistigen Führer wieder, die mir in der Jugend geholfen hatten. Ich bin mir heute bewusst, dass ich beschützt wurde, denn wenn ich über all das gesprochen hätte, wäre meine Familie sicherlich besorgt gewesen und man hätte mich ausgrenzen oder daran hindern können, diese spirituellen Erfahrungen zu machen, die ein Teil meines Alltags geworden waren. Indem ich schwieg, war es mir möglich, behutsam aufzuwachsen, ohne jemanden zu beunruhigen, und ich danke den Himmlischen Mächten für ihre Führung und ihr Wohlwollen.

Es berührt mich sehr, wenn ich heutzutage spirituelle Eltern sehe, die keine Angst vor den imaginären Freunden ihrer Kinder haben und die Entwicklung ihrer feinstofflichen Fähigkeiten unterstützen. Ich persönlich konnte meine Tochter Kasara auf diesem Entwicklungsweg begleiten und heute ist sie eine spirituelle junge Frau, die in der Lage ist, Geist und Materie gut und angemessen zu vereinen, ihre eigenen Antworten zu finden und ohne Verschiebungen ihr Engelpotenzial im irdischen Leben umzusetzen. Darüber bin ich sehr glücklich, denn die spirituelle Autonomie und ein Engelleben im Alltag sind in meinen Augen die wesentlichen Bestandteile unserer Entwicklung.

7- Das Leben als Star

Gleichzeitig zu meinem inneren spirituellen Leben experimentierte ich einen großen Erfolg in der konkreten Welt. Zuerst in meinem Dorf, als ich in der Kirche zu singen begann, denn jeder kannte mich, sprach mit mir und brachte mir Zuneigung entgegen, was sich im Laufe der Zeit auch landesweit so ereignete. Heute denke ich, dass dieses Paradox ein Gleichgewicht schuf, denn die Musik und das Leben als Star waren nicht das alleinige Zentrum meines Daseins.

Da meine spirituelle Entwicklung von dem Wunsch genährt war, die Welt, die mich umgab, zu verstehen, beobachtete und analysierte ich weiterhin das Leben und meine Mitmenschen, so wie ich es seit meiner Kindheit tat. Dabei ging ich in autodidaktischer Weise vor. Ehrlich gesagt denke ich, dass meine Eltern mir nicht sehr viel beibrachten. Ich hätte gerne von meinem Vater das Tischlern gelernt, weil er darin sehr begabt war, doch er hielt mich immer von seinen Tätigkeiten fern, um Verletzungen oder ein Unglück zu vermeiden. Im Nachhinein bin ich ihm dafür dankbar, denn so konnte ich mich der aufmerksamen Betrachtung und dem Gebet widmen und die Zeit auch für meine kindlichen Tätigkeiten nutzen. Ich hatte sehr wenige Freunde und meistens spielte ich mit einem allein. Natürlich hinderte mich all dies nicht daran, ganz normale Momente, wie sie im Leben eines Kindes vorkommen, zu erfahren. Dabei war aber ständig mein beobachtendes und analysierendes Bewusstsein am Werk, wie ein Computer, der kontinuierlich Daten herunterlädt.

Mehrmals in meiner Kindheit und in meiner Jugend hatte ich verwirrende Erlebnisse, wo ich zum Beispiel *spürte, wie mein Zimmer sich abkühlte und Elektrizität in meinen Kopf strömte. Ich sah Zahlen, Gleichungen und Daten, die sich sehr schnell in meinem Gehirn abspeicherten, derart viele Informationen, dass ich manchmal schreien musste und am ganzen Körper zitterte.* Es war äußerst intensiv! Das geschah nicht, während ich schlief, sondern in einer Art

Wachtraum, und die Erfahrung war körperlich-konkret und sehr machtvoll. Ich erinnere mich daran, als wäre es gestern geschehen.

Ich sprach auch nicht viel, das übernahm die Musik für mich und schuf so den Erfolg um mich herum. In meinem heutigen Bewusstsein ist mir klar, dass diese Anerkennung dafür sorgte, dass meine Verlegenheit und meine Schüchternheit nicht als störend empfunden wurden. Das Image eines scheuen Menschen half mir, Zeit zum Alleinsein zu finden, damit ich über meine Erlebnisse nachdenken und innere Zwiesprache halten konnte. Die Befangenheit nutzte ich nur, wenn ich sie brauchte. Diese eigenartige Dynamik funktionierte wunderbar für mich und half mir dabei, eine gewisse Autonomie zu bewahren.

Als ich sieben Jahre alt war, bestand eines meiner Lieblingsspiele darin, mich stundenlang auf eine Bank an der Bushaltestelle zu setzen, die vorbeigehenden Menschen zu beobachten und sie zu analysieren, um zu verstehen, warum jener Mann nett mit seinem Hund sprach, jene Frau mit ihrem Kind schimpfte, dieser Mensch einen roten Schal trug usw. Welcher tiefere Sinn steckte hinter all dem? Ich habe mir in meinem Leben so viele Fragen gestellt! Selbst mit sieben hatte ich bereits die Gewissheit, dass alles, was wir tun, all unsere Handlungen eine versteckte Bedeutung haben. Indem ich also die Menschen und Situationen beobachtete, suchte ich nach Antworten und dem tieferen Sinn.

Später, während meines Studiums am Musikkonservatorium, war der Musikliteraturkurs, den alle fürchteten, eine wahre Freude für mich, denn ich analysierte das Leben der Komponisten anhand der über ihre Musik vermittelten Seelenzustände. Es war zugleich faszinierend und aufschlussreich. Selbst in meinen Prüfungen sprach ich hauptsächlich über die Symbolik sowie die Verbindung zwischen dem übermittelten Seelenzustand und der Komposition. Ich interessierte mich nicht wirklich für die Geschichte des Komponisten oder die wichtigen Daten in seinem Lebenslauf, sondern tauchte vielmehr in das Studium meines Empfindens ein, das sich in der Entdeckung seines Lebens bestätigt fand. Für mich hatte das eine magische Seite, aber für meine Lehrer war es verwirrend, sodass ich es mehrfach der Direktorin, einer Ordensschwester, erklären musste. Ich sagte ihr, dass nicht meine Note für mich das Wichtigste sei, sondern die Sprache Gottes sowie die Entdeckung der Seelenzustände und der Funktionsweise des Bewusstseins. Ich erinnere mich, dass sich ihre Augen mit Tränen füllten, als sie das erste Mal meine Erklärung hörte, denn sie spürte meine Aufrichtigkeit und war durch sie tief berührt. Mit der Zeit zeigten sich die Direktorin und die Lehrer von den symbolischen Verbindungen, die ich aufdeckte, beeindruckt und ließen mich auf meine Weise arbeiten, sodass ich meine Prüfungen nach meiner eigenen, von Gott inspirierten Methode ablegen konnte.

Das Verwirrendste war sicherlich, dass ich ganz und gar normal schien. Ich war weder ein Intellektueller noch ein verklemmter religiöser Fanatiker, sondern benahm mich wie die anderen und interessierte mich für jedes Thema. Niemand ahnte, wie ich tatsächlich im Innern funktionierte. Diese Art zu leben hielt ich auch aufrecht, als ich berühmt und bekannt war, denn ich wollte nicht anders sein als meine Mitmenschen. Deshalb arbeitete ich sehr hart. Mit 15 verließ ich mein Elternhaus und übernahm alle möglichen Arbeiten, um den Alltag und mein Studium zu finanzieren. Ich wollte weder meinen Vater um Geld bitten noch jenes antasten, das ich als Sänger verdiente. Ich sammelte Lebenserfahrung, arbeitete und absolvierte mein Studium. Trotzdem fand ich mein Dasein nicht erfüllend, obwohl mir alles gelang, was ich anpackte. Ich spürte eine konstante innere Leere, die ich mit meinem Tun in der Außenwelt zu füllen versuchte, bis ich mit 25 Jahren merkte, dass diese Lebensweise nirgendwohin führte. Meine beständige Suche veranlasste mich letztendlich, meine Karriere zu beenden und mich wie ein Einsiedler zurückzuziehen, um mich weiterzuentwickeln und über das hinauszugelangen, was ich bis dahin entdeckt hatte. Ich wollte wissen, wer ich war und was wir Menschen auf der spirituellen Ebene darstellten. Mit der Zeit verstand ich, dass der spirituelle Weg ein langer, intensiver Verwandlungsprozess ist, in dessen Verlauf man das wahre Wissen integriert und die Göttlichen Qualitäten, Tugenden und Kräfte verkörpern lernt.

8- Kasaras Geburt

Ich lernte die Mutter meiner Tochter bei einer Fernsehsendung kennen. Sie war Choreografin und Produzentin internationaler Veranstaltungen, eine außergewöhnliche Frau, eine talentierte und dynamische *Superwoman*. Damals lebte ich aufgrund meiner großen Sensibilität und Rezeptivität vorwiegend über meine weibliche Polarität, während sie sich vor allem über ihr männliches Prinzip manifestierte, was ihr einen hochaktiven und emissiven Charakter verlieh. Unsere Seelen begegneten sich, um uns als Paar auf der irdischen Ebene bestimmte Aspekte erfahren zu lassen. Wir waren sehr jung und unser Erfolg beeindruckte unser Umfeld. Mit 18 hatte sie ohne finanzielle Unterstützung ihrer Eltern ihr erstes Haus gekauft und wie ich erlebte sie ihre Jugend und den ersten Teil des Erwachsenlebens im Schnellzugtempo. So zogen wir schon sehr jung zusammen, hatten ein völlig durchorganisiertes Leben und verfügten auf der materiellen Ebene über Ressourcen, die viele Menschen in unseren Ländern erst mit 50 oder später erreichen.

Nach einigen Jahren begannen sich unsere Unterschiede bemerkbar zu machen, obwohl wir auch wundervolle Glücksmomente kannten. In den Augen unserer Mitmenschen lebten wir den amerikanischen Traum, aber unsere Seelen konnten den materiellen Erfolg nicht gut und tiefgründig integrieren. Im Licht der Erkenntnis, die ich aus dieser Erfahrung gewonnen habe, rate ich allen Eltern davon ab, aus ihren Kindern Stars machen zu wollen. Heute weiß ich, wie wichtig es ist, den Rhythmus und die Stufen unserer persönlichen Entwicklung zu respektieren, bevor wir die kollektive Dimension und ein stark sozial ausgeprägtes Leben entwickeln, denn es ist so leicht, sich in der Scheinwelt der Materie, des Erfolgs und des Berühmtseins zu verlieren. Aus heutiger Sichtweise bin ich mir bewusst, dass unser Schicksal als junges Liebespaar anders hätte verlaufen können, wenn wir nicht so früh den materiellen Erfolg erlebt hätten und stattdessen unsere Erziehung stärker auf die Spiritualität und das Erlernen der Qualitäten und Tugenden ausgerichtet gewesen wäre, denn die Mutter meiner Tochter ist eine schöne Seele und ein liebenswerter Mensch.

Die Geburt unserer Tochter Kasara 1993 war sowohl für ihre Mutter als auch für mich der Auslöser eines neuen Programms. Unsere Beziehung lief nicht gut und wir dachten beide – ohne darüber zu reden –, dass es uns in eine neue Phase und zum wahren Glück führen würde, gemeinsam ein Kind zu haben. Kasaras Ankunft war für mich ein wunderbares Erlebnis. Meine Frau nahm schnell ihre berufliche Tätigkeit wieder auf, während meine Arbeit mir gestattete, zu Hause bei unserer Tochter zu bleiben. Sofort stellte sich die Verbindung zu Kasaras Seele her und veränderte meine

Wahrnehmung des Lebens völlig. Von einem Tag auf den anderen wirkte die Vaterrolle auf mein Leben und meine Seele inspirierend. Kasaras Dasein leitete eine weitere Etappe meiner spirituellen Entwicklung ein und verstärkte mein Streben nach Vollkommenheit als Mensch. Wir kommunizierten über Telepathie, was zugleich faszinierend und ganz natürlich für uns war. Ich beobachtete sie in ihrem kindlichen Treiben und in ihrer Entwicklung, was mich hohe Stufen der Liebe und Weisheit erreichen ließ.

9- Die Geschichte des Leibwächters

Ungefähr zwei Jahre nach Kasaras Ankunft veröffentlichte ich mein drittes Album bei Sony Music. Die Songs entsprachen einem komplett anderen Stil und enthüllten zum ersten Mal meine Seelenzustände und meine Spiritualität, die so machtvoll geworden waren, dass es mir nicht mehr gelang, sie zurückzuhalten. Die Lieder brachten unter gewissen Gesichtspunkten auch mein Infragestellen und mein Unwohlsein auf gesellschaftlicher Ebene zum Ausdruck. Dabei musste ich meine Worte immer genau abwägen, damit sie für meine Mitmenschen verständlich blieben und sie nicht erschreckten. Diese permanente Dualität, dieses Doppelleben hielt mich auf meinem Entwicklungsweg beständig dazu an, vorsichtig und äußerst wachsam zu bleiben. Auf meinen Reisen empfand ich an jedem Grenzübergang große Unsicherheit, angeklagt oder entdeckt zu werden, und dabei wusste ich, dass ich nichts getan hatte, was eine derartig starke Besorgnis gerechtfertigt hätte. Menschen mit einem normalen Bewusstsein meine Spiritualität zu enthüllen bedeutete für mich Leid und Schmerz.

Dieses Album war mein letztes, bevor ich mich endgültig aus der Musikbranche zurückzog, um als Einsiedler zu leben. Ich erinnere mich an ein Ereignis bei meiner Nominierung zum *Most Promising Vocalist* (Der vielversprechendste Sänger) bei den Juno Awards in Vancouver, im englischsprachigen Kanada. Sony bereitete mir einen musikalischen Aufstieg vor, der mit dem von Céline Dion vergleichbar war, und die Partner von René Angélil (dem Manager und Ehemann von Céline) kümmerten sich um meine Karriere. Ich war mit Céline und René in ihrer Limousine, wie immer, wenn wir gemeinsam an einer Veranstaltung teilnahmen. Neben uns saß mein Produzent Vito Luprano, der aufgrund meiner ausweichenden, teilnahmslosen Haltung wütend war. Kurze Zeit vorher hatte er ein Treffen mit dem Präsidenten von Sony International für mich arrangiert. Dieser wollte mich in seinem Flugzeug mitnehmen und hatte große Pläne für mich, doch ich hatte mich zum Klavierspielen in eine Ecke zurückgezogen, um mich dieser mondänen und oberflächlichen Energie zu entziehen. Ich ertrug falsche Begrüßungen und Versprechungen einfach nicht länger.

Ich fühlte eine immer größer werdende Kluft, eine Art Extremismus, und alles, was ich wollte, war, diesem Medienrummel zu entfliehen; dabei blieb ich freundlich und anständig, denn nie habe ich ein rebellisches oder aggressives Verhalten gezeigt. Das war auch der Grund, warum Vito mich nicht verstand und mich nicht wiedererkannte. Und auch ich selbst erkannte mich nicht mehr... Seit meiner Kindheit hatte ich meine Spiritualität gelebt und meine tiefen mystischen Erfahrungen gemacht, ohne jemals darüber zu sprechen. Selbst die Mutter meiner Tochter wusste nicht wirklich, wer ich unter der Oberfläche war und was ich innerlich erlebte. Ich hatte mich immer normal benommen und getan, was nötig war, nett und freundlich dem Lauf der Dinge folgend.

In dieser Zeit, in der ich keine Lust mehr verspürte, meine Karriere fortzusetzen, und mich aus meinem aktiven, sozialen Leben zurückziehen wollte, bekam ich eines Tages den Brief eines Notars, in dem er mich bat, mich so schnell wie möglich bei ihm zu melden. Am Telefon teilte er mir mit, dass einer meiner ehemaligen Leibwächter mich als Erben eingesetzt hatte. Der Mann hatte uns einst seine Dienste angeboten und war mit der Zeit ein fester Bestandteil unseres Teams bei öffentlichen Anlässen geworden. Doch ich kannte ihn nicht wirklich, wir hatten uns lediglich ein paar Mal kurz unterhalten. Deshalb war die Ankündigung der Erbschaft eine große Überraschung für mich. Der Notar sagte mir, der Mann habe sich umgebracht. Meine erste Reaktion war: „Aber ich habe nichts mit ihm zu tun, ich kenne ihn nicht und kann die Erbschaft nicht antreten!" Daraufhin informierte der Notar mich, der Mann habe keine Familie, er sei ein Waisenkind gewesen und die Erbschaft würde, falls ich sie nicht wolle, laut Gesetz an die Quebecer Regierung fallen. Er schlug vor, mir Zeit zu nehmen, um darüber nachzudenken, bevor ich ihm meine endgültige Entscheidung mitteilte.

Ich war damals in einer Phase, wo ich alles in Frage stellte, mich innerlich schon von der Materie distanzierte und mich mit meinen verwirrenden Seelenzuständen auseinandersetzen musste, die umfassende Verschiebungen in meinem Wesen hervorriefen. Nun kam dieses Ereignis zu alledem noch hinzu. Ich stand vor einem großen Rätsel und so vergingen die Monate, ohne dass ich mich zu einer Entscheidung durchringen konnte.

Dann rief der Notar wieder an und bat mich zu prüfen, ob ich jemals Post von diesem Leibwächter erhalten hatte, denn einige seiner Freunde fochten die Erbschaft an. Zuerst sah ich darin ein Zeichen, dass ich die Erbschaft nicht antreten solle, was für mich völlig in Ordnung war. Da der Mann kein Dokument hinterlassen hatte, welches ihn als tatsächlichen Verfasser dieses Testaments erkennen ließ, hoffte der Notar, dass sich wenigstens ein Brief von ihm in meinem Besitz befände. Damals bekam ich tausende Fanbriefe, die ich alle persönlich beantwortete. In den Schränken meines Büros standen immer noch Dutzende von briefgefüllten Kartons, doch ich hatte nicht wirklich Lust zu suchen und noch weniger, einen solchen Brief zu finden. Trotzdem ging ich ins Büro und erklärte die Situation der Mutter meiner Frau, die zu jener Zeit meine Assistentin war. In der Gewissheit, diese Geschichte fände damit ein Ende, nahm ich wahllos einen der gefüllten Kartons aus dem Schrank. Dann sagte ich laut zu Gott: „Wenn es richtig ist, diese Erbschaft anzutreten, muss ich diesen Brief jetzt sofort finden, sonst gehe ich davon aus, dass sie nicht für mich bestimmt ist." Mit dem Versprechen, es nur einmal zu tun, tauchte ich mit geschlossenen Augen eine Hand in die Menge Briefe und zog einen heraus. Als ich die Augen wieder öffnete, waren meine Assistentin und ich sprachlos. Ich hielt tatsächlich einen Brief von diesem Leibwächter in der Hand, der das Testament zu meinen Gunsten bestätigte, wodurch ich zu einer bedeutenden Erbschaft gelangte.

10- Die Heilung von Kasaras Mutter

In jenen Tagen erfuhren wir auch, dass die Mutter meiner Tochter einen Gehirntumor hatte. Diese erste große Prüfung erschütterte unser Leben bis in seine Grundfesten. In den Augen der Außenwelt führten wir ein prunkvolles Leben, doch wir hatten uns in der Welt des materiellen Erfolgs verloren und unsere Beziehung war nicht stark genug, um diese schwere Prüfung zu überstehen. Kasaras Mutter brauchte Zeit, um wieder zu sich selbst zu finden, und so beschlossen wir gemeinsam, eine Auszeit von unserer Beziehung zu nehmen. Allein mit mir selbst weinte ich tagelang und bat Gott, mir das, was mit uns geschah, verstehen zu helfen. Warum verlor ich meine Familie, meine Frau und meine Tochter? Ich hatte immer geglaubt, dass wir es schaffen würden, dass wir mit der Zeit glücklich würden, hatten wir doch auf der materiellen Ebene alles getan, was uns dafür notwendig erschien. Ich war immer nett, aufmerksam, liebevoll und präsent gewesen, doch das reichte anscheinend nicht. Gott hatte entschieden, dass unsere Schicksale getrennte Wege nehmen sollten, und er hatte unser Bewusstsein vernebelt. Heute weiß ich, dass diese Entwicklung sowohl für Kasaras Mutter als auch für mich nützlich war, denn sie erlaubte uns, auf unseren Lebenswegen durch die Entdeckung anderer Wirklichkeiten voranzukommen. Aber die Trennung war für mich sehr schwierig und mein Schuldgefühl so groß. Deshalb begann ich, für ihre Heilung zu beten und – getrennt von ihr und ohne ihr Wissen – ihre Genesung zu visualisieren. Ich atmete tief ein und aus und stellte mir dabei vor, wie ich aus Liebe mit ihr verschmolz, um ihre Krankheit auf mich zu nehmen. Ich war bereit, für sie zu sterben, wenn Gott es wollte, wenn dies sein Wille war.

Tief in mir wusste ich: All diese Ereignisse waren Aufforderungen, Gott zu dienen. Ich spürte, dass diese Geschehnisse ein Zeichen waren, dieses zu sehr auf das Materielle und den Erfolg ausgerichtete Leben aufzugeben und mich zurückzuziehen. Als Kasaras Mutter laut ihren Ärzten eine Wunderheilung erlebte, wusste ich, mein Leben würde von nun an dem Gebet, dem Heilen und der inneren Arbeit gewidmet sein, weil Gott so entschieden hatte. Ich behielt dies für mich, wie ich es schon seit meiner Kindheit tat, und fing ein neues Leben an, das meiner Entwicklung und meinem Engelleben gewidmet war. Kasaras Mutter lernte schnell jemanden kennen, der meinen Platz einnahm, was mir noch einmal mehr bestätigte, dass ich meine Flügel ausbreiten und zu neuen Horizonten aufbrechen sollte. Aus ganzem Herzen wünschte ich ihr Glück und versprach ihr im Innern, immer über sie zu wachen.

11- Der Spott der Medien

Nach dieser ersten Erfahrung mit einer Wunderheilung wollte ich mich den Menschen widmen, die in Schwierigkeiten steckten, in Armut und Elend lebten. Während einigen Jahren ging ich zu den Treffen der Anonymen Alkoholiker und Drogensüchtigen, obwohl ich selbst nie Alkohol- oder Drogenprobleme hatte. Bei den Treffen hörte ich mir die Lebensgeschichten der Menschen an, die mich zutiefst berührten. Das wurde zu meiner neuen Mission. Manchmal half ich finanziell, andere Male hörte ich zu, tröstete oder versuchte durch Gebet und Andacht ihre Heilung zu fördern. Zu diesem Thema schrieb ich mein erstes Buch – *L'Equilibre* (Das Gleichgewicht) –, das schnell zum Gespött der Medien wurde, die meinen plötzlichen Wunsch, meinen Mitmenschen zu helfen, sowie die Enthüllung meiner Spiritualität nicht verstehen konnten, weil ich ja nur als Popsänger bekannt war. Ich gab Interviews, um über meine Wandlung und meine spirituelle Öffnung zu sprechen, doch von einem Tag auf den anderen war ich aus der Mode gekommen. Die Öffentlichkeit lehnte mich ab und die Medien machten sich über mich lustig. So beschloss ich, mich zurückzuziehen, und es vergingen 12 Jahre, bevor ich wieder bereit war, ein Interview zu geben.

12- Die Suche nach Antworten

In jener Zeit vertraute ich mich einige Wochen lang einem 84-jährigen Priester an. Ich wollte wissen, ob es versteckte Lehren gab, die nicht in der Bibel standen und die darüber Aufschluss geben konnten, wie Jesus seine Träumen und seine intensive spirituelle Entwicklung durchlebt hatte. Ich war mir sicher, dass die Kirche das authentische Buch vor uns verbarg und die wahren Lehren geheim hielt. Doch je mehr ich mich diesem Priester gegenüber öffnete und ihm über meine Einweihungsträume und die festgestellten Heilungen erzählte, desto mehr distanzierte er sich. Ich begriff, dass er nicht wirklich verstand, was ich erlebte. Ich fragte ihn auch, wie er seine Berufung, Gott zu dienen, erhalten hatte, aber er wich aus und machte nur vage Angaben. Danach antwortete er nicht mehr auf meine Anrufe.

Später kreuzte mein Lebensweg erneut den eines Astrologen und in der Hoffnung, das, was in mir vor sich ging, besser verstehen zu können, bat ich ihn, mein Geburtshoroskop zu erstellen. Während er daran arbeitete, rief er mich an, um mir zu sagen, dass ich mich wohl in der Uhrzeit getäuscht hatte, weshalb er mein Horoskop auf der Grundlage der morgendlichen statt der abendlichen Zeit erstelle, damit es zu meinem Programm als Sänger passe. Als ich jedoch bestätigte, dass die abendliche Uhrzeit die richtige sei, blieb er einige Sekunden sprachlos, bevor er mich fragte: „Weißt du, dass du ein sehr spiritueller Mensch bist?" Als ich bejahte, rief er aus: „Wir müssen uns unbedingt unterhalten!" Ich erzählte ihm von meinen zahlreichen nächtlichen Träumen und Albträumen und davon, dass ich Einweihungsprozesse mit Dämonen erlebte, die mich manchmal gegen die Wand warfen, während ich das Vaterunser betete. Ich spürte, dass er mich verstand, gleichzeitig aber auch Angst um mich hatte. Er sprach von großen spirituellen Öffnungen und Einweihungswegen, doch ich begriff, dass er trotz seiner wunderbaren Offenheit an seine Grenzen gelangt war und mir nicht weiterhelfen konnte.

Zu Beginn war alles sehr intensiv und auf meiner Suche nach Antworten ging ich auch etwas extremistisch vor. Ich erinnere mich, dass ich mich anfangs auf einen Felsen im Wald setzte und auf ein Zeichen von Gott wartete, um ihm zu folgen. Ich meditierte und war bereit, falls nötig, stunden- oder gar tagelang dort zu verharren. Wenn ich einen Vogel hörte, der *mich rief*, lief ich in seine Richtung, setzte mich wieder hin und meditierte weiter, bis das nächste Zeichen *mich rief*. In einem Traum sah ich eines Nachts *eine Autobahnausfahrt sowie deren Nummer, und ich spürte, dass ich dahinfahren musste, um von dort auf einen nahegelegenen Berg zu gelangen.* Ich fühlte mich dem Himmel nah: Gott hatte mich wirklich gerufen! Nach dem Aufwachen fuhr ich mit dem Auto direkt auf diesen Berg, ohne etwas zu essen oder zu trinken mitzunehmen. Ich hatte nur eine Decke dabei, denn ich dachte, ein Raumschiff käme mich vielleicht abholen oder etwas in dieser Art würde sich ereignen. Ich suchte damals in der konkreten Welt nach der spirituellen Dimension. Es war so wichtig für mich, einwandfrei zu beweisen, dass die Verbindung zwischen der Materie und der Spiritualität tatsächlich vorhanden war.

Ich nahm die Autobahnausfahrt, die ich im Traum gesehen hatte, und während ich auf den Berg hinauffuhr, betete ich aus tiefster Seele, wobei ich mir wünschte, Gott hier auf Erden dienen zu können. Die Menschen, denen ich begegnete, sahen mich komisch an. Sie erkannten mich, denn meine Geschichte war in allen Zeitungen zu lesen und man machte sich landesweit im Radio und in humoristischen Fernsehsendungen über mich lustig. Wochenlang war ich das Gespött auf allen Sendern und jahrelang das Lieblingsthema der Humoristen. Heute verstehe ich das alles nur zu gut, weil es in der Tat nicht leicht war, für mein damaliges Verhalten eine Erklärung zu finden, verstand ich es doch selbst nicht. Außerdem ist es sehr schwierig, ja unmöglich, Bewusstseinsöffnungen auf der spirituellen Ebene zu begreifen, wenn man sie selbst nicht erlebt hat. Anfangs benimmt man sich merkwürdig und zusammenhanglos und kann sich nicht erklären, was eigentlich mit einem los ist.

So brachte mich mein Traum auf den Berg Saint-Hilaire. Oben angekommen setzte ich mich im Gebet nieder. Die Zeit verging, doch nichts geschah. Es wurde langsam kalt und dunkel. Da merkte ich, dass ich in meinem Streben nach Erkenntnis und Antworten nicht daran gedacht hatte, etwas zu essen und zu trinken mitzunehmen. Ich wurde mir bewusst, dass mein Traum keine Zeitangabe enthielt, und fragte mich, ob ich langsam verrückt wurde und mir alles nur eingebildet hatte. Mit meinem ganzen Wesen wollte ich nicht an Gott zweifeln, sondern nur an mir selbst. Während dieser stillen Zwiesprache weinte ich leise, weil ich zu verstehen begann, dass ich mir die Begegnung mit Gott zu stark gewünscht hatte und zu große Erwartungen hegte, weshalb er mich vermutlich auf diesen Berg führte, damit ich dies erkennen sollte. Dieser Gedanke beruhigte mich langsam und gab meinem Tun einen Sinn. Als diese Erkenntnis mich durchzog, flog ein Vogel vorbei und streifte mit seinem Flügel mein drittes Auge. Worte reichen nicht aus, um diese machtvolle Erfahrung und die Freude, die mich durchströmte, zu beschreiben! Ich weinte lange und entschuldigte mich bei Gott, zu selbstsicher gewesen zu sein und auf einen Beweis seinerseits gewartet zu haben. Leichten Herzens stieg ich dann vom Berg hinab, meine Seele fühlte sich freier und ein kleiner Teil meines Egos war geheilt.

Eines Nachts machte ich in einem Traum eine weitere intensive Erfahrung. *Ich war obdachlos und irrte durch die Welt.* Ich wachte mit allen Gefühlen und Empfindungen der Obdachlosigkeit auf. Dieses Einweihungserlebnis auf kollektiver Ebene dauerte drei Tage, während derer ich jede Nacht Dutzende von Träumen zu diesem Thema erhielt. Oft habe ich Fragenkreise auf diese Art und Weise integriert: Mein Geist war auf ein Thema fokussiert und ich besuchte und bereinigte im Traum Teile meines persönlichen sowie kollektiven Unterbewusstseins. So entdeckte ich verschiedene Lebensweisen der Menschen und ihr Leid, was mir half, Mitgefühl und tiefes Verständnis zu entwickeln. Wenn ich heute mit einem Obdachlosen spreche, kann ich sehr gut nachempfinden, was er experimentiert, denn auch wenn ich die Obdachlosigkeit nur virtuell, in der Traumrealität, erlebte, hat sie sich in all meinen Zellen eingeschrieben. Ich weiß sehr wohl, wie lange es dauert, durch Gebete Schritt für Schritt aus diesem Bewusstseinszustand herauszukommen, sich wieder aufzubauen, sein Selbstwertgefühl wiederzufinden sowie die verschiedenen Blockierungen zu heilen, die diese Art von Prüfung und die Hoffnungslosigkeit erzeugen.

Einmal ging ich auch zu einer Wahrsagerin, obwohl ich sie eigentlich nicht wirklich brauchte, weil ich schon viele Antworten über meine Fähigkeiten des Hellsehens, Hellfühlens und Hellhörens bekam, die sich in meinem Innern aktiviert hatten. Doch wie beim Austausch mit dem zweiten Astrologen erlaubte mir dieser Kontakt, ein spirituelles Gespräch mit jemand anderem als mir selbst zu führen. Ich traf die Wahrsagerin mehrmals und erinnere mich gut an unsere erste Begegnung, bei der sie in Tränen ausbrach und sehr heftig weinen musste. Als sie sich wieder gefasst hatte, sagte sie mir, dass ich nicht aufgeben solle, da mein Leben, meine Lehren und meine Einweihungen tausenden Menschen und Kindern auf Erden helfen und sie inspirieren würden. Ihre Worte berührten mich tief und ich spürte, dass durch sie die Himmlischen Mächte zu mir sprachen in einer Phase meines Lebens, wo ich in totales Schweigen hätte verfallen können, ohne mich je wieder mitzuteilen.

Als ich wieder im Auto saß, stellte ich das Radio an, wie ich es oft tat, um durch die Worte der gespielten Musik Gottes Antworten zu bekommen. Dieses Mal hörte ich ein Lied der Quebecer Sängerin Ginette Reno, und es war, als würde der Schöpfer direkt zu mir sprechen: *Wenn dir alles lächerlich scheint… wenn dein Herz im Angesicht des Krieges oder des Todes eines Kindes langsamer schlägt… wenn du nichts mehr verstehst… glaube fester als zuvor und kämpfe weiter unermüdlich gegen Windmühlen… auch wenn du dabei leidest oder sogar stirbst… Wie soll ich dir sagen, dass ich bei dir bin, dass das Beste oder das Schlimmste daran nichts ändern wird… dass du ruhig zweifeln kannst, dass du ruhig fallen kannst… Ich bin immer da, immer an deiner Seite…* Heute erlebe ich ständig solche magischen Momente, in denen Gott zu mir spricht und mich anleitet, z.B. durch einen Menschen, der über irgendein Thema spricht und mir so unbewusst die Antwort auf eine Frage gibt, die ich mir innerlich gestellt hatte; durch die Aufschrift eines vorbeifahrenden LKWs, die mich zu einer bestimmten Handlung veranlasst usw. So lebt man mit einem engelhaften Bewusstsein. Hat man es entwickelt und ins Alltagsleben integriert, macht man kontinuierlich Fortschritte und möchte in seiner persönlichen Entwicklung vorankommen, um die nächsten Stufen zu erleben.

Ich fühlte mich auch durch die Enthüllung der Taten und Handlungen, die ich eines Tages zu verrichten haben würde, ermutigt. In einem Traum *überreichten mir ein Mann und eine Frau, die Geistige Führer waren, eine goldene Weltkarte, einen Taj Mahal aus Diamanten und Smaragden, einen Elefanten aus Edelsteinen und weitere außergewöhnlich prachtvolle Dinge. Die wichtigsten dieser symbolischen Geschenke waren aber Einweihungsketten, wie ich mir selbst eine gemacht hatte, sowie eine Liste mit den Namen von Frauen und Männern, denen ich weltweit begegnen und eine Einweihungskette überreichen würde, damit sie ebenso wie ich die nötigen Einweihungen erlebten, um engelgleich zu werden. Sie sagten auch, diese Liste sei vor über 300 Jahren erstellt worden.* Beim Aufwachen spürte ich bis in all meine Zellen hinein, dass sich diese Informationen und symbolischen Reichtümer sowie die damit verbundene Mission tief in meinem Innern verankerten und zu wichtigen Ereignissen, bedeutsamen Begegnungen und großen Veränderungen in meinem Leben führen würden.

Zwei Jahrzehnte nach diesem Traum fühlen sich tausende Menschen weltweit von meinen Büchern und den darin enthaltenen Lehren inspiriert. Ich schätze mich sehr glücklich, ihnen so die Tür zu einem engelhaften Leben und zur Symbolsprache zu öffnen, damit sie ihre eigenen Erfahrungen machen können. Auch wenn die Einweihungen, die ihnen bevorstehen, manchmal schwer sein werden, bin ich davon überzeugt, dass das Hohe Wissen, die

Göttliche Weisheit und die zahlreichen Erkenntnisse, die sie dabei erlangen, ihnen bei ihrem Verwandlungsprozess und dem Aufbau einer neuen Lebensweise eine kostbare Hilfe sein werden. Wenn sie ihr Potenzial entfalten und ihre spirituellen Fähigkeiten bewusst und richtig nutzen, werden sie ein Engelleben auf Erden führen.

KAPITEL ZWEI

DIE VORBEREITUNG

Dieses Kapitel enthüllt die Fragestellungen und die Einweihungen, welche jene Menschen durchleben, die sich berufen fühlen, an ihrer spirituellen Entwicklung zu arbeiten. Sich für die Spiritualität zu öffnen ist weder einfach noch offensichtlich, wenn man in einer materialistischen Welt lebt, in der die meisten Menschen ihr Leben auf greifbare Dinge gründen. Die bewegenden und einzigartigen Erfahrungen, die der Autor hier mitteilt, regen den Leser an, über die eigenen Erlebnisse in der materiellen Welt und über den Sinn des Lebens nachzudenken.

*

13- Die Botschafterin

Als Künstler engagierte ich mich bei humanitären Programmen verschiedener Stiftungen. Heute setze ich als Referent, Schriftsteller und Verleger dieses Engagement in der Stiftung fort, die ich zusammen mit meiner Frau und anderen Menschen gründete, um die Arbeit mit den Engelbewusstseinszuständen weiterzuvermitteln. Für mich ist es selbstverständlich, den Mitmenschen zu helfen, wenn man die Möglichkeit dazu hat. Schon als Kind wurde ich in Kliniken zu kranken Menschen gerufen, und diese Begegnungen halfen mir, meine Hingabe im Dienst Gottes zu vertiefen. Wenn ich mich am Sterbebett eines Erwachsenen oder eines Kindes befand, gab es immer den Moment, in dem wir über Gott und die wichtigen Fragen des Lebens sprachen. Da ich weder Angst vor dem Tod noch vor Krankheiten oder Behinderungen hatte, brachten mich das Zusammensein und die tiefgründigen Gespräche mit diesen Menschen dem Wesentlichen näher.

Von entscheidender Bedeutung für mich war die folgende Begegnung. Ich erhielt eines Tages eine Anfrage der Stiftung „Kinderträume". Eine 19-jährige Frau mit Krebs im Endstadium hatte geträumt, sie müsse mich vor ihrem Tod unbedingt sehen. Von ihrem Wunsch tief berührt nahm ich das erste Flugzeug nach Sept-Îles, einer kleinen Stadt im Norden der kanadischen Provinz Quebec. Das Krankenhauspersonal und die Familie hatten mein

Kommen bis zuletzt geheim gehalten, da die Patientin jederzeit vor meiner Ankunft sterben konnte.

Johanne war eine sehr mutige junge Frau, die einige Jahre zuvor eine Heilung erfahren hatte. Mit der Unterstützung ihrer Familie engagierte sie sich in ihrer Gemeinde als Fürsprecherin in der Krankenhilfe. Sie war eine Hoffnungsträgerin voller Liebe und Zuwendung für ihr soziales Umfeld.

Als ich auf der Zimmerschwelle stand, schlug diese bewundernswerte Botschafterin die Augen auf und unsere Blicke trafen sich. Ihre erste Reaktion war ein freudiger Ausruf, dem aber gleich eine beschämte Geste folgte, weil sie ihre Perücke nicht trug. Ich zog mich zurück und wartete, bis sie sich mit Hilfe ihrer Mutter zurechtgemacht hatte. Dann empfing sie mich und bat die übrigen anwesenden Personen freundlich, uns allein zu lassen. Noch heute steigen mir Tränen in die Augen, wenn ich an diese wegweisende Begegnung denke. Sie begann unser Gespräch mit folgenden Worten: „Die Stimme hat mich wissen lassen, dass du kommen wirst, bevor ich diese Welt verlasse... Gott hat es mir im Traum gesagt... Danke, dass du da bist, danke."

Danach räumte sie ein, kein Fan meiner Musik zu sein, im Traum aber erkannt zu haben, wer ich wirklich war. Ich setzte mich neben sie ans Bett und berührte ihre Hände, um ihr Energie zu übertragen. Ihre Augen, die sie kaum offen halten konnte, begannen zu leuchten und sie fragte mich leise lächelnd: „Was machst du? Ich fühle mich wohl... die Müdigkeit und die Schwere verschwinden..." – „Ich übertrage dir Energie." Tief atmend ließ ich Energie durch meine linke Hand in ihre rechte Hand fließen und filterte die Energie, die von ihrer linken Hand in meine rechte strömte. Ich hatte dies während meiner Kindheit immer gemacht, wenn ich kranke Menschen besuchte, und ich konnte es auch in Gedanken tun, ohne ihre Hände zu halten. Das Ganze geschah wie von selbst, denn ich hatte nie ein Buch über energetisches Heilen gelesen. Konnte ich einen Menschen nicht direkt berühren, filterte ich seine Energie aus der Ferne über meine Atmung. Die ersten Male war ich danach manchmal sehr müde oder einer Ohnmacht nah, weil es mir nicht immer gelang, die aufgenommene Energie sofort vollkommen zu verwandeln. In dem Maße aber, in dem mein eigenes Energiefeld stärker wurde, gelang es mir immer besser.

15/12/74   Johanne Chavac   25/07/95

Johanne sah mich während dieser energetischen Arbeit an und bat: „Sprich über ihn, über Gott, unseren Himmlischen Vater." Da offenbarte ich ihr meine Ansicht über den Sinn des Lebens sowie die Gründe, weshalb wir hier auf Erden die Materie in einem physischen Körper experimentieren können. Ich erklärte ihr, dass man den Tod als eine Reise ansehen kann, die man am besten versteht, wenn man sie sich wie einen Traum vorstellt, aus dem man nicht mehr in die physische Realität zurückkehrt. So unterhielten wir uns ungefähr zwei Stunden lang. Dann fragte sie mich, ob ich dafür sorgen könne, dass sie etwas mehr Zeit bekäme, damit ihre Eltern und ihr Bruder ihren Tod besser akzeptieren und sie gehen lassen konnten. Sie wusste ebenso wie ich, dass es dieses Mal keine Remission geben würde, was ihre Familie nicht hinnahm und deshalb sehr litt. Ich antwortete ihr, diese Entscheidung liege bei Gott, dass ich aber für sie beten und ihn bitten würde, ihr diesen Wunsch zu erfüllen, wobei sie sich jedoch, ebenso wie ich, seinem Willen beugen müsse. Abschließend sagte ich ihr, sie könne sich beim Antritt ihrer großen Reise meine Augen vorstellen und ich würde ihr dann aus der Ferne unterstützende Energie zufließen lassen.

Als ich das Zimmer verließ, begegnete ich ihrer Mutter und ihrem jüngeren Bruder. Ich versicherte ihnen, dass Johanne sie von ganzem Herzen liebe und jetzt Gott über den Fortgang der Ereignisse entscheiden würde. Noch heute erinnere ich mich an den Blick ihres Bruders, der in dem Augenblick begriff, dass der Tod seiner Schwester direkt bevorstand und dies der Grund meiner Anwesenheit war.

Im Flugzeug nach Montreal fühlte ich Johannes Augen in meinen und ihre Seele in meinem Körper. Ich atmete tief ein und aus und schickte ihr so Energie. Mein Agent saß neben mir und ich musste ihn beruhigen, denn ich hatte ihm nichts von den Ereignissen erzählt und er machte sich Sorgen, als er mich so erschöpft sah. Ich war immer sehr diskret mit meinem spirituellen Handeln. Mehrere Tage lang unterstützte ich Johanne auf diese Weise. Sie starb zwei Wochen später, doch bevor ich es erfuhr, besuchte sie mich im Traum. Diese Traumerfahrung brachte mich auf dem Weg zum wahren Wissen und der Entwicklung meines Engelpotenzials einen großen Schritt weiter.

Ich saß an einem Tisch und Johanne stand vor mir. Sie bedankte sich für mein Kommen und sagte mir, sie werde mich niemals vergessen und alles, was ich ihr erzählt hatte, sei wahr. Dann fügte sie hinzu: „Hier sind sie sehr stolz auf dich… Sie haben ein Geschenk für dich.“ Johanne nahm mich bei der Hand und führte mich in einen leeren, dunklen Raum. Dort stand ein Tisch und mitten darauf ein Spiegel, in dem ich einen Tunnel aus kristallblauem Licht von unerklärlicher Schönheit und Kraft wahrnehmen konnte. Sie sagte: „Das ist der Lichttunnel, in den jeder Sterbende eintritt. Normalerweise sieht man ihn nur im Augenblick des körperlichen Sterbens, aber du kannst ihn schon zu Lebzeiten sehen. Sprich darüber und hab keine Angst. Du wirst feststellen, sie haben große Pläne mit dir auf der Erde, ein wichtiger Auftrag erwartet dich.“

Ich erwachte mit Tränen der Freude und der Glückseligkeit in den Augen und war erfüllt von einem unbeschreiblichen Gefühl. Ich spürte, dass dieser Traum mein Bewusstsein für immer verändert hatte. Fünf Minuten später, als ich noch immer im Bett lag und nachdachte, um das Erlebte vollkommen zu integrieren, klingelte das Telefon. Mein Agent Jean Lamothe, der mich ins Krankenhaus zu Johanne begleitet hatte, teilte mir mit, dass sie am Vortag verstorben war und ihre Familie sich nochmals bei mir dafür bedankte, Johanne vor ihrem Tod besucht zu haben.

Ich war sprachlos und unfähig, über die soeben erlebte mystische Erfahrung zu sprechen.

14- Die Einsiedlerphase

Meine Begegnung mit Johanne und die durch sie erfahrene Bewusstseinsöffnung waren der letzte für mich notwendige Beweis, um die Entscheidung zu treffen, meine Karriere zu beenden, mich zurückzuziehen und mein Leben dem Gebet zu widmen. Jedes meiner spirituellen Erlebnisse bestärkte in mir zunehmend die Gewissheit, dass ich nicht verrückt war, dass ich tatsächlich eine Verwandlung durchmachte und diese einen Sinn hatte, obwohl sich vor mir immer mehr Fragen auftaten. Nachdem ich das Künstlerdasein aufgegeben hatte und dann mit meinem ersten Buch zum Gespött des Landes geworden war, schien für mich die Zeit gekommen, herauszufinden, wer ich wirklich war und welche Aufgabe ich auf der Erde zu erfüllen hatte. Meine erste Vorstellung, die jahrelang das Fundament meiner Gedanken blieb, bestand darin, ein Bote, ein engelhafter *Geheimagent* im Dienste des Himmels zu werden und mich nicht mehr in der Außenwelt zu manifestieren. Ich wollte ein ganz einfaches Leben führen, ohne Luxus, und in meinen Träumen meine Engelarbeit zum Wohl der Menschheit verrichten.

Nach meinem Erlebnis mit Johanne bekam ich weitere lehrreiche Träume. Manchmal hatte ich Kräfte wie *Superman*, konnte unglaubliche Dinge tun und Menschen an verschiedenen Orten auf der Erde helfen, andere Male fand ich mich in virtuellen Welten wieder, wo Krieg, Gefahr, Elend und Leid herrschten. Nacht für Nacht besuchte ich das Gute wie das Böse, wechselte immerzu von einem zum andern und fühlte mich beim Aufwachen oft verwirrt, verloren und unsicher. So manches Mal wusste ich nicht einmal mehr, wo ich mich tatsächlich befand, da meine Träume und Albträume derart real und beeindruckend waren. Ich erwachte völlig verkrampft, betrachtete die Decke und die Wände um mich herum, während ich versuchte, wieder ganz in meinen physischen Körper zurückzukehren. Es konnte eine gute Weile dauern, bis mir dies gelang und ich mich erneut in der konkreten Welt zurechtfand.

Ich verstand allmählich, dass diese Alb- und Einweihungsträume dazu dienten, mich zu stärken und meine metaphysischen Fähigkeiten zu aktivieren. Mit der Zeit entwickelte ich eine Methode, die mir half, mich innerlich zu stabilisieren, wenn ich nach 30 bis 40 aufeinanderfolgenden Albträumen völlig durcheinander und orientierungslos war: Ich rief mir meine zehn schönsten Träume und spirituellen Erlebnisse ins Gedächtnis und fand so das Göttliche Licht und meine Selbstachtung wieder.

Meine erste bewusste Astralreise war ein ganz besonderes Erlebnis. Mitten in der Nacht begann mein Körper so stark zu zittern, dass er sich vom Bett abhob und ich plötzlich anfing zu schweben. Ich hatte meinen physischen Körper verlassen und sah ihn ausgestreckt auf dem Bett liegen. Die Umgebung war genau dieselbe, ich war bei vollem Bewusstsein und konnte wie gewohnt denken. Es war wunderbar! Mein Glaube an Gott war so stark, dass ich, was immer auch mit mir geschah, reflexartig *Dein Wille geschehe!* wiederholte. Ich war schon damals überzeugt, dass Gott über Gut und Böse steht und wir etwas Gefährliches oder Negatives nur erleben, um eine Lektion zu lernen, ein Karma zu bereinigen oder einen Bewusstseinszustand zu verstehen.

Bei den Astralreisen in meinen Träumen sammelte ich Erfahrungen mit Stimmungen, Orten und Materialien. Einmal *wollte ich aus dem Haus fliegen und blieb in der Wand stecken. Die eine Körperhälfte war schon draußen und die andere noch im Haus. Ich spürte, dass das Material, aus dem die Wand bestand, eine andere Dichte und Schwingungsfrequenz hatte als mein Körper.* Nach dem Erwachen schrieb ich mein Erlebnis auf und dachte lange darüber nach, um es gut zu integrieren. Mit jeder Nacht wurden die Erfahrungen spannender und interessanter. Mich dürstete nach Erkenntnis und dem Verständnis unserer Welt und der Parallelwelten.

Während meiner Einsiedlerphase blieb ich manchmal bis zu 20 Stunden im Bett, denn ich wollte immer mehr träumen, um noch mehr zu lernen. Selten verließ ich das Haus und wenn ich es doch einmal tat, spürte ich die Verschiebungen zwischen der konkreten Welt und meiner Innenwelt so stark, dass ich nach Hause zurückkehren musste, um mich zu zentrieren und wieder ins Lot zu kommen. Wenn ich in einen Supermarkt ging, um einzukaufen, nahm ich die Energien um mich herum so intensiv wahr, dass ich manchmal die Augen schließen und mich setzen musste, um nicht hinzufallen, bewusstlos zu werden oder mich völlig in den metaphysisch aufgenommenen Gedanken und Gefühlen der Menschen um mich herum zu verlieren. Deshalb isolierte ich mich mehr und mehr. Meine Familie war besorgt und meine Bekannten verstanden mich nicht mehr.

Diese Phase dauerte einige Jahre und war für mich eine sehr intensive Zeit des Lernens, der Umprogrammierung meines Bewusstseins und der Bereinigung auf allen Ebenen meines Wesens. Es ist mir klar, dass ich mich dabei hätte verlieren können, doch als Pionier auf diesem neuartigen Weg musste ich ihn erschließen, damit er für die Nachfolgenden leichter zu gehen ist. Heute bin ich glücklich, meine Mitmenschen auf ihrem Entwicklungsweg zu inspirieren und ihnen helfen zu können, denn es ist nicht notwendig, solche extremen Situationen und Bewusstseinszustände zu durchleben, um den Zugang zum wahren Wissen zu erhalten und ein Engelleben zu führen.

15- Die Rezeptivität

Zu jener Zeit waren die Symbole so wichtig für mich, dass ich ohne Unterlass über sie nachdachte, um sie zu entschlüsseln, was mir schließlich den Zugang zu den Einweihungsschulen der Parallelwelten öffnete. Ich muss zugeben, dass ich weder die Arbeit von Freud noch die von Jung kannte und fast nichts über Traumsymbolik gelesen hatte, sondern die Deutung der Träume und Zeichen durch die Meditation und die Engel erlernt habe. Allmählich erkannte ich, dass man umso rezeptiver wird, je mehr man meditiert, und die Antworten und Lösungen dann in unserem Innern auftauchen. Wir können Zugang zum wahren Wissen und zur wahren Erkenntnis erlangen, indem wir uns mit einer aufrichtigen und intensiven Absicht verinnerlichen. Das war für mich eine bedeutungsvolle Offenbarung.

Ohne zu wissen, was dies in mir auslösen würde, bat ich Gott und die Engel inständig, mir meine Träume zu erklären. Dabei wiederholte ich stundenlang dieselben Fragen wie ein Mantra. Zum Beispiel: Was ist die symbolische Bedeutung des Stuhls? Lieber Gott, lehre mich, was das Symbol des Stuhls bedeutet! Was ist die

Symbolik des Stuhls? So fragte ich ununterbrochen, sogar beim Einschlafen. Im Traum dann *befand ich mich in einem Klassenzimmer, wo ein Lehrer sagte: „Heute sprechen wir über die Symbolik des Stuhls", und er schrieb die ausführliche Definition an die Tafel.* Beim Aufwachen erinnerte ich mich an alles, was der Lehrer erklärt hatte, und notierte es in mein Traumtagebuch. Es war faszinierend! Durch die intensive Konzentration auf genaue Fragen hatte ich schließlich einen Kode entdeckt: Die Intensität unserer Absicht führt uns zu unseren Zielen und ermöglicht uns den Zugang zu anderen Welten und Bewusstseinszuständen.

Die Rezeptivität, die viele Jahre sowohl meine größte Schwäche als auch meine größte Stärke war, offenbarte sich als Schlüssel für mein Studium und mein Verständnis der Symbolsprache. Ich erkannte auch die Wichtigkeit der Mantras sowie ihre kraftvolle und positive Auswirkung auf unsere Konzentrationsfähigkeit.

So begann ich mich in den Parallelwelten zu bewegen, um die Bedeutung der Symbole zu lernen. Noch heute gehe ich nach dieser Methode vor, um die Himmlische Führung zu erhalten. Bei jedem Anliegen wiederhole ich meine Frage wie ein Mantra und erhalte die Antwort innerhalb weniger Sekunden. Wenn mich diese nicht überrascht, weiß ich, dass mein Intellekt sie hervorgerufen hat. Dann stelle ich meine Frage so lange weiter, bis meine Verbindung zur Kosmischen Intelligenz sicher aktiviert ist. Die Antwort kann durch scheinbar zusammenhanglose Worte erfolgen, die plötzlich in meiner Frage auftauchen und auch meine Stimme verändern. Zum Beispiel: „Ist es richtig, diesen Menschen anzurufen, ist es der richtige Moment dafür, ist... *Das Licht ist angeschaltet.*" Dieser Einschub gab mir an, dass ich einige Sekunden lang den Alphawellenzustand verlassen hatte und im *Skynet* – ein Begriff, den ich zur Bezeichnung des Internets der Parallelwelten verwende – eingeloggt war, wo der überraschende Satz mir in der Symbolsprache meine Frage beantwortete. Die Deutung des Satzes *Das Licht ist angeschaltet* ist recht einfach, doch oftmals sind die Antworten sehr viel komplexer. Sie können Bilder, Töne oder verschiedenartige Wahrnehmungen enthalten und so ein sehr tiefes und multidimensionales Verständnis der entsprechenden Situation anbieten.

So gehe ich nun immer vor, mit offenen oder mit geschlossenen Augen. Manchmal suche ich die Antwort, indem ich ein Buch *zufällig* aufschlage – wohl wissend, dass es den Zufall nicht gibt –, mit dem Finger intuitiv eine Stelle im Text antippe und diese dann mit der Symbolsprache deute. Andere Male *spricht* ein Straßenschild oder die Aufschrift auf einem vorbeifahrenden Wagen zu mir. Dank der Zeichen und der Meditation können wir die Antworten auf unsere Fragen auf die unterschiedlichsten Arten erhalten. Mit einem engelhaften Bewusstsein zu leben ist wirklich wundervoll! Es ist eine Lebensweise, die uns die Erfahrung der Multidimensionen im konkreten Alltagsleben ermöglicht.

Natürlich sollte diese Mantra-Methode mit Vorsicht und in aller Sicherheit angewendet werden. Zunächst ist es besser, sich bei wichtigen Fragen auf die Träume zu verlassen, die genauere Informationen vermitteln als die Zeichen, die man oft unter dem Einfluss der persönlichen Bedürfnisse deutet. Tatsächlich fällt es unserem Ego leicht, die Antworten zu verfälschen. Aus diesem Grund ist es notwendig, unser Unbewusstsein und die darin abgespeicherten Erinnerungen, die uns in unseren Träumen und Meditationen enthüllt werden, zu bereinigen, bevor sich unsere spirituellen Fähigkeiten aktivieren. Denn es kann große Verwirrung hervorrufen, wenn man das wahre Wissen mit unreinen, unlauteren Absichten verwendet. Man läuft dabei Gefahr, ein illusorisches Wohlbefinden anzustreben, das negative karmische Handlungen nach sich zieht oder zu beschwerlichen Situationen führt. Es ist wesentlich, die erzieherische Kraft der Engelbewusstseinszustände mit Vorsicht einzusetzen und unsere Absicht in erster Linie auf die Entwicklung der Göttlichen Qualitäten, Tugenden und Kräfte zu konzentrieren und nicht ausschließlich auf das materielle Ergebnis.

Um dies zu erreichen, muss man experimentieren und dabei auch akzeptieren, manchmal Fehler zu machen. Eines der wichtigsten Göttlichen Gesetze besagt, dass die Illusion einen erzieherischen Sinn hat. Versteht man das Prinzip, auf dem dieses Gesetz beruht, so ist man fähig, sich in dieser Welt wohlzufühlen, wo man ständig dem Getriebe und den Windungen der durch die Menschen erzeugten Ungerechtigkeiten und Missverständnisse ausgesetzt ist. Solange man mit einem gewöhnlichen Bewusstsein lebt, erkennt man im Allgemeinen nicht, wie unsere unbewussten Erinnerungen und Programmierungen unsere Entscheidungen, Absichten und Handlungen beeinflussen. Meistens meinen wir, gerecht zu sein und gut zu handeln, während eigentlich persönliche und egoistische Erwägungen unserer wirklichen Absicht zu Grunde liegen. Man erschafft und nährt leicht Illusionen, wenn man lediglich die konkreten Aspekte berücksichtigt. Im Hinblick auf das universelle Bewusstsein sind wir noch wie Kinder, und die Kosmische Intelligenz lässt uns durch unsere Illusionen Erfahrungen machen – so wie auch Eltern vorgehen.

Auf diese Weise lernen wir und entwickeln uns weiter. Durch die Arbeit an uns selbst enthüllen wir Schicht für Schicht unsere Erinnerungen und entdecken so unsere unbewussten und verzerrten Absichten und Funktionsweisen, was schließlich dazu führt, dass wir uns auf der persönlichen ebenso wie auf der kollektiven Ebene schrittweise verändern, um ein besserer Menschen zu werden. Dabei ist es wichtig, sich vor Augen zu halten, dass jede Erfahrung unsere Weiterentwicklung fördert und uns wachsen lässt. Wenn wir danach streben, ein besserer Mensch zu werden – unabhängig davon, welche Methode wir dabei anwenden –, wird uns die Kosmische Intelligenz sinnvolle Lernwege eröffnen, die uns weniger aufrütteln werden als die Wege, die unser Ego uns vorgeben würde.

16- Ein erster Schlüssel: das Plus und das Minus

Ein erster Schlüssel zum Verständnis der Symbolsprache und zur Entwicklung eines engelhaften Bewusstseins besteht in der Bewusstwerdung, dass alles in der Schöpfung auf dem *Plus* und dem *Minus* basiert. Jedes Symbol und jedes Zeichen hat eine positive und eine negative Bedeutung, wobei der Traumkontext bzw. die konkrete Lebenssituation zu erkennen geben, in welche Richtung die Deutung geht. Dieses Verständnis ist wesentlich, will man die erhaltenen Träume und Zeichen richtig interpretieren. Die jeweilige Beziehung zwischen dem Plus und dem Minus ergibt eine Gleichung, die unseren tatsächlichen Entwicklungsstand zu einem gegebenen Zeitpunkt enthüllt und aufzeigt, welche Verzerrungen wir berichtigen und transzendieren müssen, um die Göttlichen Qualitäten, Tugenden und Kräfte im ur-reinen Zustand manifestieren zu können. Dem Verhältnis zwischen dem Plus und dem Minus liegt das Resonanzgesetz zugrunde. Wir reagieren auf einen

Menschen oder eine Situation positiv oder negativ, je nachdem, welcher Art die Erinnerungen sind, die sie in uns wachrufen. Das erklärt auch, warum uns manche Mitmenschen, Ereignisse, Beschäftigungen usw. anziehen, während andere uns stören. Sobald wir verstehen, dass wir immer das anziehen, was wir selber sind, im Plus wie im Minus, und das Resonanzgesetz in allen Lebensbereichen und Alltagssituationen anwenden, erreichen wir ein hohes Bewusstseinsniveau, das unsere Entwicklung beschleunigt.

Es ist wichtig, sich immer wieder daran zu erinnern, dass alle Entscheidungen, die wir treffen, zu positiven oder negativen Experimentiererfahrungen führen, sowohl für uns selbst als auch für unsere Mitmenschen, denn wir sind alle miteinander verbunden. Unser Ziel als Mensch ist es, das Rätsel des Bewusstseins zu lösen und die in unserer Seele eingravierten Erinnerungen zu bereinigen, um eine klarere Sicht der Dinge und ein multidimensionales Unterscheidungsvermögen zu erlangen, dank derer unsere Entscheidungen und Wahlen bewusst, gerecht und gut sein werden.

17- Die Grundlagen der Symbolsprache

Die Symbolsprache, die man auch als Universalsprache ansehen kann, ist meiner Meinung nach der ausschlaggebende Schlüssel, um die Spiritualität aus dem Bereich des Abstrakten herauszuholen. Im Universum beruht alles auf der Mathematik des Bewusstseins, die mit Hilfe von Symbolen die uns innewohnenden Dynamiken definiert. Im Grunde genommen ist alles Symbol. Die Träume sind in der Symbolsprache verschlüsselte Gleichungen, welche die in unserem Lebensplan vorgesehenen Lernprogramme aktivieren sowie Seelen-, Geistes- und Bewusstseinszustände erzeugen, durch die wir uns weiterentwickeln. Mit der Meditation und der Verinnerlichung können wir sowohl unsere Programmierung als auch den Ur-Kode erkennen, nach dem unser Bewusstsein funktioniert. Man wendet den Blick nach innen und fragt sich mit geschlossenen Augen: Wie fühle ich mich im Augenblick? Was geschieht in mir? Wie ist mein momentaner Seelenzustand? Man atmet tief ein und aus und in einem bestimmten Moment tauchen Bilder oder Symbole auf. Das geht sehr schnell, wenn man es gewöhnt ist, zu meditieren, und mit etwas Übung gelingt es jedem. Sieht man als Antwort auf seine Fragen auf seinem inneren Bildschirm zum

Beispiel *schöne galoppierende Pferde*, so bedeutet es, dass man in dem Augenblick eine hohe Lebensenergie und Antriebskraft hat sowie einen starken Willen, um auf der kollektiven Ebene voranzukommen (weil es mehrere Pferde sind). Sähe man dagegen das Bild von *Regenwetter, das eine traurige Stimmung verbreitet*, würde dies besagen, dass man sich gerade in einem melancholischen Seelenzustand befindet.

Symbole sind Verschlüsselungen, die uns, sofern wir sie entziffern können, zu erkennen geben, welche Kräfte die Funktionsweise unseres Geistes steuern. Um das Verständnis der Multidimensionen unseres Wesens zu erleichtern, vergleiche ich Gott und die Schöpfung gerne mit einem Lebenden Computer, der durch die Kosmische Intelligenz verwaltet wird. Alles Existierende ist in diesem Computer wie in einer universellen Matrix enthalten, in der unzählige Entwicklungsprogramme in verschiedenen Dimensionen und Bewusstseinsfeldern ablaufen. In diesem Vergleich ist der Mensch selbst ein kleiner, individueller und persönlich programmierter Computer, der experimentieren kann, wobei er jedoch ständig mit dem Kosmischen Computer verbunden ist und vom zentralen Hauptprogramm überwacht wird.

Die vier Elemente

Neben den positiven und negativen Aspekten ist die Kenntnis der Symbolik der vier Elemente – Feuer, Luft, Wasser und Erde – wesentlich für das Verständnis der unterschiedlichen Stimmungen sowie der Seelen-, Geistes- und Bewusstseinszustände, die wir durchleben.

Das Feuer symbolisiert die Kraft des Geistes und die Lebensenergie.
Die Luft versinnbildlicht die Welt der Gedanken, die mentale Ebene.
Das Wasser steht für die Welt der Gefühle und Empfindungen.
Die Erde symbolisiert die physisch-konkrete Welt und das Handeln in der Materie.

Das männliche und das weibliche Prinzip

Das männliche und das weibliche Prinzip sind weitere Begriffe, die man tiefgründig verstehen muss, um einen Traum oder eine konkrete Situation richtig zu deuten. Diese sich ergänzenden Polaritäten, die dem Yin und dem Yang in der orientalischen Tradition entsprechen, sind in jedem Menschen vorhanden. Ein Mann, der das männliche Prinzip verkörpert, hat eine innere Frau, und eine Frau, die das weibliche Prinzip verkörpert, hat einen inneren Mann. Die in den Träumen vorkommenden weiblichen und männlichen Personen analysiert man vorwiegend in Bezug auf die Qualitäten und Verzerrungen, die sie darstellen, wobei jede Frau Aspekte der weiblichen Polarität, der Rezeptivität sowie der Innen- und Gefühlswelt versinnbildlicht und jeder Mann Aspekte der männlichen Polarität, der Emissivität und der Handlung in der Außenwelt. Kommen in einem Traum ausschließlich Frauen vor, so offenbaren die Traumereignisse, was sich in unserer Innenwelt abspielt, welche Gefühle und Gedanken wir dort nähren und unterhalten. Erscheinen nur Männer, so enthüllen sie, wie wir in der Außenwelt handeln und unsere Emissivität zum Ausdruck bringen. Wenn sowohl Frauen als auch Männer im Traumgeschehen vorkommen, wird uns gezeigt, in welcher Weise unsere beiden Polaritäten in der Innen- wie in der Außenwelt zusammenwirken.

Die Reiche

Zu den Grundlagen der Symbolsprache gehören auch die verschiedenen Reiche oder Seinsebenen: Mineralreich, Pflanzenreich, Tierreich, Menschenreich, Engel- oder Gottesreich. Diesbezüglich ist es wichtig, zu wissen, dass sie alle in Form von Bewusstseinszuständen in uns vorhanden sind. Somit enthüllen die Pflanzen, Tiere, Landschaften, Personen und sonstigen Elemente in unseren Träumen Aspekte von uns selbst, unsere Funktionsweisen, unser Verhalten, unsere Absichten usw.

Als Bewusstseinszustände lassen sich die fünf Reiche folgendermaßen zusammenfassen:

Das **Mineralreich**, welches in Beziehung zum Element Erde steht, versinnbildlicht die Welt unserer früheren Handlungen und die archäologische Erforschung der im Laufe unserer Entwicklung experimentierten Lebensweisen sowie der dabei verkörperten Persönlichkeiten.

Das **Pflanzenreich** symbolisiert unsere Gefühlswelt, den mannigfaltigen Reichtum unserer Emotionen und Empfindungen, unsere Sensibilität und unsere Seelenzustände.

Das **Tierreich** enthüllt die verschiedenen Aspekte unserer instinktgesteuerten Lebensenergie, unsere Grundbedürfnisse sowie die Verhaltensweisen, die wir für ihre Befriedigung entwickelt haben.

Das **Menschenreich** widerspiegelt das Experimentieren und die Lernprozesse der Menschheit im Zusammenhang mit dem Altruismus und der Entwicklung der Intelligenz auf der persönlichen und der kollektiven Ebene.

Das **Engel- oder Gottesreich** entspricht unseren höchsten Entwicklungsbestrebungen als menschliche Wesen. Es versinnbildlicht unsere Fähigkeit zu träumen, die Symbole und Zeichen zu verstehen, die spirituellen Kräfte zu entwickeln und zu benutzen und in den Multidimensionen des physischen und metaphysischen Universums zu reisen.

Als menschliche Wesen sind wir ständig mit unserem Engelpotenzial verbunden, ob wir uns dessen bewusst sind oder nicht. In gewisser Weise sind wir werdende Engel und das eigentliche Ziel unserer Erdenleben ist es, uns weiterzuentwickeln und zu entdecken, wer wir wirklich sind.

18- Der wissenschaftliche Forscher

In meinen Vorträgen sehe ich gern das Lächeln der Zuhörer, wenn ich sage, dass wir hier auf der Erde alle wissenschaftliche Forscher auf der Suche nach unserem ursprünglichen Engelpotenzial sind. Denkt man genauer nach, kommt man zu der Feststellung, dass wir immerzu experimentieren. Zu Beginn unseres Lebens stützen wir uns dabei auf die Wertsysteme unserer Eltern und Ahnen. Wir übernehmen die gleichen Wertmuster und Schemas, probieren sie aus, verändern sie und fügen neue Elemente hinzu, um unser Leben und unsere Funktionsweise auf persönlicher und gesellschaftlicher Ebene zu verbessern. Die Evolution ist wirklich faszinierend! Wir leisten alle unseren Beitrag dazu und inspirieren uns tagtäglich gegenseitig. Dabei sollten wir die Einstellung eines Wissenschaftlers haben, der weiß, dass es keine Fehler gibt, sondern nur Experimentiererfahrungen. Wenn ein Forscher erkennt, dass ein Versuch nicht funktioniert hat, rauft er sich nicht die Haare, sondern akzeptiert die Tatsache und verkündet, eine große Entdeckung gemacht zu haben, nämlich eine Vorgehensweise, die nicht funktioniert. Diese Einstellung und Sichtweise erlauben es ihm, seine Suche fortzusetzen und weiterhin die für seine Forschungsarbeiten notwendigen finanziellen Mittel zu erhalten.

19- Begegnungen mit dem Jenseits

Eines Abends machte ich mit meinem Schwager und meinem damals achtjährigen Neffen einen Spaziergang. Nachdem er freudig im Schnee herumgesprungen war, schaute mein Neffe mich an und sagte, dass er die Außerirdischen möge. Ich antwortete lachend: „Weißt du, dass ich schon oft welche getroffen habe?" Er sah mich mit großen Augen erstaunt an. Daraufhin erklärte ich ihm, dass ich oftmals in meinen sehr realistischen Träumen – so realistisch wie die irdische Wirklichkeit – *von Außerirdischen entführt und in ihrem Raumschiff mitgenommen worden sei, wo sie mich auf einem Tisch festbanden, um mich an Augen und Ohren zu operieren. Das tat sehr weh und ich schrie vor Schmerz und Angst.* Danach erwachte ich in meinem Bett und manchmal sogar draußen im Garten. Es war so intensiv! Doch dank meiner Kenntnis der Symbolsprache wusste ich, dass ich in diesen Träumen Teilen von mir selbst begegnet war, die auf der spirituellen Ebene sehr hart zu mir waren. Ich wollte so sehr hellsehend sein, um durch und durch *sehen* zu können und ein tiefes Verständnis aller Dinge zu entwickeln, dass ich mit mir selbst nicht mehr liebevoll umging und zu perfektionistisch geworden war. Deshalb sah ich im Traum Außerirdische, die sich nicht nett mir gegenüber verhielten.

Mein Neffe war fasziniert von dem Thema und sah mich weiterhin mit großen Augen an. Ich erzählte ihm noch von einem anderen Traum, in dem ich *ein Bad mit einem Außerirdischen nahm, der E.T. (aus Spielbergs Film) ähnelte. Wir waren wie Brüder und spielten zusammen im Wasser.* Das war ein schöner Traum, der meine damaligen Seelenzustände widerspiegelte. Ich erklärte meinem Neffen, dass ich in jener Nacht meine multidimensionalen, intelligenten Kräfte reinigte und mich dabei in der Beziehung zum anderen wohl fühlte, denn wir waren zu zweit in der Badewanne und die 2 symbolisiert die Beziehung zu anderen.

Es ist wichtig, zu wissen, dass alle Komponenten eines Traumes – Personen, Tiere, Gegenstände, Landschaften, außerirdische Wesen, alle Ereignisse und Stimmungen usw. – Teile des Träumenden darstellen, jedes enthaltene Element dem Gesamtbild seine Farbe hinzufügt und die Traumbotschaft vertieft. In diesem Beispiel war ich also gleichzeitig ich selbst als menschliches Wesen und der Außerirdische, der die multidimensionale Intelligenz und große metaphysische Kräfte versinnbildlicht. Die Tatsache, dass dieser trotz seiner besonderen Fähigkeiten nett und bescheiden war und wir zusammen spielten, besagte, dass ich mich mit diesen Fähigkeiten wohl fühlte und keine Angst vor ihnen hatte. Das Bad bedeutete, dass ich diese Aspekte meines Selbst reinigte. Es ist faszinierend, wenn man versteht, dass alle Elemente eines Traumes Bewusstseinszustände darstellen und unsere Art zu sein und zu funktionieren aufzeigen. So ist man in einem Traum, der Gewalttätigkeit enthält zugleich der Angreifer und das Opfer. Die Beziehung zwischen den gezeigten Symbolen offenbart unsere innere und/oder äußere Dynamik. Die Kenntnis der Symbole und die Fähigkeit, sie richtig zu deuten, beschleunigen unsere Weiterentwicklung, weil sie aufzeigen, was wir ändern müssen, um uns in richtiger Weise zu manifestieren. Auch die Kinder können schon von klein auf ihr Engelbewusstsein aktivieren, da sie die Symbolsprache in sich tragen. Sie müssen jedoch die wahre Kenntnis erlangen, um sich ihrer in der konkreten Wirklichkeit bewusst bedienen zu können.

Zahlreiche Menschen haben Extremzustände durchlebt und viele Bücher enthalten die Erlebnisberichte von Personen, die von Außerirdischen entführt wurden und nicht verstehen, dass sie mit außerirdischen Aspekten in den Multidimensionen ihres inneren Universums Kontakt hatten. Natürlich glaube ich an die Existenz intelligenter Wesen in anderen Welten. Ich betrachte einen verstorbenen Menschen ebenfalls als einen Außerirdischen, denn er setzt seine Existenz in Dimensionen jenseits der Erde fort. Ich bin mir auch sicher, dass die Geistigen Führer aus den Parallelwelten keine Ufos benötigen, um auf unseren Planeten zu gelangen. Sie sind immer gegenwärtig, beobachten kontinuierlich unsere Welt, sind imstande, sich mit Lichtgeschwindigkeit durch Raum und Zeit zu bewegen, und können vieles mehr. Selbstverständlich schließe ich auch nicht die Existenz von Außerirdischen aus, die sich im Universum mit Hilfe von Raumschiffen fortbewegen, ebenso wenig wie die Tatsache, dass sie mit uns in Kontakt treten können. Denn die Erde ist nicht der einzige Planet, auf dem es Leben, wie wir es kennen, gibt. Das physische Universum, in dem wir uns weiterentwickeln, ist nur eines von Milliarden. Und ebenso wie wir es mit der Zeit geschafft haben, ein technologisches Niveau zu erreichen, das uns die Erforschung des Weltraums gestattet, haben es andere schon lange vor uns getan und sind uns diesbezüglich Lichtjahre voraus.

Die von uns derzeit in der physischen Realität genutzte Technologie ist nur der Anfang dessen, was die Zukunft für uns bereit hält. Wir werden sie vollkommen transzendieren, indem wir in uns die entsprechende metaphysische Technologie entwickeln und diese in unsere Lebensweise integrieren. In den anderen Welten benutze ich manchmal Computer für komplexe Operationen und um bestimmte laufende Programme zu *lesen*. Das ist faszinierend! Es ist sogar möglich, sich in den Computer zu begeben und darin zu reisen. Über diese Fähigkeiten verfügen wir alle und je mehr wir unsere Engelkräfte aktivieren, umso mehr Türen öffnen sich zu derartigen Erfahrungen. Doch ist es nicht einfach, den *Universalpass* zu erhalten, der notwendig ist, um die Schwellen dieser Türen zu überschreiten. Man muss die Qualitäten entwickelt und gelernt haben, mit Liebe und Weisheit zu handeln, bevor man seine metaphysischen Fähigkeiten verstärkt einsetzen kann, weil man sonst seine Schwächen, Fehler, egoistischen Bedürfnisse und negativen Gefühle weiter nährt und vermehrt, ganz abgesehen davon, dass man in Träumen, in denen man die Seelen seiner Mitmenschen besucht, großen Schaden anrichten könnte.

20- Die Höhle

Der folgende Traum gehört einer stark verbreiteten Traumkategorie an. Ich kenne mehrere Menschen, die vergleichbare Traumerfahrungen erlebten, welche sie zum Ursprung ihres Verhaltens und Seins zurückführten, damit sie grundlegende Aspekte berichtigen konnten. Dieser Traum gehört zu einer Reihe, die ich zu Beginn meiner spirituellen Entwicklung erhielt, noch bevor meine Einsiedlerphase begann: *Ich befand mich in einer sehr alten Höhle und entfernte aus meinen Ohren endlos lange Stöpsel, bis alle draußen waren.* Der Traum mag unbedeutend erscheinen, wenn man die Symbolsprache nicht kennt, doch er enthüllte mir, dass ich dabei war, meine Rezeptivität zu bereinigen. Die Höhle steht symbolisch in Verbindung mit dem mütterlichen Aspekt des weiblichen Prinzips. Da sie dem Mineralreich angehört, versinnbildlicht sie auch unsere vergangenen Handlungen in der konkreten Welt, unsere ursprünglichen Funktionsweisen seit dem Beginn unserer Inkarnationen auf der Erde und unserer Erfahrungen als menschliche Wesen. Dieser Traum führte mich zum Ursprung meiner Rezeptivität und zeigte mir, dass ich eine tiefe Befreiung meiner Ohren vollbracht hatte, was mir den Zugang zur Hellhörigkeit ermöglichen würde. Es dauerte mehrere Monate, bis ich diese neue Rezeptivität in mir verankert hatte.

Ich erinnere mich gut an mein Gefühl beim Erwachen. Mir war, als würde ich die Welt neu entdecken. An diesem Tag besuchte ich meine Mutter und wir aßen zusammen zu Mittag. Während wir miteinander sprachen, wurde mir bewusst, dass ich das, was sie sagte, mit einem völlig anderen Verständnis aufnahm, weil ich nun imstande war, die feinen Schwingungen in ihrer Stimme sowie ihre Gefühle und Seelenzustände wahrzunehmen. Ich spürte ihre große Unsicherheit, die ich vorher nie bemerkt hatte. Das geschieht, wenn man die Multidimensionalität eines Menschen erfasst. Ich hätte meiner Mutter vieles über sie und ihr Innenleben enthüllen können, doch ich wusste, dass sie sich all dessen nicht bewusst war und diese Offenbarungen sie bekümmert, verletzt und verstört hätten.

Wenn man mit einem tiefen und multidimensionalen Verständnis zuhört, kann man aus den verschiedenen Tonlagen einer Stimme sehr viel herauslesen. Meistens verbergen die Menschen hinter ihren Worten, was sie wirklich fühlen und denken. Sie wissen nicht, dass sie gleichzeitig Aspekte ihres Wesens enthüllen, wenn sie beispielsweise über das Klima oder das Wetter reden. So kann ein Mensch sich über den Regen erfreut äußern, während ein anderer Mensch sagen wird, dass Regenwetter ihn schwermütig und traurig stimmt. Tatsächlich sprechen beide nicht nur über den Regen, sondern auch symbolisch über sich selbst. Ebenso verhält es sich, wenn jemand über ein Fußballspiel redet. Durch seine

Kommentare kann dieser Mensch, ohne sich dessen bewusst zu sein, unterdrückte Gefühle zum Ausdruck bringen, verdrängte Aggressivität, sein Streben nach Erfolg, sein Bedürfnis, schnell ans Ziel zu gelangen, oder seinen Kummer darüber, dass er in einer Fabrik arbeitet, wo er sich eingeschlossen und eingegrenzt fühlt. Der Sport ist ein gutes Beispiel, um die kausalen Zusammenhänge zwischen dem, was man macht, hört oder unterstützt, und dem, was man im Innern wirklich ist, aufzuzeigen, im positiven wie im negativen Sinne.

Menschen aus verschiedenen Ländern teilten mir in ihren Mails oder in den Webseminaren* ähnliche Träume mit, in denen sie sich Würmer aus dem Körper, schleimige Gegenstände aus Nase, Mund oder Augen entfernten. Ich freue mich über solche Träume und die Fragestellungen zu ihrer symbolischen und metaphysischen Bedeutung, die zeigen, welche Entwicklungsprogramme im Leben dieser Menschen schon angelaufen oder in Vorbereitung sind. Ich kann verstehen, was in ihnen vor sich geht, denn ich selbst erfuhr zahlreiche Einweihungen mittels derartiger Träume. Mit der Zeit bemerkte ich, dass sich nach positiv endenden Träumen meine metaphysische Wahrnehmung verfeinert hatte, wohingegen schlecht endende Träume mich dazu anhielten, tiefgründig an mir zu arbeiten, um die aufgezeigten verzerrten Energien zu bereinigen und zu verwandeln. Es braucht sehr viel Demut, um an seiner spirituellen Entwicklung mit den Träumen zu arbeiten, die uns in die Parallelwelten eintauchen lassen. Denn in diesen Welten ist man Wahrheiten auf einer höheren Ebene gegenübergestellt, die ein globaleres Verständnis ermöglichen und uns der Göttlichen Wahrheit immer näher bringen.

21- Das Böse hat eine erzieherische Funktion

Ich denke, eine der am schwersten zu integrierenden Wahrheiten besteht in der Tatsache, dass das Böse eine erzieherische Funktion hat und im Dienste des Guten wirkt. Zu Beginn meiner spirituellen Entwicklung, kurz bevor ich die Welt der Musik verließ und mein Leben gänzlich änderte, erhielt ich dazu eine große Lehre.

---

* *Kaya gibt Webseminare in französischer und in englischer Sprache. Weitere Informationen unter www.ucm.ca*

Ganz in weiß gekleidet hatte ich meiner damals ungefähr zwei Jahre alten Tochter Kasara auch ein schönes weißes Kleid angezogen. Ich machte mich mit ihr auf den Weg in die größte Kirche Montreals, das Oratorium Saint-Joseph, in der Absicht, mein Leben Gott zu weihen. Dort angekommen, stiegen wir betend die vielen Stufen langsam nach oben, die auf den Hügel führten, auf dem die Kirche stand. Wir betraten das Gebäude und ich ließ mich in der ersten Bankreihe nieder, während Kasara fröhlich um den Altar herum spielte. Es war nachmittags und der Ort war nur wenig besucht. Während meines Gebets, liefen mir Tränen übers Gesicht, denn ich wusste nicht, was aus mir werden würde. Ich bat Gott nur um eine Sache: dass er sich um meine Tochter kümmere, sie immer beschütze, damit ihr nichts geschehen möge, und im Gegenzug würde ich ihm mein Leben geben, ihm dienen und jede Mission erfüllen, die er mir auftragen würde. Für mich war es ein sehr feierlicher, mystischer Augenblick der vollkommenen, andächtigen Hingabe. Ich hatte Gott mein Herz ganz weit geöffnet und betrachtete meine Tochter, die in ihrem weißen, glitzernden Kleidchen auf den Stufen zum Altar saß. Ich liebte sie damals genau so wie heute aus tiefster Seele und wünschte mir, dass für sie alles gut verlaufen würde und sie nicht das Gleiche wie ich durchleben müsse, all diese intensiven Albträume voller Gewalttätigkeiten, die meine Nächte erfüllten. Nachdem ich Gott diese Allianz angeboten hatte, ihm ewig zu dienen im Tausch gegen seinen Schutz für meine Tochter, stieg ich mit ihr die Stufen wieder hinunter.

Auf dem Weg zum Parkplatz begann Kasara zu rennen und fiel der Länge nach auf den asphaltierten Boden. Sie schrie vor Schmerz und ich lief zu ihr, um sie zu trösten. Blut lief aus ihrer Nase und befleckte ihr Kleid. Während ich sie im Arm hielt, blickte ich zur Kirche hoch und weinte aus ganzem Herzen mit ihr. Als ob man mir mit einem Baseballschläger auf den Kopf gehauen hätte, so benommen fühlte ich mich angesichts dieses Vorfalls, der sich unmittelbar im Anschluss an mein mit Gott eingegangenes Bündnis ereignete.

In der folgenden Nacht sprach Gott im Traum zu mir. *Mit seiner machtvollen Stimme hörte ich ihn folgende Fragen stellen: „Du möchtest, dass ich deine Tochter beschütze? Dass ich sie in einer Schutzblase einschließe? Du willst verhindern, dass sie lernt und ihre Erfahrungen macht? Weißt du, dass ein Virus dazu dient, das Immunsystem* zu stärken? Du musst verstehen, dass das Böse eine erzieherische Funktion hat." Darauf erwachte ich und konnte nicht mehr einschlafen. Auf dem Boden kniend entschuldigte ich mich bei Gott und dankte ihm, dass er zu mir gesprochen hatte. Ich war zutiefst berührt. In den folgenden Nächten erhielt ich weitere machtvolle Träume, die mich tiefgründig die Tragweite dieses Kosmischen Gesetzes entdecken ließen, das mir der Schöpfer offenbart hatte. Seitdem ist dieses Gesetz, welches das Unerklärliche erklärt und den Ungerechtigkeiten dieser Welt Sinn verleiht, ein Grundstein meines Glaubens und meines Lebensverständnisses.

22- Die Begegnung mit König Salomon

Eine weitere wichtige Begegnung im Traum war die mit König Salomon. *In einem alten Tempel stand ich vor der Bundeslade. Alles war sehr majestätisch und real. Vor mir stand König Salomon in einem weißen, mit Edelsteinen und Diamanten besetzten Gewand. Er hatte einen langen weißen Bart und strahlte Edelmut und große Weisheit aus. Zu seiner Rechten befand sich eine ägyptische Prinzessin und zu seiner Linken eine jüdische Prinzessin, deren Kleider ebenfalls mit Edelsteinen besetzt waren. Alle drei sahen prächtig aus. König Salomon bereitete sich darauf vor, die beiden Prinzessinnen zu verheiraten, doch ich sah ihre Bräutigame nicht. Dann hörte ich die Stimme Gottes zu mir sagen: „Du sollst das Rätsel des Davidsterns lösen."* Nach dem Aufwachen wollte ich das Rätsel sofort lösen, deshalb ging ich zur nächstgelegenen Kirche, um in der Bibel die Geschichte von König Salomon nachzulesen. Da meine Familie nicht sehr religiös war, kannte ich seine Geschichte nur vage, wollte aber jetzt sehnlichst meinen machtvollen Traum verstehen.

Als ich um 7.15 Uhr an der Kirche ankam, war sie verschlossen und ich musste warten, bis die Dorfbuchhandlung öffnete, um eine Bibel zu finden. In der Buchhandlung suchte ich diskret nach Informationen zu König Salomon, dem Davidstern und der Bundeslade. Der Buchhändler, der mich erkannt hatte und sicherlich auch über meine Geschichte, die durch sämtliche Medien lief, im Bilde war, beobachtete eine Weile meine Suche, kam dann zu mir und sagte mitfühlend: „Ich kenne eine Frau, die aus der Schweiz eingewandert ist und hier in der Gegend lebt. Sie weiß über Symbole Bescheid und könnte dir vielleicht helfen. Wenn du willst, gib mir deine Telefonnummer, damit sie dich anrufen kann, wenn sie einverstanden ist." Ich bedankte mich für seine Freundlichkeit und nahm seinen Vorschlag an.

Diese Frau war Christiane, die zwei Jahre später meine Ehefrau wurde. Sie rief mich am nächsten Tag an und ihre Stimme war so herzlich! Ich war damals schon imstande, die verschiedenen Schwingungen in einer Stimme wahrzunehmen und die tatsächlichen Absichten zu erspüren, die sich oft hinter den Worten verbargen. Zum ersten Mal in meinem Leben hörte ich eine so authentische und reine Stimme und ich hatte sofort Vertrauen zu ihr. Wir vereinbarten eine Begegnung in den nächsten Tagen.

23- Der Beginn der Arbeit mit den Engelenergien

Christiane führte mich in die Arbeit mit den Engelenergien ein. Als wir uns kennenlernten, arbeitete sie schon seit einigen Jahren mit den Engelbewusstseinszuständen und bereitete gerade ihren ersten Vortrag zum Thema der Sterbebegleitung mithilfe der Engelarbeit vor. Bei unserer ersten Begegnung hatte ich das gleiche Gefühl wie im Traum mit dem Schmied aus Gold. Christiane strahlte wie die Sonne! Es beruhigte mich, als sie erzählte, auch sie habe erschütternde Albträume erhalten und jahrelang intensive Einweihungen durchlebt, die von begeisternden Höhen bis in tiefste Tiefen reichten. Sie gab mir einige Ansätze zur Deutung der Symbole, doch sie musste zugeben, noch nie einem Menschen begegnet zu sein, der einen so intensiven Entwicklungsverlauf erlebte wie ich. Sie sagte mir, ich befände mich auf dem Weg der großen Eingeweihten, die hochgradige Verwandlungsprozesse durchquerten, welche ihnen den Zugang zum wahren Wissen verliehen. Ich empfand eine solche Freude während unseres Austausches, denn ich spürte, dass sie keine Angst hatte, als ich mich ihr anvertraute, im Gegenteil, meine Erlebnisse verwunderten sie. Das war eine ganz neue Erfahrung für mich, nachdem mir alle den Rücken zugekehrt hatten und ich den offenbarten, schwer verständlichen Lehren und meinen Fragen allein gegenüberstand. Es berührte mich auch sehr, als sie zu mir sagte: „Weißt du, alle großen Eingeweihten stießen am Anfang auf Unverständnis und Ablehnung von Seiten ihrer Familie, ihrer Freunde, ihres Umfeldes oder sogar ihres Landes. Sie durchquerten endlose Wüsten. Doch das muss man in Kauf nehmen, wenn man ein engelhaftes Bewusstsein erreichen und die Göttlichen Qualitäten, Tugenden und Kräfte verkörpern will, um ein Engel auf Erden zu sein. Du befindest dich auf dem Weg dahin..." Ihre Worte ermutigten mich. Es war das erste Mal in meinem Leben, dass mich jemand wirklich hörte und verstand.

Christiane erklärte mir, die Engel und Erzengel seien Bewusstseinszustände, welche die Qualitäten, Tugenden und Kräfte des Schöpfers darstellen, und jeder ihrer hebräischen Namen habe eine spezifische Schwingung und Bedeutung. Mikaël zum Beispiel bedeute *Ebenbild Gottes,* Gabriel *Reinheit Gottes* usw. Der Sinn unseres Lebens sei es, diese Göttlichen Essenzen in uns zu aktivieren, sie in unser Leben zu integrieren, um unsere Göttlichkeit in der materiellen Welt zu verkörpern und ein Engel auf Erden zu werden. Sie lehrte mich auch, die Darstellung der Engel als menschliche Wesen mit Flügeln sei eine Metapher, die zum Ausdruck bringe, dass der Mensch imstande ist, die Himmlischen Kräfte zu entwickeln und zu manifestieren. Dieses Bild sei ferner auch das ideale Symbol, um den Träumer und seine metaphysischen Fähigkeiten – Hellsehen, Hellhören, Hellfühlen usw. – zu definieren, dank deren er durch die Multidimensionen des Universums reisen kann. Christianes Worte klangen für mich so wahr und wirklich, wie ganz natürliches Wissen. Das war für mich, der ich Gott gebeten hatte, mir die symbolische Bedeutung der Träume zu offenbaren, alles vollkommen logisch: Der Engel symbolisiert den träumenden Menschen, der Zugang zu seiner Göttlichen Natur findet. Christiane fügte hinzu, es gebe gemäß der Überlieferung 72 Engel und 10 Erzengel, die wir anrufen können. Die Wiederholung ihrer heiligen Namen wie Mantras aktiviere in unserem Wesen die Qualitäten, Tugenden und Kräfte, die sie versinnbildlichen. Diese intensive Verwandlungsarbeit mit den Engeln fördere das Träumen und helfe uns, die Antworten und Lehren sowie die multidimensionale Führung, die sie uns schenken, zu erkennen.

Mehr brauchte ich nicht, um die Arbeit mit den Engeln zu beginnen. Anfangs rief ich sie alle zugleich an und nach drei Wochen kannte ich ihre Namen auswendig. Ohne Unterlass wiederholte ich die heiligen Namen: Vehuiah, Jeliel, Sitael, Elemiah, Mahasiah, Lelahel, Achaiah, Cahetel... Das Rezitieren übte eine starke Wirkung auf mich aus. Ich erhielt Träume, in denen Atombomben, Erdbeben und Vulkanausbrüche vorkamen. Diese Traumerlebnisse halfen mir, die Bibelpassagen über die Apokalypse tiefgründiger zu verstehen. Ich erkannte, dass es sich dabei keineswegs um den Untergang *der* Welt sondern um das Ende *einer* Welt in unserem Innern handelt, das heißt, um das Ende des gewöhnlichen Bewusstseins und den Anfang der Verwandlung des menschlichen Daseins in ein engelhaftes Leben. Dank dieser Träume wurde in meinem Kopf alles viel klarer. Die Siegel der Apokalypse stellen Bewusstseinsöffnungen dar und die Bereinigung der negativen, zerstörerischen Kräfte, wie wir sie in unseren Albträumen und dem konkreten Leben antreffen.

Ich war sehr glücklich, meine Erkenntnisse mit meiner Freundin Christiane teilen zu können, die ich regelmäßig sah. Ihre energetischen Behandlungen mit den Engeln, bei denen ich bedingungslose Liebe und Weisheit empfing, taten mir sehr gut. Christianes Gegenwart allein schon inspirierte mich. Sie war ihrerseits sehr von meinen schnellen Fortschritten bei der Arbeit mit den Engeln überrascht. Es war, als hätte ich diese Lehre schon immer gekannt. Dennoch empfahl sie mir, jeweils nur einen Engel anzurufen. Ich befolgte ihren Rat und stellte fest, dass es so in der Tat besser verlief. Es war nicht weniger machtvoll, aber genauer. In kurzer Zeit wurde mir klar, dass meine Träume und meine Alltagserlebnisse dem Bewusstseinsfeld des Engels entsprachen, den ich gerade anrief, wobei die schönen Träume seine in mir enthaltenen Qualitäten und Tugenden widerspiegelten, während die Albträume meine Verzerrungen offenbarten, also die Fehler und Schwächen, die ich als Mensch erschuf, indem ich die Engelenergien nicht richtig verwendete.

Obwohl sie sehr einfach durchzuführen ist, hat die Arbeit mit den Engeln eine sehr machtvolle, multidimensionale Wirkung. Was ich an dieser spirituellen Arbeit von Anfang an wunderbar fand, ist die Tatsache, dass die Anrufung der Engel, die ja die Qualitäten, Tugenden und Kräfte des Schöpfers im ur-reinen Zustand darstellen, gleichzeitig eine direkte Kommunikation mit ihm ermöglicht. Mit der Zeit wurde mein spiritueller Weg immer konkreter und ich bekam immer genauere Antworten. Jede Nacht wachte ich mehrmals auf und notierte wie ein Wissenschaftler die erhaltenen Antworten und Lehren, und genauso funktioniere ich auch heute noch. So setze ich meine eigene Entwicklung fort und helfe gleichzeitig meinen Mitmenschen, Engel auf Erden zu werden.

Die Engel-Rezitierübung, auch Engel-Mantra genannt, ist die Grundlage der Arbeit mit den Engelenergien. Sie besteht darin, täglich so oft wie möglich, in Gedanken oder mit lauter Stimme, den Namen eines Engels zu wiederholen, wobei man mindestens fünf Tage lang mit dem gleichen Engel arbeiten sollte. Man kann dies bei den täglichen Aufgaben, beim Autofahren, beim Sport, beim Entspannen und Meditieren, vor dem Einschlafen und beim Aufwachen usw. tun. Was die Wahl des Engels anbelangt, so kann man dabei intuitiv vorgehen oder entsprechend den Qualitäten, die man entwickeln, bzw. den Verzerrungen, die man verwandeln möchte. Eine weitere Möglichkeit bietet der Engelkalender Nr. 1*, wo jedem Engel fünf Tage im Jahr zugeordnet sind.

Die Rezitierübung ist eine aktive Meditation, durch die man die Schwingung des Engels auf allen Ebenen – Geist, Kopf, Herz, Körper – integriert. Das Bewusstseinsfeld des Engels entfaltet sich dabei in unserem persönlichen und unserem kollektiven Unbewusstsein wie eine Landkarte und gestattet uns, in aller Sicherheit die Multidimensionen unseres Wesens und die Parallelwelten der Schöpfung zu entdecken. Die erhaltenen Träume und Zeichen entsprechen immer den Eigenschaften der angerufenen Engelenergie bzw. den menschlichen Fehlern und Schwächen, die zu bearbeiten sind. Schöne Träume offenbaren dabei die Qualitäten des Engels, während Albträume unsere Verzerrungen enthüllen, was leicht nachzuvollziehen ist.

Die folgende Seite zeigt, wie die Qualitäten eines Engels und die entsprechenden menschlichen Verzerrungen in der Traditionellen Engellehre dargestellt sind.

---

* *Siehe Kapitel neun*

8 CAHETEL

Qualitäten

- ⊙ Göttlicher Segen
- ⊙ Dankbarkeit
- ⊙ Materialisierung des Göttlichen Willens
- ⊙ Geburt, Niederkunft
- ⊙ Leichter Erfolg, Fortschritt, Hilfe bei der Änderung der Lebensart
- ⊙ Große Arbeitskapazität, aktives Leben
- ⊙ Materieller Reichtum
- ⊙ Fruchtbarer Boden, reiche Ernte, Nahrung für die Seele
- ⊙ Harmonie mit den Kosmischen Gesetzen
- ⊙ Schutzpatron der vier Elemente: Feuer, Luft, Wasser, Erde
- ⊙ Befreiung von bösen Geistern

Verzerrungen

- − *Undankbarkeit*
- − *Selbstbezogenheit, verfolgt nur seine eigenen Interessen, räuberisches Verhalten*
- − *Materieller Misserfolg, Ruin*
- − *Handelt gegen das Schicksal, widersetzt sich seinem Lebensplan und dem Himmlischen, Kosmischen Programm*
- − *Unnütze und fruchtlose Tätigkeit*
- − *Übermäßige Willenskraft, Starrheit*
- − *Willkür, Despotismus, Hochmut, boshafter Charakter, Gotteslästerer*
- − *Einzig zu materiellen Zwecken verwendetes Vermögen*
- − *Starke, sintflutartige Regenfälle, Überschwemmungen, Wasserverschmutzung*
- − *Katastrophales Klima, Feuersbrünste*
- − *Unklare, verworrene Gefühle, Aggressionen, Übertretungen*
- − *Gesetzwidriges Handeln, Korruption, richtet seine Mitmenschen zugrunde*

24- Der Biss des Dämons

Meine intensive Arbeit mit den 72 Engeln und mein Einsiedlerleben ermöglichten es mir, mich gänzlich meiner persönlichen Entwicklung zu widmen. Ich hatte endlich die Schlüssel gefunden, um die Schöpfung und den Sinn unserer Existenz zu verstehen, sowie die Mittel und Methoden entdeckt, dank derer ich meine Erinnerungen bereinigen und meine Verzerrungen berichtigen konnte, um mein höchstes Ziel zu erreichen: ein Engel auf Erden werden und dem Himmel dienen. Auch wenn es manchmal sehr schwer war, machte ich unentwegt Fortschritte bei dieser Arbeit, die schon in meiner Kindheit begonnen hatte, ohne dass ich mir dessen bewusst war.

Mit der Rezitierübung wurden meine Träume immer detaillierter und liefen wie multidimensionale Filme ab, die mehrere Sinne gleichzeitig berührten und mir außergewöhnliche Lernmöglichkeiten eröffneten, durch die ich nach und nach die verschiedenen Facetten des menschlichen und des universellen Bewusstseins erfassen konnte. Meine Entwicklung und die Einweihungen gewannen eine neue Dimension, alles wurde viel machtvoller und kollektiver.

In meinen Vorträgen und Seminaren vergleiche ich das Einweihungstraining oft mit der Militärausbildung. Um ihr Ego zu brechen werden die Soldaten oft beschimpft und gedemütigt. Sie müssen lernen, ihre Persönlichkeit hintanzustellen, auf ihre persönlichen Vorlieben und Bedürfnisse verzichten, um sich ganz einer Sache oder dem Gemeinwohl zu verschreiben. Wenn man denkt, eine militärische Ausbildung sei hart, so kann ich sagen, dass sie nichts ist im Vergleich zur Engelausbildung. Um die Göttlichen Kräfte und Fähigkeiten zu entwickeln, müssen sich die Eingeweihten ständig Prüfungen unterziehen und ihr gesamtes Wesen tiefgründig bereinigen. Denn nur so können sie der Versuchung widerstehen, das in ihnen aktivierte Göttliche Potenzial in den Dienst ihres Egos zu stellen, um persönliche Vorteile zu erlangen oder ihren Mitmenschen zu schaden. Immer und unter allen Umständen Liebe, Mitgefühl und eine gerechte Haltung zu zeigen ist nicht möglich ohne ein intensives Training auf allen Ebenen unseres Seins.

Das Hauptziel der Arbeit mit den Engelenergien ist somit die Verkörperung des in uns enthaltenen Göttlichen Potenzials. Dafür müssen wir die in unserem Unbewusstsein angesammelten Erinnerungen bereinigen und unsere Fehler und Schwächen verwandeln. Das ist ein alchemistischer Vorgang, der in unserem Innern abläuft und über zahlreiche erschütternde Einweihungen erfolgt, die unser Wesen und unsere Lebensweise umstrukturieren. Alles, was nicht unserer Göttlichen Natur entspricht, muss dabei transzendiert werden. Die Arbeit mit den Engeln wird manchmal als etwas Leichtes, Märchenhaftes dargestellt, weil man nicht weiß, dass es sich im Wesentlichen um eine beharrliche Bewusstseinsumprogrammierung handelt, wie sie die Traditionelle Engellehre vermittelt. Diese jahrtausendealte Lehre, die es schon vor der christlichen, der jüdischen und der muslimischen Religion gab, gründet sich auf das Urwissen, weshalb sie für die gesamte Menschheit, unabhängig von Kultur, Religion oder Nationalität, zugänglich ist. Die 72 Engel sind universelle Symbole, die das Göttliche Potenzial darstellen, das jeder Mensch in sich trägt, sowie die höchsten Ideale, die er verwirklichen kann – ob er sich dessen bewusst ist oder nicht.

Zu Beginn meiner Arbeit mit der Engel-Rezitierübung erlebte ich etwas sehr Intensives und Verwirrendes. Ich halte es für richtig, darüber zu sprechen, und ich tue es nicht, um den Leser zu beeindrucken, sondern damit er weiß, wie er reagieren kann, sollte er eines Tages etwas Vergleichbares durchleben. Es ist immer wichtig, nicht in Panik zu geraten, wenn das Böse sich manifestiert, denn es hat immer eine erzieherische Funktion. Auch in seiner stärksten Form steht das Böse immer im Dienst des Guten. Es ist seine Aufgabe, uns zu testen, zu stärken und unser Potenzial als Krieger des Lichts zu aktivieren. Ich arbeitete zum Zeitpunkt dieses Erlebnisses mit dem Engel 38 Haamiah, dessen Qualitäten unter anderen folgende sind:

- Sinn für Rituale und Vorbereitungen und deren Verständnis
- Führt zu den höchsten menschlichen Verwirklichungen
- Hoher Ort der Transzendenz
- Exorzismus
- Auflösung der inneren und äußeren Gewalttätigkeit
- Rituale, Zeremonien, Einweihungen

Unter den menschlichen Verzerrungen dieser Engelqualitäten finden sich unter anderen: *Dämon, böser Geist, Besessenheit, Aggression, Gewalttätigkeit.*

Eines Nachts im Traum *befand ich mich in einem Bett und fühlte mich durch eine bösartige Kraft gelähmt. Ich konnte mich weder bewegen noch schreien und spürte, wie eine schwarze Substanz in meine Venen strömte.* Ich erwachte, doch die körperliche Wahrnehmung blieb bestehen, als ob der Traum noch nicht zu Ende war. Während ich Haamiah anrief, hörte ich in meinem Zimmer eine dämonische Stimme sagen: „Aber du bist nicht diese Kraft… du bist nicht dieser Engel und du wirst es auch nicht schaffen! Ich werde alles tun, um dich daran zu hindern!" Dann biss der Dämon in meinen Zeh und drang durch die Bisswunde in mich ein. Ich spürte, wie er von meinem Körper Besitz ergriff, doch ich betete mit Liebe weiter und rief immer noch Haamiah an, um den Dämonen aus mir auszutreiben. Schließlich verließ er meinen Körper durch meinen Hals, während ich vor Schmerzen schrie.

Diese Erfahrung, so furchtbar und negativ sie auch erscheinen mag, hat meinen Mut, meine Ausdauer und Beharrlichkeit bei der Aktivierung der Engel-Qualitäten gestärkt. Ferner bewies sie mir, dass ich mein Ziel erreichen konnte, wenn ich beständig meine Kräfte weiterentwickelte. Ich erinnerte mich immer wieder an die Worte des Dämons: „Ich werde alles tun, um dich daran zu hindern!" Sie machten mir keine Angst, sondern bestätigten mir vielmehr, dass Dämonen Kräfte im Dienste des Guten sind und dass es ihre Rolle ist, uns zu prüfen, damit wir dazu geführt werden, uns zu verwandeln, uns neu zu *formatieren*, um das Gute zu werden und nicht weiter auf Gewalt und Beschimpfungen zu reagieren.

25- Die Begegnung mit meinem Schatten

In einem weiteren Einweihungstraum begegnete ich meinem Schatten. *Ich sah mich doppelt: Es gab mich und gleichzeitig mein negatives Doppel. Ich sagte ihm freundlich, er müsse sich ändern, denn ich sei entschlossen, mein ganzes Leben weiter zu beten und daran zu arbeiten, ihn in eine positive Kraft zu verwandeln. Ich spürte von diesem schattenhaften Doppelgänger eine starke Bösartigkeit ausgehen. Ich betrachtete ihn ganz bewusst und beobachtete seine Energie.*

Beim Erwachen war ich sehr glücklich darüber, meinen Schatten gesehen und sein Wesen erkannt zu haben. Diese Traumerfahrung veranlasste mich, über die negativen Kräfte, die wir alle in uns tragen, tiefgründig nachzudenken. Ich fühlte, dass meine Schattenseite imstande war, Dinge zu tun, die ich mir auf der Ebene meines bewussten Seins nicht einmal vorstellen konnte. Ich dachte an die Kriminellen und jene, die ihre Schatten werden, das heißt, die sich ständig nur in übler, boshafter, zerstörerischer Weise manifestieren und durch ihre Gedanken, Gefühle und Handlungen das Böse unterhalten und stärken. Obwohl wir alle unsere Schattenseite haben, gibt es doch einen Unterschied zwischen dem Schatten eines Kriminellen und demjenigen eines Menschen, der im Rahmen der Gesetze lebt. Beim Kriminellen deckt der Schatten über 50 % seines Wesens ab, während der Prozentsatz bei einem gewöhnlichen Menschen niedriger liegt, also die Kraft des Guten stark genug ist, um den Schatten daran zu hindern, die Oberhand über Persönlichkeit, Gefühle und Handlungen zu gewinnen. Es ist aber wichtig, zu wissen, dass selbst der schlimmste Verbrecher durch Beten, Reue und den festen Willen zur Besserung in seiner Seele ein neues Programm in Gang setzen kann, das es ihm ermöglicht, sich umzustrukturieren, sein Bewusstsein neu zu formatieren und seinen Anteil an Negativität zu senken oder sogar ganz zu verwandeln.

Natürlich haben nicht nur die Kriminellen diese Schattenarbeit zu erledigen, sondern es obliegt uns allen, beständig den Prozentsatz des in uns angehäuften Bösen zu senken, um immerzu und unter allen Umständen dem Guten zu dienen und es in unserer Lebensführung zu manifestieren. Um das zu erreichen, werden wir zahlreichen Versuchungen und Experimentiererfahrungen ausgesetzt, die eigentlich Prüfungen für die Ausübung unseres freien Willens sind. Nachdem wir unsere Erfahrungen mit dem Bösen gemacht haben, folgt die Etappe der Wiedergutmachung, der Besserung, der Verwandlung zum Guten und der Transzendierung des Bösen auf der persönlichen und der kollektiven Ebene. Diese Etappe kann sehr lang sein, doch das Leben geht ewig weiter. Von einer Inkarnation zur anderen hier auf der Erde in menschlicher Form oder anderswo in anderen Erscheinungsformen setzt sich unser Lern- und Entwicklungsprozess fort.

26- Die Bleistiftgeschichte

Eines Nachts im Traum *befand ich mich mit einem Geistigen Führer aus den Parallelwelten in einem Auto. Während er das Fahrzeug lenkte, gab er mir einen Bleistift und sagte zu mir: „Trink das… dadurch wirst du die Erfahrung der Alkoholabhängigkeit machen und sie als Einweihung erleben. Es wird sehr intensiv sein und du wirst spüren, was Menschen empfinden, die aufgrund ihrer emotionalen Abhängigkeit den Mut verlieren." Ich nahm den Stift und er fragte: „Bist du bereit?" Respektvoll und dem Himmel ergeben antwortete ich: „Ja, ich bin bereit." Dann trank ich den Stift aus, als handle es sich um ein Glas Wasser.*

Beim Aufwachen fühlte ich mich so durcheinander und schwerfällig, dass ich nicht die geringste Lust hatte, das Bett zu verlassen. Meine ganze Aufmerksamkeit war auf mein Leiden konzentriert, als gäbe es sonst nichts auf der Welt. Ich hatte noch nie übermäßig oder regelmäßig Alkohol getrunken, befand mich aber plötzlich in einem anderen Körper, einem anderen Leben. Obwohl dieses Einweihungserlebnis im Traum mehr als 16 Jahre zurück liegt, erinnere ich mich an das Körpergefühl und die inneren Empfindungen, als wäre es gestern gewesen. Weinend und auf allen vieren kriechend bewegte ich mich durch die Wohnung, hatte jegliche Selbstachtung verloren und ertrank in der Hoffnungslosigkeit. Ich war ein menschliches Wrack ohne Aussicht auf Entkommen, das in einen bodenlosen Abgrund stürzte. Diese Einweihungserfahrung dauerte drei Tage, in denen ich alle möglichen Traumszenarien sah und durchlebte: Traurigkeit, Lügen, Doppelleben, Scham, vermischt mit dem Bedürfnis zu vergessen, zu entfliehen oder ein glückliches Image vorzutäuschen in Situationen, wo man glaubt, Freunde zu haben, um letztendlich zu entdecken, dass es nur oberflächliche Beziehungen sind, die auf dem Schein sowie der Suche nach Liebe und Aufmerksamkeit beruhen. Es war wirklich eine sehr markierende Erfahrung!

Während dieser intensiven, sich über mehrere Jahre erstreckenden Einweihungen gab es ein Licht, das selbst in den dunkelsten und schmerzhaftesten Momenten nicht erlosch, und zwar mein Glaube an Gott und die 72 Engelbewusstseinszustände. Selbst wenn ich keine Energie mehr hatte und es nur langsam und innerlich tun konnte, rief ich weiterhin die Engel an und betete. Manchmal spürte ich nicht einmal mehr den tieferen Sinn der Anrufung und war unfähig, überhaupt noch etwas zu empfinden, so, als wäre ich von der Göttlichen Quelle abgeschnitten. Doch ich rezitierte weiterhin

ließ und sich nur schwer konzentrieren konnte. So bat ich sie, intensiv die Klaviertaste, die ich spielen würde, anzuschauen und die erklingende Note erst nur anzuhören, dann wieder den Blick auf die Taste zu richten, während ich die Note erneut spielte, und diese anschließend mit ihrer Stimme wiederzugeben. Sie brachte sofort den richtigen Ton hervor. Ich gab ihr auch eine Übung, die sie täglich fünf bis sieben Minuten lang im Stillen ausführen sollte und die darin bestand, sich auf einen Punkt an der Wand zu konzentrieren, zum Beispiel ein Tapetenmuster oder sonst etwas, das ihre Aufmerksamkeit auf sich zog. Während sie dies tat, sollte sie ganz normal weiter atmen. Dabei konnte sie einige Momente die Augen schließen, wenn sie spürte, dass sie ermüdeten, und die Übung anschließend fortsetzen. Nach einer Woche hatten sich ihre Schulleistungen erstaunlich verbessert und es gelang ihr, richtig zu singen.

28- Der Vize-Präsident

Meine Fähigkeit, mich auf die richtigen Gedanken und Entscheidungen zu konzentrieren, wuchs zusehends. Ich lenkte meine Aufmerksamkeit mehr und mehr auf meine spirituelle Entwicklung, wodurch ich einige falsche Vorstellungen und Verhaltensweisen, die ich angenommen hatte, berichtigen und umprogrammieren konnte. Kurz bevor ich die Musikbranche endgültig verließ, hatte ich mit Unterstützung des damaligen Vize-Präsidenten von EMI Publishing, Evan Lamberg, begonnen, ein englischsprachiges Album in New York aufzunehmen. Es war zugleich das letzte und das wichtigste Projekt, an dem ich gearbeitet hatte, bevor ich bewusst meine Musikkarriere beendete. Mein Agent Ben Kaye, Geschäftspartner von René Angélil, übernahm die Organisation und alle waren von meinem Erfolg überzeugt. Die Lieder waren recht spirituell und erklärten die ersten Schritte meines Entwicklungswegs sowie die Sinnfragen, die ich mir stellte. Während der Aufnahmen führte ich tiefgründige Gespräche mit meinem Produzenten Russ DeSalvo, den erfolgreichen Textschreibern und Komponisten Arnie Roman und Terry Cox sowie all den anderen liebenswürdigen Menschen, mit denen ich zusammenarbeitete. Doch tief in mir wusste ich, dass es das Ende war, obwohl auf der musikalischen Ebene die Türen zur ganzen Welt sich für mich öffneten und alles getan wurde, um meinen Erfolg zu garantieren.

Eines Tages, nachdem im Traum *mein weißes Auto mit der weißen Limousine von EMI verschmolz*, weckte mich das Telefon. Es war ein Anruf von Evan Lamberg. Er hatte gerade die ersten Stücke gehört, die ich mit Russ und Arnie zusammen geschrieben und aufgenommen hatte, und das Lied *Seven Seconds Too Late** (Sieben Sekunden zu spät) hatte ihn so tief berührt, dass er ganz durcheinander war. Er sagte, es sei eines der schönsten Lieder, die er gehört hatte seit *Fields of Gold* von Sting, mit dem er zusammenarbeitete. Seine Aufrichtigkeit berührte mich und ich spürte, dass er mir wirklich helfen und mich beschützen wollte. In seinem momentanen Eifer sah er für mich einen großen, weltweiten Erfolg am Horizont und wollte sich um meinen Kleidungsstil, meine Frisur und meinen Look kümmern. Meine Antwort darauf war sehr kategorisch: „Nein, ich will nicht, dass mir jemand sagt, wie ich mich anzuziehen und zu frisieren habe! Es tut mir leid, Evan, aber das ist wirklich nicht mein Ding!" Ich hatte mit einer Eindringlichkeit wie nie zuvor gesprochen. Trotz des schönen Traums, den ich bekommen hatte und der mir ein außerordentliches Vorwärtskommen

---

* *Dieses Lied ist auch in Kayas Album* Born Under the Star of Change *enthalten, das 2012 erschien.*

ankündigte, hätte ich durch meine Reaktion den Mann verärgern, sein Vertrauen verletzen und die positive Dynamik, die wir zwischen uns geschaffen hatten, zerstören können. Doch ich war stolz auf mich, stolz, dass ich mich zum ersten Mal selbst respektiert hatte. In der Vergangenheit wollte ich immer allen gefallen und niemanden verletzen, aber zum Zeitpunkt dieses Erlebnisses lebte ich jeden Tag, als wäre es der erste und der letzte. Ich war bereit, alles zu verlieren, wenn es sein musste, um meinen spirituellen Idealen zu folgen, denn die Musik war für mich bedeutungslos geworden. Ich hätte mir damals nicht vorstellen können, dass ich sie eines Tages neu entdecken würde, um mit ihrer Hilfe die Engel auf der Erde bekannt zu machen.

Statt verärgert zu sein, reagierte Evan Lamberg sehr nett und sagte: „Ich verstehe. Barbara Streisand und Sting sind darin genauso, du reagierst wie sie… auch sie wollen nicht, dass man sich bei diesen Punkten einmischt. Einverstanden, wir werden deine Entscheidungen respektieren." Dann lud er mich zur Premiere von Whitney Houston nach New York ein, damit wir Zeit miteinander verbringen konnten, um zu reden und Leute zu treffen. Also flog ich zu dieser Veranstaltung. Vor Ort jedoch spürte ich sehr intensiv die tiefe Verschiebung, die ich innerlich bezüglich all dessen, was mich dort erwartete, empfand: in der Limousine, die mich abholte, fühlte ich mich unwohl, die große Suite im Hotel störte mich geradezu, da ich an die Obdachlosen dachte, die auf der Straße schliefen, und die Abende in den Luxusrestaurants machten mich benommen. Die größten Erfolgsaussichten lagen ausgebreitet vor mir, doch in meinem Geist wirbelte alles durcheinander. Ich war nicht mehr imstande, den materiellen Wohlstand und Überfluss ohne Bewusstsein zu genießen und mit Menschen zusammen zu sein, die sich begrüßten, ohne sich wirklich kennen lernen zu wollen. Heute bin ich fähig, in solchen oder ähnlichen Kontexten ein guter Diplomat oder *Geheimagent* zu sein, damals aber begann der Extremismus in mir hochzusteigen und der Einsiedler, der ich dabei war zu werden, manifestierte sich stärker als meine alte Persönlichkeit.

29- Das Ende der Musik

Zu dieser Zeit waren die ersten acht Stücke des neuen Albums fertig aufgenommen. Evan Lamberg organisierte mit EMI und Blue

Note Records sowie ihrem musikalischen Direktor ein *Show Case* in New York, um das Album vorzustellen. EMI hatte für diesen Abend ein Vermögen ausgegeben und die besten Musiker von New York begleiteten mich bei diesem entscheidenden Event unter der Leitung meines Produzenten Russ DeSalvo. Alles war in die Wege geleitet, um mir einen großen Erfolg zu sichern, während ich in meiner Hotelsuite saß, betete und Gott fragte, ob ich hier wirklich am richtigen Platz sei. Ich durchlebte einen dauernden inneren Kampf bezüglich der Frage, ob ich weitermachen oder aufhören sollte. Wir hatten eine positive Antwort von Blue Note Records erhalten. Evan Lamberg war darüber sehr glücklich, als er mir die Neuigkeit am Telefon erzählte, ich hingegen überhaupt nicht. Ohne etwas auf seine Worte zu erwidern, fragte ich mich innerlich, warum Gott allem Anschein nach von mir erwartete, in dieser Welt weiterzumachen.

Der Vertrag mit Blue Note Records sollte drei Wochen später eintreffen, doch der damit beauftragte künstlerische Direktor wurde entlassen. Evan sah sich gezwungen, mir mitzuteilen, dass die Präsentation neu gestartet werden müsse, um das Interesse anderer Plattenlabels zu wecken, denn normalerweise hat ein neu eingestellter Direktor schon seine eigenen Vorhaben. In den folgenden Monaten stellte Evan das Projekt mehreren anderen Gesellschaften vor, die zu seiner Überraschung alle positiv antworteten. Doch merkwürdigerweise wurden in den Wochen danach alle Präsidenten oder Direktoren dieser Firmen versetzt oder entlassen, weshalb alles wieder ins Wasser fiel. Evan und mein Agent Ben waren sprachlos, denn so etwas war noch nie passiert. Auf diese Weise erkannte ich letztendlich, dass es nicht im Sinne des Himmels war, dass ich mit der Musik weitermachte. Ich erhielt parallel dazu auch eine Reihe von Träumen, die meine Fragen und Gebete beantworteten.

In einem dieser Träume *sah ich, dass ich über ein ähnliches Potenzial verfügte wie Elvis Presley und sich dieses in einem sehr großen Erfolg konkretisieren könnte. Gleichzeitig erblickte ich einen Geistigen Führer der Parallelwelten, der mich mit einem entschlossenen Blick anschaute, während er jedes Mal die Telefonleitung durchtrennte, wenn eine Plattenfirma eine positive Antwort gab.* Ich war sehr glücklich über diesen Traum, der mein Empfinden bestätigte. Mein Leben würde von nun an in der Anonymität und im Dienste Gottes auf Erden verlaufen. Ich ließ die Dinge geschehen, wohl wissend, dass es Evan nicht gelingen würde, einen Plattenvertrag zu unterschreiben, obwohl er optimistisch blieb und mir sagte, diese neue und inspirierende Musik sei zeitlos. Ich wartete eine Weile, bevor ich ihm sowie meinem Agenten einen Dankesbrief schickte, in dem ich ihnen mitteilte, dass ein neues Kapitel in meinem Leben beginne und die Musik für mich keine Zukunft habe.

30- Exil in Cold Spring, New York

Daraufhin entschied ich, mich für einige Zeit in die USA zurückzuziehen, denn in Quebec machte man sich täglich in Fernseh- und Radiosendungen über mich lustig. Die Menschen sahen mich merkwürdig an, gingen mir aus dem Weg und hatten Angst vor mir, obwohl ich nichts anderes getan hatte, als öffentlich meinen Glauben und die ersten Schritte meiner spirituellen Entwicklung zu offenbaren. Dabei wollte ich es eigentlich gar nicht, hatte aber Träume erhalten, die mich dazu aufforderten.

Im ersten Traum, den ich vor meinen öffentlichen Interviews bekam, *sah ich die Limousine des Präsidenten der USA, die mich abholen kam, und alle seine Leibwächter beschützten mich, damit ich sicher zum Fernsehsender gelangte.* Während dieser ersten Ausstrahlung fühlte ich mich sehr gut, trotz der kritischen Blicke einiger Personen, die mich schon seit meiner Kindheit kannten. Drei Wochen lang gab ich mehrere ausführliche Interviews, bevor ich mit all dem aufhörte. Heute weiß ich, dass die damals durch die Medien erlebten Prüfungen die Saat für die Zukunft legten und dass die Verspottung mir dabei half, über die Kritik hinauszuwachsen und meine Standhaftigkeit gegenüber meinen inneren Werten zu festigen.

Während dieser Zeit erhielt ich einen Anruf von Terry Cox, einer früheren Mitarbeiterin, die mit mir das in New York produzierte Album geschrieben hatte. Sie teilte mir mit, eine Familie aus Cold Spring suche einen Betreuer für den 84-jährigen Vater, der Krebs im Endstadium hatte. Ich bot der Familie meine kostenlose Hilfe an und wurde so zum Pfleger dieses Mannes. Er gehörte zu den Reichsten von New York, hatte sein Vermögen in Immobilien investiert und besaß zahlreiche Gebäude in der Stadt. Seine Familie wollte mich bezahlen, doch ich lehnte ab. Ich kümmerte mich um diesen einfachen und bescheidenen Mann und war sehr glücklich darüber, dass Gott mich auserwählt hatte, ihm beizustehen. Auf gewisse Weise starb ich gerade selbst innerlich und veränderte mich tiefgehend, deshalb wusste ich, dass ich nicht zufällig diesen Menschen betreute: Durch ihn würde ich grundlegende Dinge lernen. Die Familie hatte mir eine kleine Dienstwohnung in ihrer Villa in Cold Spring zur Verfügung gestellt und ich schätzte mich glücklich, dort einfach und anonym leben zu können. In dieser Wohnung fühlte ich mich besser als in allen großen Häusern, die ich besessen und bewohnt hatte. Ich bat Terry, niemandem zu sagen, wo ich mich aufhielt, damit ich weiter fernab der Blicke der Öffentlichkeit unerkannt im Gebet und im Göttlichen Dienst leben konnte. Ich kümmerte mich um den Mann und half auch seiner Frau, die ebenfalls schon in hohem Alter war. Den ganzen Tag trug ich weiße Kleidung und fühlte mich darin sehr wohl. Ich lebte und arbeitete im Dienst Gottes, wobei ich neben der Erfüllung meiner täglichen Aufgaben auch meine metaphysischen Fähigkeiten und mein engelhaftes Bewusstsein weiterentwickelte. Jede Nacht wuchsen meine Bewusstwerdung und mein Wissen. Ich lernte ununterbrochen und handelte sowohl nachts in meinen Träumen als auch tagsüber im konkreten Leben, um den Menschen zu helfen, und das gab meinem Leben einen wirklichen Sinn. Ich wurde im Alltag mehr und mehr zu einem Engel auf Erden, was mein innigster Wunsch war.

31- Die Wunderheilung

Von diesem Mann ging eine schöne Weisheit aus. Je mehr Zeit ich mit ihm verbrachte, desto besser verstand ich, warum die Kosmische Intelligenz mich an seine Seite gestellt hatte. Oft verirren sich reiche Menschen in ihren Bedürfnissen und in ihrem Ego. Dies war bei ihm nicht der Fall und die Himmlischen Mächte hatten für ihn die Pflege und Begleitung organisiert, die dem entsprachen, was er in seinem Leben gesät hatte. Einmal kam eine schwarze Krankenschwester an sein Bett. Ich konnte dabei den Respekt und die Liebe sehen, die der Mann ihr entgegenbrachte. Er machte keinen Unterschied zwischen den Menschen, obwohl viele Personen seiner Generation von alten Vorstellungen und allen möglichen Vorurteilen geprägt waren, was auf ihn keineswegs zutraf. Ich beglückwünschte ihn damals zu seiner Weisheit und seiner Achtung der Mitmenschen.

Ich lebte mehrere Monate bei diesem Mann, bis zu seinem Tod, und diese Zeit war für mich genauso bedeutungsvoll wie für ihn. Wir sprachen nicht viel zusammen, denn ich konnte seine Gedanken und Bewegungen vorausahnen, wenn ich ihn wusch oder ihm beim Essen und Trinken half. Zwischen uns gab es oft eine völlige Symbiose und er sah mich dann erstaunt an, weil er nicht wusste, was er sagen sollte, und nicht verstand, wer ich eigentlich war. Schnell wurde ich ein Rätsel für die ganze Familie. Auch seine Kinder, die ihn besuchen kamen, fragten sich, wo ich herkam und wieso man mich ausgewählt hatte. Ich wich ihren Fragen aus, um nicht ins Detail gehen und meine Vergangenheit enthüllen zu müssen. Ich wollte nicht länger jemand sein, sondern nur noch eine wohltuende, engelhafte Präsenz bieten. Ich konnte bei seiner Frau einen Anflug von Eifersucht wahrnehmen, weshalb ich mich zurückzog, sobald ich ihre Gefühle und die von ihr ausgehenden Energiewellen spürte. Sie war etwas kompliziert und auf sich bezogen, ganz im Gegensatz zu ihrem Mann, dessen Charakter mehr dem meinen ähnelte. Gegen Ende seines Lebens fragte er mich ganz offen: „Bist du ein Engel?" Ich antwortete ihm, ich sei ein Diener Gottes, der mich zu ihm geschickt habe, um ihm zu helfen als Belohnung für all die guten Dinge, die er im Laufe seines Lebens vollbracht hatte. Ich besuchte diesen Mann oft im Traum, sah seine Vergangenheit, seine Taten und den Grund, warum ich bei ihm war. Wir kommunizierten sehr viel per Telepathie und bald merkte ich, dass er sich dessen bewusst war.

In seinen letzten Lebenswochen erkrankten sein Enkel und seine Kinder an einem Virus, der Durchfall hervorrief, woraufhin der Familienarzt die Besuche untersagte, weil er zu schwach und anfällig war. Ich werde mich immer daran erinnern. Da mein Energieniveau stark gesunken war und ich Gluckern im Bauch spürte, legte ich mich hin, um mich auszuruhen und zu beten. Ich dachte, ich hätte wahrscheinlich ebenfalls den Virus und würde deshalb das Haus verlassen müssen. Während der Entspannung schlief ich ein und erhielt einen machtvollen Traum. *Ein Weiser mit weißem Bart und weißer Kleidung trat aus einem wundervollen Licht und sagte zu mir: „Eines Tages wirst du dich selbst heilen können." Dann schickte er einen Lichtstrahl auf meinen Bauch.* Gleich danach wachte ich völlig erholt auf und wusste, dass ich bleiben sollte, um dem Mann bis zu seinem letzten Atemzug zu helfen, und dass sein Tod sowohl für ihn als auch für mich eine Wiedergeburt sein würde.

32- *Amazing Grace,* einer anderen Aufgabe entgegen

Manchmal setzte ich den Mann in seinen Stuhl und spielte Klavier für ihn. Eine der Melodien, die ich an seiner Seite komponierte, wurde zur Musik des Engels 13 Iezalel, dessen Hauptqualität die Treue ist. Das Stück gehört der *Angelica Musica* CD-Kollektion, an der ich später arbeiten sollte und die für jeden der 72 Engel der Traditionellen Engellehre eine eigene Musik vorstellt. Eines Tages, als ich ihm diese Melodie vorspielte, fragte der Mann mich, was ich später machen wolle. Ich antwortete, mein Wunsch sei, eine Universität und Stiftung zu gründen, um den Menschen zu helfen, die Arbeit mit den Träumen, Zeichen und Symbolen kennen zu lernen. Er entgegnete darauf ruhig und liebevoll: „Ich werde bei der Eröffnung deiner Universität da sein." Seine Worte berührten mich tief und ich sagte: „Wissen Sie, all das gibt es noch nicht. Ich sehe es erstmal nur im Traum. Im Moment existiert noch nichts Konkretes; vielleicht in 10 Jahren, ich weiß es nicht…" Mir war wohl bewusst, dass er dann nicht mehr in dieser Welt leben würde, denn seine gegenwärtige Inkarnation ging zu Ende.

*

Zehn Jahre später überraschte mich meine Tochter zu meinem Geburtstag, als sie mir das erste Klavierstück, das sie gelernt hatte, vorspielte. Es war die Musik des Engels Iezalel. Beim Zuhören liefen mir Tränen übers Gesicht und ich sah wieder meinen 84-jährigen Freund vor mir, der gesagt hatte: „Ich werde da sein, um dir zu helfen." Ich dachte auch an meine inneren Qualen, an die Tausende von Kilometer, die ich zurückgelegt hatte, die zahlreichen Träume und unzähligen Albträume, die ich im Verlauf meines spirituellen Werdegangs erhielt, bevor die Schule und Stiftung *Universe/City Mikaël* (UCM) ins Leben gerufen werden konnte und meine Bücher in zahlreichen Ländern der Welt veröffentlicht wurden. Während meine 12-jährige Tochter die Melodie spielte, sah ich erneut den zurückgelegten Weg und dankte in meinem

Herzen all den Menschen, die der Stiftung halfen und mich mit ihrem Talent, ihren Fähigkeiten, ihrer Zeit und ihren Spenden bei meiner Lebensaufgabe unterstützten.

Heute weiß ich, dass damals Gott durch diesen Mann zu mir sprach, dass die versprochene Hilfe eintraf und sie uns durch die immer zahlreicheren freiwilligen Helfenden in der ganzen Welt, die sich in altruistischer Weise für das humanitäre Werk der UCM einsetzen, weiterhin zuströmt. Obwohl ich zur damaligen Zeit bemerkenswerte Träume bekam, die mir das Ziel meines Daseins auf der Erde erklärten, sah ich dennoch nicht, wie sich meine Mission in die Tat umsetzen lassen würde. Denn der Göttlichen Führung zu folgen bewirkte eine völlige Umprogrammierung meines Lebens, die mir anfangs nur Schwierigkeiten und Leiden einbrachte. Ich war plötzlich allein, hatte keine Familie, keine Karriere, keine Freunde und keine Zukunftsaussichten mehr. In absolutem Vertrauen war ich meinen Träumen und den Zeichen gefolgt, hatte Ruhm und Reichtum aufgegeben und stand nun den wunderbaren Traumbotschaften, die mir meine zukünftige Engelarbeit ankündigten, mit innerer Ungebundenheit gegenüber. Da ich aber nicht wusste, was ich mit diesem mir so irreal erscheinenden Schicksal anfangen sollte, versuchte ich, nicht daran zu denken. Ich dachte sogar, diese schönen Träume könnten bloß eine Fata Morgana sein, ein Test, um mich das komplette Loslassen und die völlige Erwartungslosigkeit zu lehren. Ich nahm an, sie dienten in erster Linie meiner Bereinigung, damit ich lernen konnte, in Göttlicher Demut zu leben.

Ich verstehe jetzt, was der Tod des gewöhnlichen Bewusstseins und die Geburt des engelhaften Bewusstseins bedeuten. Ich weiß auch, dass man zu Beginn des spirituellen Entwicklungswegs notwendigerweise mehr Negatives als Positives durchlebt. Die Schwierigkeiten und Prüfungen sind erforderlich, denn sie offenbaren unsere Verzerrungen, Fehler und Schwächen, die unsere Göttliche Natur verhüllen. In einem gewöhnlichen Bewusstsein ist unsere Absicht vorwiegend auf das materielle Ergebnis ausgerichtet, wohingegen sie in einem engelhaften Bewusstsein auf die Entwicklung der Göttlichen Qualitäten, Tugenden und Kräfte konzentriert ist. Ich glaube aus tiefster Seele, dass unser Geist sich eines feststofflichen Körpers bedient, um zu lernen, mit der Materie umzugehen, jedoch ohne sich an sie zu binden oder sich mit ihr zu identifizieren, und dabei ein spirituelles Bewusstsein sowie die Verbindung zu den Himmlischen Mächten zu bewahren. Nur so sind wir Menschen wirklich in der Lage, Geist und Materie in allen Alltagssituationen zu vereinen und immer die Qualitäten, Tugenden und Kräfte im ur-reinen Zustand an die erste Stelle zu setzen.

Mit der Zeit erkannte ich, dass ohne das wahre Wissen und die Führung durch die Kosmische Intelligenz dieser Weg sehr holprig und gefährlich sein kann. Meines Erachtens werden die zukünftigen Generationen ihn jedoch leichter begehen können, unter anderem aufgrund der in diesem Buch mitgeteilten Erfahrungen. Die darin offenbarten Erkenntnisse werden ihnen helfen, sich von Anfang an ein Engelleben zu erschaffen, anstatt sich später erst umzuprogrammieren und nach den wahren Werten neu aufzubauen, wie es die meisten Menschen bisher tun mussten, bevor sie in authentischer Weise spirituelle Ziele, erfüllt von Nächstenliebe und Menschlichkeit, anstreben können.

*

Das Ableben dieses Mannes wurde mir im Traum angekündigt und ich konnte ihn beim Übergang begleiten, was ich heute auch für andere Seelen tue. In der Nacht seines Todes *war ich in der Traumwelt bei ihm. Er war verstorben, fühlte sich verloren und wusste nicht, wo er sich befand und was er tun sollte. Ich nahm ihn bei der Hand und sprach zu ihm: „Ich bin's, Kaya…" Er erkannte mich und beruhigte sich daraufhin. Ich bedeutete ihm, in Richtung des Lichttunnels zu gehen, der sich vor uns befand. Er schaute mich an und ging dann darauf zu.* Als ich am nächsten Morgen die Tür zu seinem Zimmer öffnete, lag seine Frau neben seinem Leichnam und weinte. Er war gegangen.

Sein Sohn, sehr dankbar für alles, was ich für seinen Vater getan hatte, bat mich, bei der Beerdigung dabei zu sein. Während der Trauerfeier sang ich *Amazing Grace*. Die Freundin, die mich dieser Familie vorgestellt hatte, war auch anwesend und mit ihrer Hilfe lernte ich eine andere Familie aus Cold Spring kennen, die von meiner Hilfe für diesen Mann gehört hatte. Da sie wussten, dass ich von dort weggehen würde, boten sie mir eine Unterkunft gegen Gartenarbeit an. Die Menschen in Cold Spring begannen sich über mich zu wundern. Meine Gegenwart bei diesem Mann sowie die Energie, die sich verbreitete und die Kirche mit einer ungewöhnlichen Kraft erfüllte, als ich *Amazing Grace* sang, waren für die Anwesenden unverständlich. Erfreut nahm ich diese neue Gelegenheit zu dienen an, denn ich wusste sehr genau, dass mich dort eine weitere Göttliche Aufgabe erwartete. Die Familie wollte mich für meine Dienste auch bezahlen, doch ich erklärte ihr, dass ich ihnen auf freiwilliger Basis helfen wolle und eine einfache Unterkunft und Verpflegung mir vollkommen genügen würden. Sie verstanden meine Einstellung nicht, denn als eine der reichsten Familien in den USA waren diese Menschen in der Lage, mich großzügig zu entlohnen. Es handelte sich auch in diesem Fall um eine sehr schöne Familie. Die Mutter arbeitete an ihrer spirituellen Entwicklung und es gab auch ein Neugeborenes, ein kleines Mädchen namens Grace.

33- Das Mysterium, die Anonymität

Das Leben als Gärtner auf dem riesigen Gelände gefiel mir ausgezeichnet. Ich hatte der Familie gesagt, meine Art zu arbeiten würde Zeit in Anspruch nehmen, weil ich dabei betete und meditierte, sie also mit dieser Arbeitsweise einverstanden sein müssten. Sie waren es. Als wir an einem Sonntag Nachmittag gemeinsam Unkraut jäteten, erklärte ich ihnen, dass ich das Unkraut, welches ich in der Außenwelt herauszupfte, gleichzeitig auch in meiner Innenwelt entfernte, und die Arbeit deshalb so viel Zeit benötigte. An diesem Tag jäteten die Familienmitglieder eine fünfmal größere Fläche als ich, doch sie akzeptierten meine Vorgehensweise. Später gestand mir die Hausfrau, dass ihr Mann von dieser Lehre sehr berührt war, denn im Jahr darauf wuchs keinerlei Unkraut an der Stelle, die ich bearbeitet hatte, während in dem Bereich, den die Familie gejätet hatte, wieder viel Unkraut wucherte.

Während der Zeit, die ich bei dieser Familie verbrachte, konnte ich weiter tiefgehend an mir arbeiten und mich an meine spirituellen Kräfte auf der kollektiven Ebene gewöhnen. In meinen Träumen beobachtete ich, wie die Geschehnisse sich vorbereiteten, und ich sah mich auf der Traumebene handeln und eingreifen. Anschließend überprüfte ich die Verwirklichung der Traumbilder anhand der Nachrichten, die ich in den Zeitungen las. Ich hatte es mir sogar zur Gewohnheit gemacht, Artikel auszuschneiden und zu sammeln, um den weiteren Verlauf zu beobachten. Ich erinnere

mich an den Tag, als die Hausfrau in mein Zimmer trat und auf dem Bett ausgebreitet die Zeitungsausschnitte zu allen großen Ereignissen in den USA und anderen Ländern sah. In dem langen Moment des Schweigens, das folgte, schien ihr das, was sie sah, ein wenig Angst zu machen, zumal sie ja auch nicht wusste, wer ich wirklich war und woher ich kam.

Dieser Lebensabschnitt, in dem sich mir die kollektive Dimension eröffnete, war entscheidend. Ich wuchs innerlich, ebenso wie mein Vertrauen in die metaphysischen Fähigkeiten, die jeder Mensch hat und entwickeln kann, indem er an sich arbeitet. Ich ergründete die unterschiedlichen Facetten sowie die multidimensionale Wirkung, die wir haben können, wenn wir mit einem engelhaften Bewusstsein in den Traumwelten handeln. Auf individueller Ebene hatte ich bereits zahlreiche engelhafte Eingriffe vorgenommen und es war faszinierend für mich, zu entdecken, dass wir auch auf kollektiver Ebene diese Möglichkeit haben.

Wenn ein solcher Eingriff im Traum erfolgt, sieht man sich meistens in einem Ereignis, das gerade stattfindet, und es ist, als wäre man selbst ein Teil des Programms: Man weiß ganz genau, was zu tun ist. Beim Aufwachen verfügt man über vertrauliche Informationen und ist überrascht, was man im Traum getan oder gesehen hat. Ich könnte in einem Traum zum Beispiel einem Polizisten sagen, wohin er sich begeben muss, um ein Indiz zu finden, das seine Ermittlungen voranbringt. Beim Erwachen wird mein Eingreifen im Traum in seinem Geist als Idee oder Eingebung auftauchen, die ihn zum richtigen Zeitpunkt zur richtigen Stelle führt und ihm so hilft, das zu finden, was er benötigt, um in seinem Fall weiterzukommen.

Wenn man in der metaphysischen Dimension allmählich Zugang zur Kollektivebene erhält, hat man nicht sofort die Erlaubnis, selbst Entscheidungen zu treffen, und man versteht auch nicht alles, was geschieht und welche Aufgaben erfüllt werden müssen. Deshalb wird man zunächst zu einem Symbol des Programms, was bedeutet, dass man handelt und diese Handlung ihre Wirkung erzielt, man sich aber dessen, was man getan hat, nicht vollkommen bewusst ist. Sich in *Skynet* oder *Intersky* – zwei Ausdrücke, mit denen ich das Internet der Parallelwelten bezeichne – handeln zu sehen ist eine ganz außergewöhnliche Erfahrung! Dort kann man mit einem Staatspräsidenten sprechen, eine sich ankündigende Naturkatastrophe beobachten oder einem wichtigen politischen oder sozialen Ereignis beiwohnen, das weltumfassende Auswirkungen haben wird. Damals fragte ich mich manchmal, ob ich nicht zum FBI oder zur CIA Kontakt aufnehmen und ihnen meine Hilfe anbieten sollte, doch letztendlich schien es mir besser, anonym zu bleiben. Ein Traum bestätigte mir ebenfalls, dass es ratsamer sei, weiterhin meinen Mitmenschen in der Traumwelt zu helfen und sie zu inspirieren. Außerdem hat es ein Engel nicht nötig, bekannt oder anerkannt zu werden, und er muss seine Arbeit auch nicht rechtfertigen oder beweisen, was er kann.

34- Der Geistliche und der Dalai-Lama

Am Anfang trachtete ich danach, einer größeren Sache zu dienen und einer strukturierten Gemeinschaft anzugehören. Ich versuchte, an Exerzitien bei den Benediktinermönchen teilzunehmen, da ich mir sagte, die beste Lösung für mich sei vielleicht der Rückzug in ein Kloster. Als ob es erst gestern gewesen wäre, erinnere ich mich, was dort geschah und was ich während dieser Erfahrung fühlte.

Als wir die Treppe zu meinem Zimmer hochstiegen, benahm sich der Mönch in meiner Begleitung sehr merkwürdig, verdächtig. Unter seinem Blich fühlte ich mich wie ein potentielles Opfer. Nachdem er meinen Koffer in dem winzigen Raum abgestellt hatte, sah er mir in die Augen und fragte, ob alles in Ordnung sei und ob ich alles hätte, was ich brauchte. In seinem Blick sah und spürte ich sein körperliches Verlangen mir gegenüber. Der Tonfall seiner Stimme und die klebrige Nettigkeit, die weder natürlich noch gesund wirkten, bestätigten es mir. Es war derart intensiv, dass ich mich wie ein Gefangener fühlte. Ich sagte ihm, ich würde nichts brauchen, und er ging. Ich setzte mich aufs Bett und dachte nach. Einige Minuten später war es klar, dass ich den Ort verlassen musste, da ich nicht dorthin gehörte. Durch die Haltung des Mönchs hatte Gott mir eine Lehre erteilt. Er ließ mich verstehen, dass das Klosterleben nicht mein Weg war, dass ich besser in meinem Holzhaus in der Natur aufgehoben war, um zu meditieren und zu beten. Es war mir, als flöge ich regelrecht die Treppen hinunter, so eilig hatte ich es, von dort wegzukommen.

In Cold Spring hatte ich eine freundschaftliche Beziehung zu einem Baptisten-Priester aufgebaut, der mir auch Englischunterricht gab. Er war ein guter Mensch, mit dem ich mich aufrichtig austauschen konnte. Er war sehr einsam und wohnte in einer völlig unordentlichen Wohnung. Ich analysierte schon damals das Leben, als ob es ein Traum wäre, und die Symbolsprache lehrte mich, dass *das Äußere immer die Widerspiegelung des Inneren ist*. Deshalb verstand ich schnell, dass seine unaufgeräumte Wohnung die Unordnung aufzeigte, die er in sich, in seiner Innenwelt trug. Obwohl ich das begriff, erkannte ich auch, dass er ein sehr netter Mensch war, der seine Mitmenschen inspirierte, ihnen zuhörte und ihnen half, ihren Glauben zu finden. In seinen Predigten sprach er sehr lebhaft und fand die richtigen Worte, um die göttliche Botschaft zu verkünden, doch bei ihm zuhause spürte man seine Traurigkeit, seine innere Leere und seine Einsamkeit. Er war eine schöne Seele, aber es gab zwischen seinem öffentlichen und seinem privaten Leben einen großen Widerspruch. Wir unterhielten uns manchmal stundenlang, ohne dass ich ihm meine spirituelle Identität enthüllte. Ich hatte schon einmal mit einem katholischen Priester darüber gesprochen, der schließlich Angst vor mir, meinen Träumen und Alpträumen bekam, sodass er unsere Beziehung letztendlich abbrach. Diese Erfahrung wollte ich nicht wiederholen.

Ich erzählte dem Baptisten-Priester aber von meiner Arbeit mit den Engeln, was ihn so faszinierte, dass er ebenfalls begann, sie anzurufen. Er sagte mir, er warte darauf, ein Buch von mir zu dem Thema zu lesen, doch damals war ich Legastheniker und die Vorstellung, ein Buch zu schreiben, war geradezu unvorstellbar für mich. Es bereitete mir schon Schwierigkeiten, die Zeitung zu lesen, ohne Zeilen zu überspringen. Außerdem wurde mein Geist gleichzeitig immer auch von dem in Anspruch genommen, was ich auf den metaphysischen Ebenen wahrnahm, weshalb ich einen Abschnitt oft nochmals lesen musste. Wunderbarerweise verschwand dieses Problem bei der Durchsicht der Vorträge, die Christiane und ich später zusammen vorbereiteten und in denen wir über unsere Erfahrungen mit den im Alltagsleben angewandten Engelbewusstseinszuständen sprechen. Diese Vorträge stellten das Material für unsere ersten Büchern dar.

Als ich spürte, dass wir alle Austauschmöglichkeiten ausgeschöpft hatten, überreichte ich diesem Mann eine größere Geldsumme, die es ihm über die Bezahlung meiner Englischstunden hinaus gestattete, seine Wohnung zu renovieren. Ich war sehr froh, ihm dies ermöglichen zu können, denn ich wusste, dass unsere Verbindung über diese Inkarnation hinausreichte und ich ihm durch meine Geste einen Gegendienst erwies für etwas, das er in einem früheren Leben für mich getan hatte.

So brachte mich jede meiner Erfahrungen einen Schritt weiter und half mir, mich innerlich neu aufzubauen. Unterdessen führte ich mein spirituelles Leben im Geheimen weiter, ohne über die engelhaften Fähigkeiten, die ich nach und nach entwickelte, zu sprechen.

*

Zu jener Zeit fuhr ich auch manchmal den langen Weg von Cold Spring in die Großstadt New York, um einen über 80 Jahre alten Mann zu besuchen, mit dem ich lange spirituelle Gespräche führte. Ich hatte es mir zur Gewohnheit gemacht, vom Bahnhof aus über zwei Stunden zu Fuß bis zu seinem Haus zu gehen, anstatt den Bus zu nehmen. Dieser Weg war für mich immer äußerst eindrücklich, weil ich sehr deutlich die Gedanken und Gefühle der Passanten spürte und mich die Intensität dieser Weltstadt regelrecht elektrisierte. Aufgrund meiner umfassenden Bewusstseinsöffnung und meiner Fähigkeit, die kollektiven Energien wahrzunehmen, *glitt* ich pausenlos von einer Person zur anderen. Während ich die unterschiedlichsten Seelenzustände erfühlte, analysierte und ergründete mein Geist so schnell wie ein Computer die Stimmungen und Energiemischungen um mich herum.

Nachmittage lang führte ich mit diesem Mann in New York philosophische Gespräche. Er half mir sehr, denn er bestätigte durch seine Worte, wer ich wirklich war. Er erhielt ebenfalls sehr genaue Träume und wusste von meiner Engelmission auf der Erde. Seine Gegenwart tat mir gut, denn er motivierte mich und ergänzte die in meinen Träumen erhaltenen Informationen. Ich kann nicht sagen, dass ich viel Neues von ihm lernte, denn die Dutzende Träume, die ich jede Nacht erhielt, erweckten in mir den Eindruck, den Geschehnissen immer voraus zu sein. Doch ich war glücklich, mit ihm auf einem hohen Bewusstseinsniveau austauschen zu können. Wir verbrachten zusammen sehr bereichernde Momente und ich erinnere mich gerne an seine väterliche Gesellschaft. Als ich die New Yorker Gegend verließ, setzte ich mein Einzelgängerleben fort und tauchte noch tiefer in die durch meine innere Arbeit ausgelösten Einweihungen ein. Dadurch bot sich keine Gelegenheit, den Kontakt aufrecht zu erhalten.

*

Ich besuchte auch verschiedene indische Gurus, denn ich befand mich ununterbrochen auf geistiger Suche, wobei mich die Traumwirklichkeit leitete und mir zeigte, welchen Weg ich zu gehen hatte. Meine Träume enthüllten mir, ob der Guru authentisch war oder nicht, halfen mir, die Verbindung zwischen der physischen und der metaphysischen Ebene herzustellen sowie ihre Struktur und Funktionsweise zu studieren. Versteht man den Satz *Wie oben, so unten – wie unten, so oben*, dann ist man in der Lage, die Nachrichten und Informationen, die man auf der metaphysischen Ebene wahrnimmt, richtig zu erfassen und einzuordnen. Dadurch wird vieles offenbart: Ist die materielle Wirklichkeit nicht gut organisiert, in Unordnung und vernachlässigt, ist man zu sehr von der Materie losgelöst oder im Gegenteil zu materialistisch, egoistisch und besitzergreifend, enthüllen diese Tatsachen eine Menge über den Geisteszustand und das Bewusstseinsniveau eines Menschen, eines Unternehmens, eines Landes und seiner Regierung sowie über die Ideen, Werte und Prinzipien, die ihnen als Richtlinien dienen. Es bedarf ständiger Wachsamkeit, um die für unsere Weiterentwicklung richtigen und förderlichen Einflüsse und Personen zu finden. Ich betrachte alle Etappen, die ich zurückgelegt habe und bei denen ich Hindus, Juden, Moslems usw. begegnet bin, als wertvoll. Sie alle inspirierten mich auf der Suche nach der Göttlichen Wahrheit, wobei ich aber immer darauf achtete, die Spreu vom Weizen zu trennen sowie Gut und Böse zu unterscheiden.

*

Eines Tages kam mir die Idee, zu den tibetanischen Mönchen zu gehen. Ich war mir sicher, dies sei mein Weg, zumal ich einen Traum erhalten hatte, in dem der Dalai-Lama mich zu einem Treffen einlud. Beim Aufwachen dachte ich, nach Indien reisen zu müssen, doch dann erfuhr ich, dass der Dalai-Lama am folgenden Wochenende einen Vortrag in einem buddhistischen Zentrum in Cold Spring halten würde. Ich ging hin, war in meinem Herzen bereit, zu dienen, und dachte, das sei der Ruf, auf den ich gewartet hatte... ich glaubte, nun endlich angekommen zu sein. Tausende von Menschen waren zu der Veranstaltung gekommen. Als ich während der Abendbrotzeit zur Toilette ging, irrte ich mich in der Tür und betrat den Raum, wo die Lamas und wichtigsten Berater des Dalai-Lama um einen großen Tisch zusammensaßen. Zu meiner Überraschung luden sie mich ganz selbstverständlich ein, mich zu ihnen zu setzen, denn es gab einen freien Platz mit Gedeck. Obwohl mich ihre Reaktion zunächst erstaunte, fand ich es irgendwie normal, mit ihnen zusammenzusein.

Während des Gespräches mit dem Lama neben mir fragte ich ihn, ob er manchmal träume. Er antwortete, dass er nicht häufig träume, worauf ich entgegnete, dass ich sehr viele Träume bekäme. Begeistert erzählte er daraufhin einen seiner Träume, den er gerne verstehen wollte. In seinem Traum *war das Wasser sehr ruhig, es gab einen schönen Berg und die Stimmung war heiter und gelassen.* Der Traum war leicht zu interpretieren. Ich erklärte ihm, dass das ruhige Wasser stabile Gefühle symbolisiert, einen Zustand heiterer Gelassenheit, und dass der Berg den Wunsch nach Erhebung von der materiellen Ebene und der konkreten Handlung versinnbildlicht. Ich fügte hinzu, dass er am Tag nach diesem Traum sicherlich einen schönen Tag verbrachte, voller Gelassenheit, Meditation und Überlegungen. Sehr zufrieden mit meiner Interpretation bedeutete

er mir lächelnd, mich neben einen älteren Lama zu setzen, der dem Anschein nach der wichtigste unter ihnen war. Er fragte mich:
– Wie heißt du?
– Ich heiße Kaya.
– Weißt du, was dein Name bedeutet?
– Nein, ich weiß es nicht… aber Sie vielleicht? Ich wollte immer schon die Bedeutung dieses Namens wissen, den ich im Traum erhalten habe.

Er lächelte, schaute die anderen Lamas an, die sehr aufmerksam zuhörten, und antwortete dann feierlich: „Eines der Hauptziele des tibetanischen Buddhismus ist das *Dharma-Kaya*, was in Sanskrit *die Verkörperung des spirituellen Lebens* bedeutet.

Ich bedankte mich und spürte intuitiv, dass ich keine weiteren Fragen mehr stellen durfte, sondern demütig sein musste. Ich ging zu meinem Platz zurück und aß schweigend weiter, wobei ich ihnen zuhörte, sie beobachtete und diese Erfahrung als einen besonderen Moment erlebte. Ich spürte in allen Zellen meines Wesens, dass diese Energie und Lebensweise etwas waren, das ich sehr gut kannte.

In der folgenden Nacht bekam ich Dutzende von Träumen voller Lehren, wobei die wichtigste die des Dalai-Lama war. *Ich befand mich in seiner Gesellschaft, er sah mich an und sagte: „Du hast hier nichts zu suchen. Du hast einen anderen Auftrag, du musst gehen, sonst wirst du als Handwerker in Dharamsala enden!"* Ich schreckte aus dem Schlaf auf, tief berührt von der Kraft der Nachricht und der Intensität, mit der sie mir übermittelt worden war.

An jenem Tag ging ich noch einmal zu dem Zentrum, um die Fortsetzung der vom Dalai-Lama angebotenen Lehren zu hören. Ich hoffte, dass er mich ebenfalls im Traum gesehen hatte, mich erkennen und mit mir sprechen würde. Den jüngeren der Lamas, mit denen ich am Vorabend gesprochen hatte, fragte ich, ob er für mich eine Audienz beim Dalai-Lama bekommen könne. Er versprach, es zu versuchen, und kurz darauf kam der persönliche Sekretär des Dalai-Lama auf mich zu, um mir mitzuteilen, dieser würde mich empfangen. Ich war sehr glücklich! Es erschien mir wie ein Geschenk des Himmels und ich hoffte von ganzem Herzen, dass der Dalai-Lama mich im Traum gesehen hatte. Nach ungefähr einer Stunde Wartezeit kam der Sekretär erneut auf mich zu und entschuldigte sich höflich dafür, dass der Dalai-Lama unerwartet früher abreisen müsse, weshalb er mich nicht mehr empfangen könne. Da verstand ich meinen Traum noch besser, der mir zu erkennen gegeben hatte, dass auch ich mich auf den Weg zu meinem mir noch unbekannten Schicksal machen musste.

KAPITEL VIER

DIE VERWANDLUNG

Die Verwandlung des menschlichen Bewusstseins in ein engelhaftes Bewusstsein ist ein machtvoller Vorgang, der uns nach und nach sowohl in unseren Träumen als auch in der konkreten Wirklichkeit den Zugang zu den Göttlichen Kräften und Fähigkeiten erschließt. Die Heilung einer krebskranken Person war eine beeindruckende Erfahrung in Kayas neuem Leben. Sie ließ ihn verstehen, dass man, um ein engelhaftes Bewusstsein zu integrieren, ein Engel auf Erden zu werden und den Mitmenschen wirklich helfen zu können, erst die in den Träumen und Albträumen enthüllten Erinnerungen und Verzerrungen bereinigen und verwandeln muss, ebenso wie die Resonanzen, die man mit den Situationen und Menschen im Alltagsleben hat. In diesem Kapitel erklärt Kaya, wie wichtig es ist, die Albträume und die negativen Erfahrungen zu entdramatisieren und die Tatsache zu akzeptieren, dass das Leben wie ein Traum ist und die anderen sowie alles, was uns umgibt, Teile unseres eigenen Wesens widerspiegeln. Er weist darauf hin, dass wir in einem Universum existieren, das sich unaufhaltsam weiter entfaltet und uns kontinuierlich anregt, unseren Lernprozess fortzusetzen, die Qualitäten und Tugenden zu entwickeln und eine bessere Seele zu werden. Er führt uns ferner zur Erkenntnis, dass wir aus jeder physischen und metaphysischen Erfahrung Wissen und Weisheit schöpfen können, die unsere Göttlichen Fähigkeiten aktivieren.

*

35- Die Heilkraft

Vor ungefähr 20 Jahren gab ich privaten Gesangsunterricht an der Vincent d'Indy Musikschule. Eine meiner Schülerinnen erzählte mir eines Tage von ihrer krebskranken Mutter. Mit Tränen in den Augen teilte sie mir ihren Schmerz mit. Das Mädchen hatte einen starken Glauben und enthüllte mir, dass es jeden Tag betete und sich dabei von ganzem Herzen wünschte, ihre Mutter würde wieder gesund. Es war fest davon überzeugt, dies sei möglich. Ich erschien oft in seinen Träumen und es hatte großes Vertrauen zu mir.

Während des Unterrichts sprach ich mit meinen Schülern oft auch über unsere spirituelle Entwicklung. Wir sangen nicht nur, sondern tauschten ebenfalls über die Spiritualität und den Sinn des Lebens aus. Ich erklärte ihnen, dass der Gesang im Wesentlichen eine Mitteilung der Seele sei, dass in unserer Stimme zum Ausdruck komme, wer wir tatsächlich sind, und dass mit dem Gesang eine große Verantwortung einhergehe, weil er eine Stimmung schafft, welche die Menschen nicht nur auf der emotionalen Ebene beeinflusst, sondern auch in ihrer Art zu leben und zu handeln.

Eines Tages sah mich diese Schülerin ganz spontan und offen an und sagte: „Ich habe den Eindruck, dass Sie meiner Mutter helfen können... Würden Sie bitte für sie beten?" Ihre Worte kamen aus tiefster Seele und das löste in mir das Gefühl aus, ich müsse versuchen, ihrer Mutter zu helfen. Mir war schon seit jeher bewusst, dass man nicht jeden heilen kann, dass die Krankheiten und körperlichen Einschränkungen im Wesentlichen Lehren für die Seele darstellen, notwendige Geschenke für ihre Weiterentwicklung, und dass sie von Blockierungen herrühren, die in den Erinnerungen der Vergangenheit enthalten sind und die betroffenen Menschen zur Berichtigung ihrer falschen Denk-, Handels- und Lebensweisen sowie zur Entwicklung der Qualitäten und Tugenden veranlassen sollen. Ich wusste auch, dass Wunderheilungen möglich sind und jeder die Fähigkeit, sich selbst und andere zu heilen, in sich trägt.

Das stellte damals schon für mich eine Gewissheit dar, etwas ganz Konkretes und Natürliches. Die Beziehung, die ich zu meiner Heilkraft hatte, war gleichzeitig geheimnisvoll, heilig und verschleiert. Im Grunde meines Wesens ahnte ich, dass ich heilen konnte, hatte es aber noch nie versucht, aus Angst, falsche Hoffnungen zu wecken. Darum zog ich es vor, darüber zu schweigen.

Ich empfand die Energieströmung, die ich in der ehrlichen Bitte des Mädchens spürte, als ein Zeichen, dass ich die Erlaubnis hatte, meine Heilkraft zum Wohl seiner Mutter einzusetzen. Deshalb beschloss ich, seiner Bitte nachzukommen, obwohl ich innerlich in einem Zwiespalt war, weil ich ganz sicher sein wollte, dass mein Eingreifen nicht den von Gott für diesen Menschen vorgesehenen Lebensplan durchkreuzte.

Diese erste Heilerfahrung lief im Geheimen ab. Nachdem meine Schülerin ihre Bitte ausgesprochen hatte, fokussierte ich jeden Tag meinen Geist auf ihre Mutter, während ich das Vaterunser wie ein Mantra wiederholte. Mehrmals täglich kniete ich nieder, meditierte, betete und bat Gott, diese Frau möge gesund werden, wenn es für die Weiterentwicklung ihrer Seele richtig sei. Ich visualisierte, wie ich energetisch mit dieser Person, die ich nur ein- oder zweimal kurz gesehen hatte, verschmolz, wobei ich durch ihr ganzes Wesen hindurch die Kraft Gottes ein- und ausatmete und ihre Heilung seinem Willen unterstellte. Obwohl ich die starke Intuition hatte, heilen zu können, hatte ich es noch nie konkret versucht: Diese erste Erfahrung war somit gleichzeitig auch ein Test für mich.

In der darauffolgenden Woche rief meine Schülerin an und teilte mir mit, ihre Mutter sei geheilt. Die Ärzte verstanden überhaupt nicht, wie das möglich war, sie aber war überzeugt, dass ich ihre Mutter durch meine Gebete gerettet hatte. Ich gab darauf keine Antwort und während meines Schweigens dankte sie mir von ganzem Herzen und mit einer tief bewegten Stimme. Im Grunde ihrer Seele war sie sich meines Eingreifens gewiss. Als ich auflegte, fühlte ich mich glücklich und gleichzeitig auch besorgt, dass sich dies herumsprechen würde. Die Angst, meine spirituellen und metaphysischen Fähigkeiten zu enthüllen, war immer so gegenwärtig! Sie zu überwinden stellte eine meiner größten Herausforderungen dar, denn ich hatte ständig den Eindruck, dass die Offenbarung meiner spirituellen Macht mir großes Leid einbringen würde. Es dauerte lange, bis die damit verbundenen Erinnerungen bereinigt waren, die ich in einer weit entfernten Vergangenheit in mir einschrieben hatte.

Einige Monate später erhielt ein Freund, bei dem ich damals wohnte, die Mitteilung, er habe einen Gehirntumor. Ich war gerade mit dem Wagen unterwegs zu ihm, als er mich anrief und mir in Angst aufgelöst die Nachricht übermittelte. Nach der Trennung von der Mutter meiner Tochter hatte er mir freundschaftlich angeboten, bei ihm und seiner Frau zu wohnen, bis ich eine Wohnung finden und mich umorganisieren konnte. Das Paar hatte seit kurzem ein Baby. Da der Tumor bereits sehr fortgeschritten war, musste mein Freund seine Arbeit aufgeben, um eine Chemotherapie durchzuführen. Ich sah, wie sich sein Zustand von Tag zu Tag verschlechterte, und hörte, wie er sich nach den Behandlungen übergeben musste. Seine Kopfschmerzen waren so intensiv, dass er es nicht mehr wagte, sein Kind in die Arme zu nehmen, aus Angst, es fallen zu lassen, wenn die durch die Schmerzen und die Medikamente hervorgerufenen Schwindelanfälle einsetzten. Es sah nicht gut für ihn aus.

Ich musste mir kurzfristig eine andere Bleibe suchen, um das Bedürfnis dieses Paares nach Ruhe und Alleinsein zu respektieren, denn diese Prüfung hatte ihr Leben vollkommen erschüttert. Innerlich wusste ich, dass ich ihm helfen konnte, war mir aber nicht sicher, wie ich vorgehen sollte. Schließlich bot ich ihm meine Hilfe in Form einer Behandlung an und sagte ihm, falls er gesund werde, müsse er diese zweite Chance nutzen und einen Weg finden, Gott auf Erden zu dienen. Er war einverstanden und zu allem bereit, um einen Ausweg zu finden. Ich bewohnte inzwischen mit einem anderen Freund ein Chalet und wir trafen uns dort für die Behandlung. Er legte sich auf mein Bett und ich erklärte ihm, dass Gott allein ihn heilen könne, ich aber für seine Genesung beten und Gottes Hilfe erbitten würde. Ich wusste nicht, wie man eine energetische Behandlung macht, denn ich hatte so etwas noch nie zuvor getan. Ich legte eine inspirierende Musik auf und zündete einige Kerzen an.

Dann umgab ich seinen Kopf mit meinen Händen und rezitierte wieder das Vaterunser wie ein Mantra; zu jenem Zeitpunkt kannte ich die Arbeit mit den Engelenergien noch nicht. Ich ließ die Energie von meinen Händen in seinen Kopf strömen und fügte meinem Gebet eine Absicht bei: „Lieber Gott, wenn es notwendig ist, nimm mein Leben statt seines... wenn es sein muss, bin ich bereit, zu sterben, damit er gesund werden kann. Dein Wille geschehe!"

Das tat ich ungefähr zwei Stunden lang und irgendwann begann ich einen Strom wie Elektrizität zu spüren, der von meinen Händen in seinen Kopf floss. Er war so stark, dass ich aufschrie. Dieser Vorgang dauerte eine gute Weile und als er abgeschlossen war, ließ ich mich erschöpft auf dem Bett nieder. Ein gemeinsamer Freund hatte dem Ganzen beigewohnt und war sprachlos, während jener, der die Energieübertragung erlebt hatte, wie aus einem tiefen Schlaf aufwachte und weder wusste, was geschehen war, noch wo er sich befand. Es vergingen mehrere Minuten, bevor er sich orientieren konnte. Ich selbst spürte einen starken Widerhall in meinem ganzen Schädel, hatte entsetzliche Kopfschmerzen und konnte kaum gehen. Der behandelte Freund dagegen war schmerzfrei und fühlte sich sehr wohl. Ich beruhigte ihn angesichts seiner Besorgnis über meinen Zustand und fragte ihn dann, an welcher Stelle sich der Tumor in seinem Kopf befand. Seine Antwort bestätigte, was ich bereits wusste: Mein Kopf schmerzte an der gleichen Stelle. Ich erkannte dadurch, dass ich nun den Tumor hatte.

Meine zwei Freunde fuhren ab. Von diesem Erlebnis noch ganz fasziniert, legte ich mich aufs Bett und betete in vollkommener Symbiose mit Gott. Ich rief mir jede Sekunde der Behandlung ins Gedächtnis und bedauerte keineswegs die Absicht, die ich formuliert hatte. Ich war wirklich bereit zu sterben, weil ich tief in meinem Innern wusste, dass es notwendig ist, bei einer Heilbehandlung mit dem anderen energetisch zu verschmelzen, ohne Angst um sich selbst zu haben. Diese Erfahrung ließ mich erkennen, dass ich fähig war, mich mit einem absoluten Vertrauen dem Willen Gottes hinzugeben. Obwohl mein Kopf mir sehr weh tat, hatte ich nicht die geringste Angst. Nach einer langen Weile schlief ich schließlich ein.

In der darauffolgenden Nacht offenbarte mir ein Traum die symbolische Bedeutung dieser Erfahrung: *Ich befand mich bei meinem kranken Freund und der bei der Behandlung anwesende Freund war ebenfalls da. Wir saßen alle drei um einen Tisch herum, in dessen Mitte ein Topf stand, der eine schwarze Flüssigkeit enthielt. Ich wuss-*

te, dass es sich um ein sehr gefährliches Gift handelte. Ich nahm ein weißes Tuch und tauchte es in den Topf, um das Gift aufzusaugen. Ich tat dies so lange, bis der Topf leer war. Dann ging ich auf die Toilette, warf das mit Gift getränkte Tuch in die Kloschüssel, betätigte die Spülung, aber das Klo war verstopft. Ich tauchte meine Hand in die Kloschüssel und entnahm ihr allerlei Dinge, die den Abfluss blockierten, darunter einen Stofftier-Dinosaurier und den Ehering meines kranken Freundes. Dieser stand die ganze Zeit neben mir und blickte traurig zu seiner Frau in der Ferne, denn ihre Ehe war schon seit langem in Gefahr. Es gelang mir schließlich, die Toilette in Gang zu setzen und ich erkannte, dass die Beseitigung dieses gefährlichen Giftes, das den Tod darstellte, ein sehr delikater Prozess war. Dann merkte ich, dass meine etwa zweijährige Tochter Kasara sich in der Badewanne befand. Sie trug ein rotes Kleid und hatte von dem Gift auf ihrem dritten Auge. Ich schrie: „Nein, nein, Kasara!“, nahm sie schnell in meine Arme, hielt ihre Stirn unter den Wasserhahn und reinigte mit meinen Fingern ihr drittes Auge. In dem Augenblick wachte ich auf.

Die Kopfschmerzen hielten 48 Stunden lang an und ich blieb die ganze Zeit über im Bett. Mein Freund rief mich jeden Tag an, um mir zu danken. Er hatte überhaupt keine Kopfschmerzen mehr und das war für ihn ein wahres Wunder. Kurze Zeit nach der Behandlung teilte ihm sein Arzt mit, der Gehirntumor sei völlig verschwunden, so als hätte es ihn nie gegeben. Die Ärzte waren alle verwundert. Ich bat meinen Freund, die Behandlung nicht zu erwähnen, was er befolgte.

Nach seiner Heilung fand er schnell wieder Arbeit und war einige Monate später durch ein Zusammenspiel außergewöhnlicher Umstände und Synchronismen reich geworden. Alles, was er unternahm, gelang ihm mit Leichtigkeit. Er hatte ein Restaurant eröffnet, das *Fast Food*, Nahrung schlechter Qualität anbot, und nicht lange danach ein zweites. Ich sah seine Geschäfte gedeihen, doch er hielt sein Versprechen, Gott und der Menschheit zu dienen, nicht. Mit der Zeit ging er mir gegenüber auf Distanz, obwohl ich ihn nie an sein Versprechen erinnert hatte. Um ihm zu helfen, verkaufte ich ihm in den Wochen nach seiner Heilung meinen Wagen zu einem sehr günstigen Preis, aber er kam auch den vereinbarten monatlichen Zahlungen nicht nach. Diese Erfahrungen halfen mir zu verstehen, warum Gott manchmal in unserem Leben

Hindernisse, Blockierungen und Prüfungen orchestriert. Durch sie lehrte mich der Himmel, meine spirituellen Fähigkeiten und Kenntnisse richtig, sinnvoll und weise zu gebrauchen und die Tatsache, dass das Böse eine erzieherische Funktion hat und sich nie grundlos manifestiert, tiefgründiger zu integrieren. Fünfzehn Jahre später erfuhr ich über Facebook, wo er eine Nachricht veröffentlichte, dass er in einem Casino einen bedeutenden Gewinn beim Poker erzielt hatte. Dies bewies, dass er immer noch auf die materiellen Aspekte des Lebens fokussiert war und seine zweite Chance nicht richtig wahrgenommen hatte.

*

Heute bin ich mit meiner Heilkraft vollkommen im Einklang und verstehe sehr gut, wie sie funktioniert. Manche Ärzte und Heiler fühlen sich unwohl, wenn ihre Bemühungen, einen Patienten zu heilen, keine sichtbaren Ergebnisse zeigen. Sie sind sich nicht bewusst, dass die vollständige Heilung sich nur dann manifestieren kann, wenn sämtliche mit der Krankheit zusammenhängenden Erinnerungen bereinigt und verwandelt wurden. Ein Medikament, ein Eingriff, eine traditionelle oder eine energetische Heilmethode können für den Kranken eine zweite Chance bedeuten. Sehr oft jedoch bieten diese Behandlungen lediglich eine oberflächliche Heilung, die sich auf die körperlichen Symptome beschränkt; sie gehen nicht den wahren Ursachen der Krankheit auf den Grund.

Es ist wichtig zu verstehen, dass die Krankheit aus einer Anhäufung negativer Erinnerungen resultiert, die man mittels der Symbolsprache entziffern kann. Diese Sprache bietet uns die Möglichkeit, die Verhaltensweisen des kranken Menschen sowie seine Erlebnisse auf der körperlichen, emotionalen, intellektuellen und spirituellen Ebene zurückzuverfolgen. Die krankheitsbezogenen Erinnerungen stammen dabei nicht unbedingt nur aus diesem Leben, sie reichen oftmals bis in frühere Leben zurück. Man kann die Seele mit der Festplatte eines lebenden, vom Geist gesteuerten Computers vergleichen, der kontinuierlich Informationen abspeichert, bis in die DNA hinein. Der feststoffliche Körper bildet sich gemäß den abgespeicherten Daten und regeneriert sich oder erkrankt und verkümmert entsprechend den Seelenzuständen des Menschen sowie den Qualitäten oder Schwächen, die er nährt und unterhält. Das Verständnis der metaphysischen und symbolischen Aspekte der Krankheiten sowie ihrer Beziehung zu den unbewussten Erinnerungen ist wesentlich, um ihre wahren Ursachen herauszufinden und eine vollständige Heilung zu bewirken.

Es gibt heute in Kanada die Klinik *Angelica Pratica*, die ganzheitliche energetische Behandlungen anbietet und von mir in Zusammenarbeit mit meiner Frau Christiane sowie dem Chiropraktiker François Bouchard und seiner Frau Denise Fredette gegründet wurde. Wir arbeiten gegenwärtig an mehreren Werken über die metaphysische und physische Heilung im Lichte der Symbolsprache und der Arbeit mit den Engelenergien. UCM bietet seit 2014 in französischer Sprache und seit 2016 auch in englischer Sprache eine Intensivausbildung in der Deutung der Träume, Zeichen und Symbole an, die sich nicht nur an Berufstätige im Gesundheitswesen richtet, sondern an alle Personen, die mit verlässlichen Methoden und Kenntnissen tiefgründig an sich arbeiten wollen, um ihr Leben zu verbessern, ihrer Familie und ihrem Umfeld zu helfen, ihren Lebensplan sowie die Wechselwirkung zwischen der physischen und der metaphysischen Ebene, der Welt der Folgen und jener der Ursachen, zu verstehen. Es ist für mich eine große Freude, dass die Universe/City Mikaël nun den Menschen, die sich berufen fühlen, die Tür zu einer neuen Dimension der Heilung und der inneren Verwandlung öffnen kann.

36- Kasaras Frage

Nach der Trennung von Kasaras Mutter hatte ich Schwierigkeiten, meine Tochter zu sehen, und das war eine der schwersten Prüfungen meines Lebens. Wegen meiner spirituellen Ausrichtung machte man Kasaras Mutter, die ebenfalls im künstlerischen Milieu arbeitete und sich darin entfaltete, das Leben schwer. Viele spotteten über mich und rieten ihr, mir das Sorgerecht für unsere Tochter wegnehmen zu lassen, was ihr aufgrund der Umstände problemlos gelungen wäre. Die Leute konnten mein neues spirituelles Image nicht verstehen und zogen sich von mir zurück.

Die Mutter meiner Tochter war für das, was ich durchlebte, jedoch offen und wir mussten nie Anwälte einschalten. Ich betete intensiv, damit wir eine harmonische Lösung fanden, und war bereit, den Willen Gottes zu akzeptieren. Schließlich machte sie sich mutig von der Meinung ihrer Umwelt frei, beschloss, mir zu vertrauen und keinerlei Einschränkungen bezüglich des Sorgerechts für unsere Tochter zu fordern. In aller Harmonie vereinbarten wir, dass Kasara gemäß den Regeln und Werten ihrer Mutter leben würde, wenn sie sich bei ihr aufhielt, und gemäß den meinen, wenn sie bei mir war. Wir haben unsere Funktionsweise danach gerichtet, uns gegenseitig geachtet und alles verlief gut. Jahre später, als die Vortragstourneen durch mehrere Länder angelaufen waren, und angesichts der Tatsache, dass auch Kasaras Mutter für ihre Arbeit viel unterwegs war, wählten wir als Unterrichtsmethode für unsere Tochter das Fernstudium. So kam es, dass Kasara sich mit Christiane und mir in einem spirituell reichen Umfeld entwickelte und mit ihrer Mutter in einem materiell reichen Milieu experimentierte.

Meine Tochter war in ganz natürlicher Weise ein engelhaftes Kind und ließ bereits in sehr jungem Alter ihre psychische und spirituelle Begabung erkennen. Wenn ich nachts erschüttert und weinend aus meinen intensiven Albträumen aufwachte, kam sie, kaum zwei Jahre alt, zu mir, streichelte mir über das Haar und sagte ganz sanft: „Alles wird gut, Papa." Schon damals trat ihre große innere Kraft zutage. Ihren Vater weinen zu sehen hätte in ihr Angstgefühle hervorrufen können, doch das Gegenteil geschah: Ihre Seele verstand, was ich durchlebte, und wusste, dass es sowohl entwicklungsfördernd als auch notwendig war, damit ich mich weiter verwandeln und ihr später das erlangte Wissen vermitteln konnte. Ihr schönes, lichtvolles, reines Wesen und ihr Verhalten angesichts meines Zustandes ließen mich noch mehr weinen.

Kasaras Geburt 1993 veränderte mein Leben vollkommen. Ihre Gegenwart förderte mein Verständnis der Göttlichen Prinzipien sowie ihre Anwendung im Alltagsleben. Wir waren so innig verbunden, dass sie, wenn ich in Gedanken mit einem Traum, einem Problem oder sonst etwas beschäftigt war, oft ankam und mir wortlos eines ihrer Spielsachen gab, wodurch sie mir eine symbolische Antwort anbot. So reagierte sie auf meine Gedanken und Gefühle. Mit ihr lernte ich, die Symbolsprache anzuwenden, weil unsere Kommunikation von Anfang an über sie verlief. Als Kasara zu sprechen anfing, sagte sie manchmal scheinbar zusammenhanglose Dinge. Da ich ihr aber in Symbolen zuhörte, verstand ich sehr schnell, dass sie mir bereits Lehren und Ratschläge vermittelte und dabei half, meine Entscheidungen zu treffen. Das war so offensichtlich, dass ich den Himmel bat, durch Kasara zu mir zu sprechen, wenn ich in einer Situation nicht wusste, was ich tun sollte. Dann wartete ich, bis sie ein Gespräch anfing, und hörte ihr aufmerksam zu, wohl wissend, dass ich dabei war, meine Antwort zu erhalten.

Ich lernte mit ihr, auf diese Weise zu funktionieren, und auch heute gehe ich oft genauso vor, unabhängig davon, ob es sich dabei um Erwachsene oder um Kinder handelt: Ich höre ihnen in Symbolen zu und erhalte auf diese Art allerlei Informationen. Das ermöglicht mir beispielsweise zu erkennen, ob ein Mensch bereit ist, Hilfe zu erhalten, über dieses oder jenes Thema zu sprechen, mir mitzuteilen, was er in seinem Innern durchlebt, oder mich einfach nur wissen zu lassen, wie es ihm wirklich geht.

Die Symbolsprache ist allgegenwärtig und jeder verwendet sie, wenn auch meistens ohne sich dessen bewusst zu sein. Sobald man sie jedoch versteht, werden alle Gespräche, selbst die banalsten, interessant und offenbarungsreich.

Kasara war noch sehr jung, als sie mich eines Tages fragte: „Das Leben geht ewig weiter, aber kann man auch ein Tier werden? Kann man sich auch als Tier inkarnieren?" Ich gab ihr eine vage Antwort, weil ich es selbst nicht sicher wusste. In der Nacht darauf tauchte sie in einem meiner Träume auf, um mich zu berichtigen. *Ich sah sie als Kind, im gleichen Alter wie in der konkreten Wirklichkeit. Plötzlich fing sie an zu wachsen, sie wuchs und wuchs und verwandelte sich in einen Geistigen Führer, einen dunkelhäutigen Asiaten, der mit einer bestimmten, kraftvollen Stimme sagte: „Die Tiere und die Menschen, das sind zwei verschiedene Sachen!"*

Ich wachte auf und war verwirrt, meine Tochter in dieser Form gesehen zu haben. Es war mir unmöglich, wieder einzuschlafen, so eilig hatte ich es, ihr die Lehre zu vermitteln, die ihre Seele mir erteilt hatte. Ich ging in ihr Zimmer und streichelte ihr übers Haar, während Tränen über meine Wangen liefen, weil ich die große Dankbarkeit und Liebe, die ich für dieses engelhafte Kind empfand, nicht zurückhalten konnte. Als sie aufgewacht war, kam sie wie gewöhnlich in mein Zimmer, wo ich gerade meditierte, und ich sprach mit ihr erneut über die Frage, die sie mir am Vorabend gestellt hatte, jedoch ohne ihr von meinem Traum zu erzählen. Ich erklärte ihr, dass wir uns in einem neuen Leben nicht als Tier inkarnieren können, weil Mensch und Tier zweierlei ist und sie verschiedene, aber sich ergänzende Entwicklungsprogramme haben. Ich berichtete ihr erst viel später von der Lehre, die ihre Seele mir gleich einem Geistigen Führer in diesem Traum vermittelt hatte, eine Lehre, die einige weitere Träume in den Tagen danach bestätigten.

In meinem Innern wusste ich immer schon, dass es nicht gut ist, bei seinem Kind den Hochmut und das Ego zu züchten, indem man ihm sagt, es sei außergewöhnlich. Man sollte ihm vielmehr im Laufe seiner Experimentiererfahrungen so natürlich wie möglich die Liebe und die Weisheit vermitteln. Ich empfehle allen Eltern, ihre Kinder in aller Einfachheit zu erziehen und sie nicht wie Zirkuskinder zu behandeln, um durch ihre Talente oder ihre spirituellen Fähigkeiten die Familie, die Freunde und das Umfeld zu beeindrucken. Wenn man nach zu viel strebt, taucht früher oder später das Zuwenig am Horizont auf. So ist das immer im Leben...

Kasara ist heute in dem Alter, das ich hatte, als ich meine spirituelle Entwicklung begann. Wir haben auf diesem Weg der Verwandlung sehr viele gemeinsame Erfahrungen gemacht. Inzwischen hält auch sie in mehreren Ländern Vorträge und Seminare über die Deutung der Träume, Zeichen und Symbole und offenbart durch ihr ganzes Wesen, was es bedeutet, ein Engel auf Erden zu sein. Ich bin sehr gerührt und glücklich, im Rahmen der UCM-Ausbildung mit ihr zu unterrichten und zu beobachten, mit wie viel Hingabe, Liebe und Weisheit sie sich dabei engagiert. Kasara und ihr Partner Anthony sind engelhafte, inspirierende Vorbilder für all jene, die ihnen begegnen.

37- Die Anpassungen gehen weiter

Jahrelang musste ich mich kontinuierlich an die unzähligen Informationen anpassen, die ich ständig erhielt und die mich immer weiter veränderten. Wenn Kasara nicht bei mir war, nutzte der Himmel diese Zeit, um mir noch intensivere, gewaltvolle Albträume zu schicken. Alles war sehr gut orchestriert. Einige Jahre später sah ich die Fernsehserie *Taken – Entführt* von Steven Spielberg, in der ein Mann mehrmals von Außerirdischen entführt wird. Er macht dadurch Erfahrungen in verschiedenen Raum- und Zeitdimensionen... Das sprach mich so sehr an, denn das Gleiche erlebte ich jede Nacht in meiner Innenwelt.

Von Traum zu Traum, von Albtraum zu Albtraum und von Synchronismus zu Synchronismus entwickelte ich mich weiter, integrierte die Erfahrungen in mein Bewusstsein und lernte dabei, wie ein Engel zu leben. Ohne Unterlass beobachtete ich alles, was in mir vorging, und im Laufe der Zeit erkannte ich, dass meine Sinne anders reagierten, seit ich die Engel anrief. Ich konnte meine Verwandlung wahrnehmen, meine verschiedenen *Häutungsprozesse*, ich spürte, wie ein Schleier nach dem anderen sich lüftete und die Illusionen sich auflösten. Jeder Tag kam mir wie eine Wiedergeburt vor.

Ich erinnere mich, wie ich einmal meditierend in der Natur spazieren ging, dabei den Ast eines Baumes betrachtete und spürte, wie ich metaphysisch in ihn eindrang, bis in das Herz des Baumes hinein und seine Essenz wahrnahm. Ich konnte den Bewusstseinszustand des Baumes in meinem ganzen Körper nachempfinden. Ich war ganz woanders und sah den Ort, wo ich mich in der physischen Realität befand, nicht mehr. Diese Erfahrung war zugleich machtvoll, großartig, sanft, kontemplativ, belebend und lebhaft. Ich erkannte dabei, dass wir jedes Mal, wenn wir einen Baum verletzen und die Umwelt nicht achten, auch uns selbst Leid zufügen. Ohne uns dessen bewusst zu sein, schaden wir uns selbst, denn die gesamte Schöpfung ist eine Einheit, ein Ganzes, dem auch wir angehören. So offenbarte sich mir das Leben und ließ mich den Zustand der Verschmelzung mit der Natur und allem, was mich umgab, erfahren.

Ähnliche Erfahrungen kann man auch im Traum machen. Sieht man darin zum Beispiel schöne, erblühte Blumen, so ist man in Kontakt mit ruhigen, sanften und inspirierenden Gefühlen und fähig, diese auszudrücken. Alles, was wir wahrnehmen, offenbart Bewusstseinszustände und bietet uns eine Vielzahl von Informationen, dank deren wir uns besser kennenlernen und weiterentwickeln können.

38- Die Göttlichen Gesetze

Die Göttlichen oder Kosmischen Gesetze sind die hohen Prinzipien, auf denen die Funktionsweise des Universums beruht. Sie sind die Grundlage des Bewusstseins und der gesamten Schöpfung. Wenn wir diese Gesetze kennen und sie anwenden, sind wir dem Schöpfer sowie unserer spirituellen, Göttlichen Natur gegenüber empfänglich. Unsere Entwicklung erfolgt sodann in bewusster Weise und alle Geheimnisse des Universums können uns offenbart werden. Missachten wir jedoch diese Gesetze, dann erschaffen wir Karmas, die wir eines Tages bereinigen und begleichen müssen.

Die Kenntnis der Göttlichen Gesetze half mir sehr, mein Bewusstsein auf das Gute zu fokussieren, insbesondere in den Augenblicken, wo ich die Bedeutung meiner Träume, mein Leben und meine Mitmenschen nicht verstand. Jedes Mal, wenn mich etwas störte, ich etwas als ungerecht empfand oder nicht verstehen konnte, wiederholte ich das damit verbundene Gesetz. Ich führte alles immer wieder auf die Göttlichen Prinzipien zurück, die mir in meinen Träumen offenbart wurden und halfen, ein engelhaftes Bewusstsein zu entwickeln. Die Zahl dieser Gesetze ist groß, doch man kann fünfzehn von ihnen hervorheben. Ihre Kenntnis ist all jenen, die bewusst den Weg der spirituellen Entwicklung gehen, von großer Hilfe. Dank ihrer Anwendung in meinem Alltagsleben konnte ich die Grundlagen meiner Existenz umprogrammieren, mich neu aufbauen und in den intensivsten, prüfungsreichsten Phasen meiner engelhaften Entwicklung mit der richtigen Strategie vorgehen.

1) Gott ist ein Lebender Computer

Man kann Gott mit einem unermesslich großen Lebenden Computer vergleichen, der alle Ereignisse des Universums orchestriert. Dieser Computer verwaltet das Leben aller Seinsformen – u.a. ihre Entscheidungen und Gesten – und alles, was wir denken, fühlen und tun, ist darin gespeichert. Gemäß dem Prinzip des freien Willens gestattet es dieser Computer jedem Lebewesen zu experimentieren, wobei er gleichzeitig das gesamte Universum zum Wohl aller lenkt. In diesem großen Kosmischen Computer hat jeder Mensch sein eigenes Programm, dessen Experimentierparameter von Geistigen Führern festgelegt sind und dessen diverse Etappen zu im Voraus bestimmten Zeitpunkten eingeleitet werden. Wie Einstein bereits sagte: „Gott hat gewiss nicht gewürfelt, als er das Universum erschuf."

2) Die Göttliche Gerechtigkeit ist absolut

Im Universum ist alles gerecht, in dem Sinne gerecht, dass alle Ereignisse mit unendlich genauer Präzision berechnet sind. Wenn wir gewisse Situationen durchleben, die uns ungerecht erscheinen, so deshalb, weil in uns die Erinnerungen unserer eigenen ungerechten Gedanken, Emotionen und Handlungen vorhanden sind. Der Mensch ist nicht vollkommen und im Laufe seiner zahlreichen Inkarnationen hat er Fehlhandlungen begangen. Da der Geist ewig ist und das Bewusstsein sich ständig weiterentwickelt, müssen diese wiedergutgemacht werden und die Wiedergutmachung erstreckt sich im Allgemeinen über mehrere Leben hinweg. Im Hinblick auf die Entwicklung unserer Seele ist das, was wir erleben, immer richtig und gerecht. So ist etwas, das uns aus horizontaler Sicht als Ungerechtigkeit erscheint, aus multidimensionaler, globaler Sicht gesehen keineswegs eine Ungerechtigkeit. Sinn der Existenz der Seele ist allein ihre Verbesserung und ihre Weiterentwicklung. Wenn wir – bewusst oder unbewusst – bei dieser Aufgabe scheitern, schaffen wir ein Karma, das wir gezwungenermaßen früher oder später abtragen müssen. Der Rückschluss auf uns selbst in Situationen, wo das Gefühl der Ungerechtigkeit aufkommt, fällt uns leichter, sobald wir dieses Gesetz verstehen. Wir können dann auch im Tun und Lassen der andern ihren Entwicklungsweg erkennen und für sie Mitgefühl empfinden.

3) Das Gesetz der Multidimensionen (Multidimensionalität)

Wie oben so unten – wie unten so oben. Der Mensch existiert auf mehreren Ebenen gleichzeitig, wobei die körperliche, die emotionale und die intellektuelle Ebene die dichtesten darstellen. Alle Ebenen gleichen sich, nicht hinsichtlich ihrer Funktion, wohl aber im Hinblick auf ihre Struktur und ihre Gesetze. So führt uns die Beobachtung der konkreten Welt zum Verständnis der anderen Welten und Dimensionen. Ein Eingeweihter weiß, dass alles, was er in der Außenwelt erlebt, seine Innenwelt widerspiegelt: *wie innen so außen – wie außen so innen.* Deshalb ist das Studium der Symbolsprache von so wesentlicher Bedeutung.

4) Das Gesetz der Reinkarnation (der Wiedergeburt)

Der Mensch stirbt und wird wiedergeboren einzig mit dem Ziel, eine bessere Seele zu werden. Die verschiedenen Inkarnationen stellen dabei den Rahmen und das Experimentierfeld dar, in dem sein Lernprozess abläuft. Sobald er ausreichend hohe Bewusstseinsebenen erlangt hat, verschwinden die Begrenzungen, die bis dahin Teil seines konkreten Daseins darstellten, und er muss sich nicht mehr inkarnieren, um karmische Erfahrungen zu durchleben. Er entwickelt dann große metaphysische Fähigkeiten, dank deren er Lebenswelten und Traumwelten zu erschaffen vermag. Und dies mit dem alleinigen Ziel, an der Entwicklung der Menschheit teilzuhaben und seinen Mitmenschen auf ihrem Weg zu helfen. Eines Tages werden wir in der Tiefe unseres Wesens verstehen, dass der Grund unserer Existenz einzig und allein in der Ausbildung und Entfaltung der Göttlichen Qualitäten, Tugenden und Kräfte besteht.

5) Das Gesetz des Synchronismus (der Gleichzeitigkeit und der zeitlichen Folgerichtigkeit)

Der Synchronismus ist das universelle Prinzip, demzufolge alle Situationen – die positiven ebenso wie die negativen – in perfekter Weise von Gott, dem allumfassenden Lebenden Computer, orchestriert sind. Aus diesem Grunde gibt es keinen Zufall. Um jederzeit und unter allen Umständen die Folgerichtigkeit erkennen zu können, muss man sich tiefgehend geläutert haben. Diesen

Zustand der Gnade, der sich bis in die Materie hinein äußert, können wir nur erfahren, wenn wir keinerlei Erwartungen, Zweifel oder Ängste mehr haben. Man nennt diese Etappe das *Dharma*, das spirituelle Leben.

6) Das Gesetz der Resonanz

Man zieht das an, was man selbst ist, und ebenso steht man mit dem in Einklang, was man selbst ist. Dieses Gesetz findet seine konkreteste Entsprechung im Phänomen der mechanischen Resonanz, das sich wie folgt ausdrücken lässt: Jeder Gegenstand besitzt eine ihm eigene natürliche Schwingungsfrequenz. Eine Schwingung, deren Frequenz der natürlichen Schwingungsfrequenz eines Gegenstandes entspricht, kann diesen zum Schwingen bringen. In gleicher Weise kann ein Mensch auf die Schwingungen eines anderen Menschen reagieren, auf das, was dieser Mensch ist, einschließlich seiner zutiefst unbewussten Erinnerungen. Diese Schwingungen können positiver oder negativer Art sein. Auf die Menschen angewandt bedeutet das Gesetz der Resonanz, dass eine andere Person – zu der wir uns hingezogen fühlen oder die uns stört – uns als Anzeiger dient, dass wir in unserem Innern Aspekte und Erinnerungen bergen, die denjenigen dieser Person ähneln. Das Gesetz der Resonanz ist das Gesetz, mit dem der Eingeweihte in seinem Alltag am meisten arbeitet, da seine bewusste Anwendung den Menschen zu den höchsten Ebenen der Erkenntnis führt.

7) Das Gesetz des Karmas

Man erntet immer das, was man sät. Wenn wir in den Garten unseres Lebens das Saatgut der reinen, engelhaften Qualitäten, Tugenden und Kräfte säen und die Göttlichen Gesetze befolgen, werden wir den Wohlstand erfahren und die Stabilität der höheren geistigen Glückszustände ernten. Säen wir hingegen schlechte Körner und Samen – sei es durch unsere Gedanken oder durch unsere Gefühle und Taten –, dann werden wir Armut und Prüfsteine ernten.

8) Das Böse hat eine erzieherische Funktion

Das Böse ist ein Weg, der zum Guten führt. Es ist der Ablauf, den die Kosmische Intelligenz vorgesehen hat, um uns bewusst werden zu lassen, dass falsche Verhaltensweisen, fehlerhafte Handlungen und negative Taten in unserem Entwicklungsverlauf früher oder später notwendigerweise einen Zyklus von Prüfungen und Wiedergutmachungen einleiten werden. So gesehen stellen Leid und Prüfungen für die Seele Lernsituationen dar. Die Erfahrung dieser Schwierigkeiten lehrt uns, dass es uns nur möglich ist, das Licht zu erkennen, wenn wir auch die Dunkelheit erkennen können. Wenn wir fähig sind, unseren eigenen dunklen Kräften gegenüberzutreten und sie zu transzendieren, können wir voller Mitgefühl und Liebe die gleichen Kräfte auch bei unseren Mitmenschen akzeptieren, studieren und verstehen. Außerdem werden wir in der Lage sein, ihnen im Alltagsleben ebenso wie in der Traumrealität zu helfen, wohl wissend, dass eine entwickelte Seele bewusst darauf verzichtet, das Böse zu tun, weil die Erfahrung sie gelehrt hat, dass Böses wiederum Böses erzeugt. Die Göttliche Wirklichkeit ist dann unser konkretes Leben geworden.

9) Das Böse ist nicht dramatisch

Für die Seele und ihre Entwicklung sind Schmerz und Leid von geringfügiger Bedeutung. Diese haben keine schädlichen Auswirkungen auf die Seele. Sie sind eigentlich ihre Werkzeuge. Die negative Seite der Dinge und Geschehnisse besteht nur, um uns zu veranlassen, noch tiefgehender die positive Seite zu entwickeln. So versteht es sich von selbst, dass das Böse keineswegs dramatisch ist. Wenn der Mensch das Böse dramatisiert, so trennt er sich von dem Guten ab, das in ihm wohnt, und verliert damit den Seinsgrund seines Experimentierens aus den Augen. Durch das Dramatisieren wird das Böse verstärkt. Gelingt es dem Menschen in schwierigen Situationen und Seelenzuständen, nicht zu dramatisieren, kann er große Hindernisse überwinden und sich neuen Arten der Wahrnehmung öffnen. Er erkennt dann auch, dass das Göttliche Bewusstsein über Gut und Böse steht.

10) Die Materie ist ein zeitlicher und ein erzieherischer Faktor

Die materielle Wirklichkeit ist nichts weiter als die Umkleidung, die Form, die der Ur-Geist für die Zeitspanne eines irdischen Lebenszyklus annimmt und die der Seele die Gelegenheit zu lernen bietet. In diesem Sinne ist die konkret-materielle Wirklichkeit zeitgebunden. Folglich ist es notwendigerweise eine Illusion, die materielle Welt als Sinn und Zweck zu betrachten, in dem Glauben, sie hätte einen reellen, zweckbestimmten Wert. Die Materie dient uns Menschen insofern, als sie uns gestattet, die Göttlichen

Qualitäten und Tugenden zu entwickeln, und in diesem Sinne existiert sie aus erzieherischen Gründen.

11) Die Illusion hat einen erzieherischen Sinn

Die aufeinander folgenden Situationen im Leben eines Menschen entsprechen seinem Lebensprogramm – dem, was er ist, und dem, was er zu erfahren, zu lernen und zu durchleben hat. Diese Situationen sind Illusionen, deren Natur sich in dem Maße weiterentwickelt, wie man fähig wird, neue Konzepte in sich aufzunehmen. Eine Person mit einem gewöhnlichen Bewusstseinsniveau kann eine Situation, die sie erlebt, als positiv empfinden, während einer anderen, die bereits Zugang zum wahren Wissen und zur wahren Erkenntnis hat, die gleiche Situation negativ erscheinen wird. Dies deshalb, weil Erstere den tieferen Sinn dessen, was sie erlebt, nicht erkennt: Ihre Entwicklung erfolgt mittels der Illusion. Die Existenz dieser illusorischen Realität hat einen erzieherischen Zweck. Der Mensch findet darin ein Experimentierfeld, wo er so lange die Erfahrung der Verzerrungen machen kann, bis er die Fähigkeit entwickelt hat, zwischen Gut und Böse zu unterscheiden. Dabei geht er nach seinem eigenen Rhythmus vor. Der Eingeweihte, der dieses Gesetz kennt, respektiert die illusorische Realität der anderen ebenso wie ihren Lernrhythmus.

12) Der Traum ist eine Wirklichkeit

Der Traum ist das Mittel, das uns am besten über die Wirklichkeit der Dinge und der Menschen Auskunft gibt. Durch die Träume werden uns der tiefere Sinn unserer Taten sowie die in uns wirkenden Resonanzen enthüllt. Ein Traum trügt nie, da er nicht durch das gewöhnliche Bewusstsein verformt ist. Das Verständnis unserer Träume lässt uns wissen, wo wir in unserer Entwicklung angelangt sind. Insofern sind sie unsere verlässlichsten Anhaltspunkte. Für die Eingeweihten ist der Traum genauso reell wie die materielle Wirklichkeit, er ist konkretes Leben und eine Zugangstür zu den anderen Welten. Eines Tages wird zwischen der Physik und der Metaphysik keine Trennung mehr bestehen und der Mensch wird die Multidimensionalität des Lebens erkennen können.

13) Alles ist Bewusstseinszustand

Der Mensch wechselt ständig von einem Bewusstseinszustand zu einem andern, selbst wenn er schläft. Unsere Funktionsweise wird fortlaufend von den zahlreichen Bewusstseinszuständen, die wir in uns tragen, beeinflusst, die schön, rein und lichtvoll oder verzerrt und finster sein können. Die gesamte Schöpfung funktioniert im Rahmen einer Struktur und nach Gesetzen, die das Experimentieren dieser Bewusstseinszustände ermöglichen. Sobald man das erkannt hat, ist man fähig, das Dasein zu verstehen und findet den Zugang zum Ur-Wissen.

14) Alles ist Symbol

Das physische und metaphysische Universum ist in seiner ursprünglichen Gestaltung mathematischer Natur. Alles, was man auf der physischen Ebene antrifft, trägt Bedeutungen in sich, die der metaphysischen Ebene entstammen, und dies sowohl in Bezug auf das Innen- und Außenleben als auch in Bezug auf den Makrokosmos und den Mikrokosmos. Alles ist Symbol.

15) Der Ur-Geist ist ewig

Für die Kosmische Intelligenz ist die Zeit lediglich ein pädagogisches Mittel und dient als Rahmen für den Lernprozess. Da der Ur-Geist mit dem Ziel der Evolution existiert und sein Ausdehnungs- und Entwicklungsprozess endlos ist, besteht auch der menschliche Geist, der einen Funken des Ur-Geistes darstellt, ewig.

39- Um ein Engel zu werden, müssen wir unsere individuellen und kollektiven Erinnerungen bereinigen

Der wohl wichtigste Aspekt bei der Verwandlung des menschlichen Bewusstseins in ein engelhaftes Bewusstsein ist die Arbeit, die wir vollbringen müssen, um unsere Bedürfnisse zu transzendieren. Die Kenntnis und Anwendung der Kosmischen Gesetze und der Engel-Mantras kann uns dabei eine große Hilfe sein. Natürlich geht es nicht darum, unsere Bedürfnisse zu verkennen oder zu ignorieren, sondern darum, sie zu berichtigen und bei ihrer Befriedigung darauf zu achten, unsere Mitmenschen und die Umwelt zu respektieren, um ein harmonisches Zusammenleben zu gewährleisten. Die meisten Menschen funktionieren mit einem gewöhnlichen Bewusstsein und manchmal sogar mit einem tierhaften, wobei das *Gesetz des Dschungels* ihnen ihre Entscheidungen und Handlungen diktiert. Ihr Tun und Lassen ist größtenteils impulsiv und erfolgt unter dem Einfluss ihrer verzerrten und unbewussten Erinnerungen.

Wir trachten alle bewusst oder unbewusst nach Frieden und nach einem harmonischen Leben. Eine Welt des Friedens ist jedoch erst dann erreichbar, wenn jeder Einzelne daran arbeitet, erstmals in sich selbst Frieden zu schaffen, und um das zu erreichen, müssen wir unser Bewusstsein und Unbewusstsein bereinigen und verwandeln. Die Außenwelt ist lediglich die Spitze des Eisbergs, d.h. sie gibt nur einen geringen Teil dessen zu erkennen, was wir insgesamt sind. Unsere Innenwelt, die den größeren Teil unseres Wesens beinhaltet, ist verschleiert. Es gibt in uns neben den positiven Aspekten auch sehr viel Gewalt und Negatives, was in unseren Manifestierungen Dualität erzeugt. Aus diesem Grund ist es so wichtig, in unserer Lebensweise den Göttlichen Qualitäten den ersten Platz einzuräumen. Ein engelhaftes Leben zu führen, ein

Engel auf Erden zu werden und als solcher zu handeln ist sicher unser höchstes Entwicklungsziel als Mensch. Wir erreichen es, indem wir zuerst unsere persönlichen und anschließend unsere kollektiven Erinnerungen verwandeln. Durch die Arbeit an uns selbst werden wir uns der Auswirkung und Reichweite unserer Entscheidungen und Handlungen auf unsere Mitmenschen und unsere Umwelt bewusst.

Die Gesetze sowie die sozialen, wirtschaftlichen und politischen Systeme, die wir auf der kollektiven Ebene erschaffen, widerspiegeln unser Bewusstseinsniveau. Warum ermutigen wir beispielsweise durch einen Aktienkauf ein Unternehmen, das weder die Umwelt noch die Gesetze und die moralischen Wertet achtet und die Leute in unmenschlichen Bedingungen arbeiten lässt? Warum investieren wir unsere Lebensenergie und unsere finanziellen Mittel in Tätigkeiten, die immense Kollateralschäden hervorrufen? Warum unterstützen wir unfaire und ungerechte Systeme? Wir neigen oft dazu, unsere persönlichen Bedürfnisse und Wünsche zu banalisieren, für deren Befriedigung wir manchmal egoistische Entscheidungen treffen oder Schädliches tun, ohne zu bedenken, dass die Vermehrung eines solchen Verhaltens durch eine große Anzahl von Menschen, die ebenso handeln, notwendigerweise auf der kollektiven Ebene weltweite negative Konsequenzen nach sich zieht.

Im Laufe der Jahrhunderte haben die reichen Länder ihren Eroberer- und Kolonialherrengeist sowie ihre egoistische Denkweise beibehalten. Sie wollen vor allem die Ressourcen ausbeuten, anstatt sie mit den anderen gerecht zu teilen und über die langfristigen Auswirkungen ihrer Entscheidungen und Taten nachzudenken.

Mit einem engelhaften Bewusstsein zu leben bedeutet auch eine globale und multidimensionale Sichtweise zu haben, die sich nicht darauf beschränkt, nur das zu sehen, was man beispielsweise vor sich im Teller hat, sondern auch wissen will, woher die Lebensmittel stammen, wie sie angebaut, behandelt, zubereitet usw. wurden. Eine engelhafte Sichtweise hinterfragt alle Etappen des Materialisierungsprozesses von der ursprünglichen Idee bis zur Konkretisierung in der Welt der Materie.

Es ist faszinierend, den Egregor* und die Gedankenformen eines Unternehmens zu studieren. Wenn man zum Beispiel irgendwo auf der Welt in ein McDonald-Restaurant geht, so betritt man das *McDonald*-Land oder den *McDonald*-Egregor. Das spürt man sehr eindeutig, denn alle Restaurants dieser Kette werden in gleicher Weise geleitet und bieten ähnliche Bestimmungen, Arbeitsbedingungen, Dienstleistungen und Produkte an. Aus diesem Grund nimmt man in jedem McDonald immer dieselbe Energie wahr, unabhängig davon, ob er sich in Chicago, Tokyo oder sonst wo auf der Welt befindet.

Obwohl weltweit noch viele lokale, nationale und multinationale Unternehmen hinsichtlich des fairen Handels, der Menschenrechte und des Umweltschutzes eine umfassende Erziehung und Bewusstwerdung durchlaufen müssen, gibt es glücklicherweise immer mehr Firmen, deren Denkweise eine gerechtere und auf das Wohl aller ausgerichtete Wirtschafts- und Handelsstruktur fördert. Wie ein Engel zu leben beinhaltet auch, wie ein Engel zu materialisieren, d.h. bei allen Etappen mit der richtigen Einstellung und im Einklang mit den Kosmischen Gesetzen vorzugehen, wodurch ein gerechtes und harmonisches Funktionieren gewährleistet wird. Selbstverständlich bedeutet das nicht, dass man utopisch werden soll. Es ist notwendig, logische Entscheidungen zu treffen, die das Funktionieren und Weiterkommen ermöglichen; gleichzeitig muss man aber auch bereit sein, bei Bedarf Veränderungen, Anpassungen und Angleichungen vorzunehmen, um der natürlichen Evolution zu folgen. Bei meinen zahlreichen Reisen zwischen den Kontinenten habe ich gegenwärtig keine andere Wahl, als Flugzeuge zu benutzen, die mit fossilen Brennstoffen funktionieren, weil wir die umweltverschmutzenden Energien noch nicht durch umweltfreundliche ersetzt haben. Ich bin mir dessen bewusst, wenn ich in ein Flugzeug steige, doch ich fühle mich nicht gestört oder schuldig, weil ich die Göttlichen Prinzipien nicht vollkommen

---

* *Egregor: Dieser Ausdruck bezeichnet einen kollektiven Erinnerungsspeicher, einen gemeinschaftlichen Geisteszustand sowie die einheitliche Denkweise einer Menschengruppe. Es ist das Energiefeld, das durch die Gedanken, Emotionen, Wünsche, Sehnsüchte, Absichten, Ideale, Haltungen, Verhaltensweisen etc. der Mitglieder eines Kollektivs (Gemeinschaft, Volk, Zusammenschluss von Menschen usw.) erzeugt werden und im Laufe der Zeit eine Mentalität, eine Stimmung und einen Charakter spezifischer Art ergeben, durch die sich dieser Egregor von anderen unterscheidet.*

achten kann. Sicher ist, dass ich, sobald eine bessere Alternative zur Verfügung stehen wird, diese verwenden werde.

Immer mehr Menschen haben den Wunsch, eine gerechte und faire Wirtschaft zu unterstützen, und sie bringen dies durch eine bewusste Wahl der Produkte und Dienstleistungen, die sie konsumieren, zum Ausdruck. Ganz allgemein gilt es Folgendes zu bedenken: Indem man beim Einkaufen vorrangig die finanziellen und quantitativen Aspekte berücksichtigt, ermutigt und fördert man Hersteller, die mit einem gewöhnlichen, egoistischen und materialistischen Bewusstsein funktionieren, ohne sich über die Auswirkungen auf die Gemeinschaft und die folgenden Generationen Gedanken zu machen. Je mehr wir jedoch unsere Engelnatur entfalten, umso leichter wird es uns fallen, über unsere feinstofflichen Sinne (Hellsehen, Hellhören, Hellfühlen usw.) wahrzunehmen, ob eine Ware in gerechter und fairer Weise hergestellt und vertrieben wird. Wir können dann diejenigen Wahlen treffen, die für alle Ebenen förderlich sind und im Einklang mit den Kosmischen Gesetzen stehen.

Ich erinnere mich noch, wie ich am Anfang meiner Entwicklung einmal in einen Laden ging, um eine Hose zu kaufen. Ich entdeckte eine, die mir zusagte und betrachtete sie ganz genau. Schließlich aber hielt mich etwas davon ab, sie zu kaufen. In der folgenden Nacht erhielt ich einen Traum, in dem *ich in der Fabrik war, die diese Hosen herstellte. Sie befand sich in einem Entwicklungsland und ich sah, dass die Angestellten nicht gut behandelt wurden.* Beim Aufwachen verstand ich mein Zögern und wieso ich mich gegen den Kauf entschieden hatte.

Auf diese Weise funktioniere ich immer. Es geschieht häufig, dass ich in meinen Träumen Menschen begegne oder zu Terminen gehe, bevor das jeweilige Ereignis in der konkreten Wirklichkeit stattfindet. Dadurch weiß ich im Voraus, ob es zwischen uns genügend Affinitäten gibt, um eine Zusammenarbeit oder eine Partnerschaft in Betracht zu ziehen. Das wichtigste Kriterium für unsere Entscheidungen sollte nicht die Perfektion sein, denn in dieser Welt gibt es sie noch nicht; doch man sollte unter Berücksichtigung der momentanen Bedingungen und Prioritäten immer versuchen, die aus spiritueller und materieller Sicht beste Wahl zu treffen. Ist man zu perfektionistisch, wird man irgendwann aufhören, sich zu manifestieren, und zum Außenseiter werden. Ferner darf man nicht vergessen, dass unsere Interaktion mit den anderen auch Veränderungen in ihrem Leben auslöst. Jede zwischenmenschliche Begegnung tut ihre Wirkung, sodass man einen qualitativen und für alle Beteiligten entwicklungsfördernden Energieaustausch begünstigen kann, wenn man ein spirituelles und altruistisches Bewusstsein hat.

Es kommt oft vor, dass Menschen zu Beginn ihrer spirituellen Entwicklung starke Verschiebungen durchleben, denn je mehr sich ihr Bewusstsein öffnet, umso schwerer fällt es ihnen, sich zu manifestieren, mit den anderen zurechtzukommen und zu materialisieren. Deshalb ist es wichtig, immer in Erinnerung zu behalten, dass jede Situation, die wir erleben, die jeweils beste für unsere Entwicklung ist. Das bedeutet aber nicht, dass wir eine gegebene Situation nicht verändern oder sie nicht verlassen können, wenn sich herausstellt, dass eine gute und gesunde Weiterentwicklung nicht mehr möglich ist. Ein Engel hat keine Angst, mit allem, was es gibt, zu verschmelzen. Ganz gleich wie die Situation ist, er wird immer sein Bestmögliches tun, damit durch seine Gegenwart Göttliches Licht auf sie strahlt und ihre Fortentwicklung fördert. Natürlich weiß er auch, dass seine Gegenwart im Leben der Menschen manchmal Prüfungen auslöst, die sie zur Berichtigung ihrer Fehler und Schwächen veranlassen sollen, damit sie weiter wachsen können. Ich begegne regelmäßig Personen, die Schwierigkeiten durchmachen, und ich stelle immer wieder fest, dass diese ihnen helfen, zu mehr Klarheit zu finden sowie offener und rezeptiver für die Arbeit mit den Engelenergien zu werden. Diese Schwierigkeiten bereiteten sie eigentlich darauf vor, die Hilfe des Himmels zu empfangen.

Die Engelessenzen sind in erster Linie erzieherische Kräfte, die im Dienst der Evolution stehen. Mit ihnen zu arbeiten bedeutet, dass man die Göttlichen Qualitäten, Tugenden und Kräfte in unser Menschenleben auf Erden integrieren möchte. In unserem Entwicklungsverlauf ist die Materie lediglich ein Experimentier- und Lernfeld. Es ist sehr hilfreich, sich immer wieder daran zu erinnern, insbesondere wenn die Dinge nicht so ablaufen, wie man es erhofft hatte, oder wenn man nicht die gewünschten Resultate erzielt. Auf dem Weg unserer Entwicklung müssen wir manchmal Umleitungen erfahren, um an unserem Bestimmungsort anzukommen. Das habe ich oft durch meine Träume erkannt. Man fordert mich darin auf, etwas zu tun, das eine großartige Wirkung hervorbringen soll. Ich tue es und stelle fest, dass das Ergebnis aus materieller Sicht eher gewöhnlich oder sogar unterdurchschnittlich ist. Einige Zeit später merke ich dann aber, dass das, was ich ins Laufen gebracht habe, und die dabei investierte Energie tatsächlich das im Traum vorausgesagte Ergebnis produzieren – außer wenn der Traum nur Teile meines eigenen Wesens betraf. Es ist übrigens von grundlegender Bedeutung, sich immer zu fragen, ob ein Traum vorwiegend Teile von uns selbst aufzeigt oder ob es sich um einen vorausschauenden Traum handelt, der mit dem Materialisierungsprozess eines Projekts oder eines Ereignisses zusammenhängt. Im Zweifelsfall schließt man auf sich zurück und arbeitet an den zu korrigierenden Aspekten bzw. den zu entwickelnden Qualitäten und Tugenden. Handelt es sich hingegen um einen vorausschauenden Traum, wird man dies erkennen, sobald die verschiedenen Elemente konkret in Erscheinung treten und die eingebrachten Energien und Anstrengungen Früchte hervorbringen. Durch die beharrliche Arbeit an sich selbst befreit man sein Unbewusstsein von den darin enthaltenen Blockierungen und negativen Erinnerungen. Dadurch erkennt man immer leichter, ob die Traumbotschaft sich nur an uns persönlich richtet oder eine bestimmte Situation betrifft.

KAPITEL FÜNF

DAS EXPERIMENTIEREN

Auf dem Weg der spirituellen Entwicklung mit den Engeln werden die Experimentiererfahrungen immer intensiver und machtvoller. In diesem Kapitel enthüllt Kaya, wie er sein Engelpotenzial einsetzt, um seinen Mitmenschen sowohl auf der individuellen wie auf der kollektiven Ebene zu helfen. Er berichtet, wie er einem jungen Mann in einer schweren Phase seines Lebens zur Seite stand, als dieser auch gewalttätige Handlungen hätte begehen können. Kaya spricht ebenfalls über seine metaphysische Hilfeleistung im Prozess von O.J. Simpson, dem ehemaligen Footballspieler, der 1995 erstmals vom Mordverdacht an seiner Frau freigesprochen worden war, bevor er vom Zivilgericht aufgrund der Strafverfolgung durch die Familie verurteilt wurde. Ferner erwähnt der Autor seine Traumarbeit bei Geburten und seine Eingriffe während der Workshops und bei anderen Gelegenheiten, wobei er sich nach und nach der großen Verantwortung bewusst wird, die mit der Entwicklung und Verwendung seiner spirituellen Kräfte einhergeht.

40- Mikes Rettung

Schon seit über 20 Jahren helfe und begleite ich Menschen durch meine Engelarbeit. Eine meiner ersten Hilfeleistungen betraf einen jungen, etwa zwanzigjährigen Mann, der in mehreren Bereichen ein Genie war, jedoch auch stark zerstörerische und sehr gefährliche Kräfte in sich trug und Angst hatte vor sich selbst und dem, wozu er imstande sein könnte. Er nahm Drogen und drohte offen, sich umzubringen, unterhielt viele Vorurteile, war überperfektionistisch, kategorisch, ja sogar extremistisch. Wenn man ihm widersprach, aktiverte sich in ihm eine nahezu unkontrollierbare kämpferische und rachsüchtige Kraft. Seine Persönlichkeit war sehr stark auf sein Ego und seine persönlichen Bedürfnisse konzentriert, er wollte immer Recht haben und bekundete ein intensives Machtstreben.

Seine Eltern, die zu den ersten freiwilligen Helfern und Studenten der UCM gehörten und mit den Engeln arbeiteten, baten mich, ihrem Sohn zu helfen. Ich erwiderte darauf, dass die Bitte von ihrem Sohn und nicht von ihnen kommen müsse, worauf sie ihm vorschlugen, mich anzurufen. Es kostete ihn eine Menge Überwindung, bevor er es tat, denn die Engel interessierten ihn nicht wirklich und sich jemandem anzuvertrauen war auch nicht seine größte Stärke. Er war eher ein schnell aufbrausender Macho-Typ, was ich aus seinen ersten Worten am Telefon heraushören konnte. Er wirkte gehemmt, war kurz angebunden und obwohl er um meine Hilfe bat, vermittelte er den Eindruck, dass er von mir lieber ein Nein gehört hätte.

Ein solches Verhalten ist typisch für Menschen, die sich tiefgründig unwohl fühlen. Sie sind sich oft selbst der größte Feind, denn sie begrenzen sich durch eine zurückweisende Haltung, die fest in ihrer Persönlichkeit verankert ist. Da sie für sich selbst keine Liebe empfinden, projizieren sie ihr Leiden nach außen und versuchen ihre Mitmenschen zu verletzen, wie es oft Jugendliche tun, die sich in ihrer Haut nicht wohl fühlen und das Gegenteil von dem sagen, was sie meinen. Da ich die Funktionsweise und das innere Leid dieses jungen Mannes sehr gut verstand, akzeptierte ich seine Bitte von ganzem Herzen. Wir trafen uns und machten zusammen einen Spaziergang durchs Dorf. Dabei vertraute er mir an, dass er am Ende sei, sich wie in einer Sackgasse fühle und Angst vor den zerstörerischen Kräften habe, die er in sich spürte. Er gestand mir, dass er seine Eltern sehr liebe, aber in eine unkontrollierbare Raserei verfallen könne, wenn er in Wut geriet. Er sagte: „Es dreht sich alles in meinem Kopf! Ich habe so negative, aggressive und brutale Gedanken, dass ich nicht weiß, wozu ich imstande wäre. Ich habe Angst vor mir selbst. Kannst du mir helfen?" Ich antwortete ihm: „Gott ist der einzige, der dir helfen kann. An deiner spirituellen Entwicklung zu arbeiten kann in deinem Fall den wesentlichen Unterschied ausmachen, denn das Böse geht nicht von deinem Körper aus, sondern von deinem Geist."

Ich wusste, dass er Drogen nahm, und spürte, dass er nicht bereit war, damit aufzuhören, denn er verharmloste seinen Konsum. In seinen Augen halfen sie ihm, sich zu beruhigen, den Druck abzulassen und dem zu entfliehen, was er in seinem Leben nicht mochte. Er sprach über seinen Standpunkt und seine Theorien zu dem Thema, als ob für ihn alles richtig sei und die Gesellschaft die Drogenbenutzer bloß nicht verstünde. Er begriff nicht, dass ein Dieb im Allgemeinen mit kleinen Diebstählen beginnt und durch deren Verharmlosung in sich die Diebesmentalität ausweitet und verstärkt, was ihn eines Tages dazu bringen könnte, eine noch schwerwiegendere Straftat, zum Beispiel einen bewaffneten Raubüberfall auf eine Bank, zu begehen. Mike gehörte zu dem Typ Mensch, der seine eigenen Gesetze macht, die den Konzepten seiner Persönlichkeit entsprechen. Ich spürte an seiner Energie, dass er in der Tat zu allem fähig war und seine latente Gewalttätigkeit jederzeit ausbrechen konnte, sobald ein auslösendes Element sich einstellte.

Er besaß eine starke Führungskraft und hatte eine große charismatische Ausstrahlung. Mit seinen negativen Impulsen verbunden hätte er damit leicht Anführer der *Hells Angels* werden können. Als ich ihm das sagte, erwiderte er: „Du kannst dir nicht vorstellen, wie recht du hast!" Für ihn definierte sich das Gute im Hinblick auf das, was *er* wollte und was *er* dachte, Punkt Schluss. Er war so sehr auf sich, seine Bedürfnisse und seine Weltsicht bezogen und hatte einen derart rebellischen Geist, dass er zu allem bereit war, um seinen Willen, seine Ansichten und Entscheidungen durchzusetzen. Selten war ich in der konkreten Realität einer solchen Energie und Kraft im Wesen eines Menschen begegnet. Sein Vater besaß einen impulsiven, cholerischen, autoritären Charakter und konnte in manchen Situationen sogar diktatorische Züge an den Tag legen; Mike jedoch manifestierte diese Merkmale in hundertfacher Verstärkung. Mikes Vater war Berufssoldat und sein Großvater väterlicherseits hatte Selbstmord begangen. Dies war übrigens der Hauptgrund, warum die Eltern dem Sohn empfohlen hatten, mich um Hilfe zu bitten: Sie hatten große Angst, ihr Sohn könne sich ebenfalls umbringen, wodurch er den selbstzerstörerischen Drang im Familienkarma fortführen würde. Über Generationen hinweg war diese Familie auf Pflichterfüllung, Armeedienst und intensives Gerechtigkeitsstreben ausgerichtet gewesen, die jedoch mit Impulsivität, Strenge und Intoleranz durchgesetzt wurden, und die Menschlichkeit kam dabei zu kurz.

Wir gingen ruhig nebeneinander her und ich fühlte, dass ihm dieses gemächliche Tempo schwerfiel. Er hielt sich auch nicht zurück, es mir in einem sarkastischen und herablassenden Ton zu sagen. Wenn ein Mensch zu viele negative Erinnerungen und Kräfte angesammelt hat, spürt er ein starkes Bedürfnis nach Intensität. Das ist das Hauptmerkmal der Menschen, die sich nahe am Abgrund bewegen. So treiben sie sich ständig an und fordern den Tod auf verschiedene Art und Weise heraus – extreme Sportarten, übertriebenes Verhalten, exzessives Konkurrenzdenken –, was alle Beziehungen und Freundschaften abtötet.

Während unseres Gesprächs erkannte Mike nicht, was ich in seiner Gegenwart alles wahrnahm und tiefgründig analysierte. Es ist sehr wichtig, unsere Engelkräfte sowie unser multidimensionales Unterscheidungsvermögen, das wir dank unseren medialen Fähigkeiten entwickelt haben, mit Vorsicht und Diskretion einzusetzen. Außerdem sollte man immer neutral und demütig bleiben, ohne die Situation zu dramatisieren oder Angst um das Leben des anderen oder sein eigenes zu haben. Ich habe viele Kriminelle und Schizophrene kennen gelernt und konnte ihnen auf diese Weise helfen. Manche vertrauten mir an, Gewalttaten begangen zu haben, und jedes Mal brachte ich ihnen urteilsfrei und unvoreingenommen Liebe und Verständnis entgegen. Mike spürte, dass ich ihn schätzte, dass ich nicht nur seine Schwächen sah, sondern auch sein riesiges Potenzial.

In meinen Augen ist ein Mensch, der Schweres durchmacht, jemand, in dessen Seele ein Mutationsprozess abläuft. Ich betrachte die Prüfungen und das Böse nicht als etwas Dramatisches, da ich weiß, dass die Göttliche Gerechtigkeit sich im Leben jener, die auf dem Weg des Bösen mittels der Verzerrungen experimentieren und Erfahrungen sammeln, in konsequenter und strenger Weise manifestiert. Und weil ich mir der erzieherischen Rolle des Bösen bewusst bin, weiß ich auch, dass diese Menschen irgendwann ihre Umwege und Abweichungen vom Guten einsehen und den richtigen Weg suchen und begehen werden. Niemand ist auf ewig verdammt, jede Seele wird die Erleuchtung erlangen, zum Göttlichen Licht zurückfinden. Das ist für mich etwas Absolutes, auch wenn es mehrere Leben dazu braucht. Ich habe sowohl Verständnis für die Opfer wie auch für die Täter, denn diese beiden Extreme ziehen sich an wie Magnete, weil sie tiefgehende Resonanzen miteinander haben: Das Opfer war in einem früheren Leben ein Gewalttäter und erlebt jetzt die Folgen seiner damaligen Taten, während sein jetziger Aggressor die im Unbewusstsein des Opfers verdrängten Erinnerungen an seine ehemaligen Taten widerspiegelt und zum Ausdruck bringt. Selbstverständlich ist es ebenso unsere Aufgabe, die Opfer zu beschützen, ihnen zu helfen und großes Mitgefühl entgegenzubringen wie die Täter zu verhaften und sie bei der Umerziehung und Berichtigung ihrer Fehler zu unterstützen, damit sie ihre zerstörerischen Kräfte und Erinnerungen bereinigen und bessere Menschen werden können.

In einer einfachen und für ihn zugänglichen Sprache erzählte ich Mike von der Engelpsychologie, dem spirituellen Potenzial, das wir alle in uns tragen, und der Fähigkeit, unsere Erinnerungen durch die Engel-Rezitierübung zu bereinigen. Er kannte diese spirituelle Arbeitsweise, da seine Eltern sie benutzten, doch er hatte es immer abgelehnt, sie auszuprobieren. Ich spürte, dass er sich mir gegenüber zu öffnen begann und von einer enthusiastischen Energie beflügelt sagte er spontan: „Ich habe eine Idee… Ich könnte mich für vier Tage in ein Kloster zurückziehen!" Ich antwortete ihm, das sei eine gute Idee, wenn er sich wirklich innerlich zu diesem Rückzug berufen fühle. Er fügte hinzu: „Ich werde mir *Das Buch der Engel* von meinen Eltern ausleihen und es während meines Klosteraufenthaltes lesen." Am Ende unseres Austauschs schien er glücklich und von einer positiven Energie erfüllt. Im Laufe des gesamten Gesprächs hatte ich seine Lebensenergie gefiltert, indem ich den Engel 14 Mebahel anrief, dessen Göttliche Qualitäten die folgenden sind:

- ⊙ Engagement
- ⊙ Humanitäre Hilfe, Altruismus
- ⊙ Devise: Wahrheit, Freiheit, Gerechtigkeit
- ⊙ Bedingungslose Liebe
- ⊙ Aus den Höheren Welten erhaltene Inspiration
- ⊙ Befreiung der Unterdrückten und Gefangenen
- ⊙ Hilft den Menschen, die die Hoffnung verloren haben
- ⊙ Streben nach ausgleichender Gerechtigkeit, Genauigkeit, Präzision
- ⊙ Wiederherstellung der natürlichen Ordnung, ist bemüht, die gute, richtige Wahl zu treffen
- ⊙ Respektvoller Umgang mit der Umwelt
- ⊙ Exorzismus
- ⊙ Vermittlung, Schlichtung, Schiedsgericht
- ⊙ Reichtum und Fülle, Erhebung der Sinne

Die Arbeit mit diesem Engel hilft folgende menschliche Verzerrungen zu verwandeln:

- − *Fehlendes Engagement oder Tendenz, sich aus Engagements zurückzuziehen*
- − *Nichteinhalten der Versprechen und des gegebenen Wortes*
- − *Übermäßige oder nicht ausreichende Hilfeleistungen*
- − *Gefühl, abgelehnt oder nicht geliebt zu werden*
- − *Probleme mit der Wahrheit und der Justiz, Lüge, falsches Zeugnis, Verleumdung*
- − *Prozess, Anklage, Gefangenschaft*
- − *Übeltäter, Verbrecher*
- − *Gesetzwidrige Machtergreifung, innere Kämpfe, widrige Umstände, Unterdrückung*
- − *Teuflische Kräfte*
- − *Tyrann/Opfer-Dynamik*
- − *Tendenz, sich mit den sozialen Gesetzen und Konventionen zu identifizieren*
- − *Schwimmt gegen den Strom*

112

Ich bemerkte, dass Mikes Energie sich völlig verwandelt hatte, und der von ihm bekundete Hoffnungsschimmer war für mich ein weiteres durch die Engelarbeit bewirktes Wunder. Er zog sich tatsächlich in ein Kloster zurück und während er dort eines Nachts betete und den Himmel um Hilfe bat, besuchte ich ihn im Traum: *Ich lag meditierend auf einem Bett, als Mikes Vater zu mir kam und mich bat, seinem Sohn zu helfen. Ich sagte ihm meine Hilfe zu.* In einem weiteren Traumbild *sah ich den Vater besorgt, doch mit einer gewissen Würde angesichts seiner Prüfung dasitzen, während Mikes Mutter sehr verstört und unruhig war, wodurch sie viel zu emissiv reagierte und ihrem Sohn nicht helfen konnte. Mike war auch anwesend, er saß mit geballten Fäusten und am ganzen Körper zitternd da. Ich ging zum Waschbecken, füllte ein Glas Wasser und reichte es dem jungen Mann. Nach einigen Momenten des Zögerns ergriff er das Glas und trank es aus. Danach befand ich mich in einer Küche. Auf dem obersten Brett eines Regals standen Lautsprecher, aus denen eine sehr gewaltige, aggressive Musik drang. Ich stieg auf eine Leiter, um die Lautstärke zu reduzieren, was sich als schwierig herausstellte, so kraftvoll und diabolisch war der Sound, der die Intensität der negativen Stimmung des jungen Mannes wiedergab.* In der folgenden Szene *war ich mit Mike im Gespräch und er erzählte mir, dass er seinen Vater sehr bewundere, der in der kanadischen Armee Karriere gemacht hatte. Danach erblickte ich den jungen Mann neben einem Getränkeautomaten, der Energiedrinks enthielt.* – Dieses Bild offenbarte, dass Mike aufgrund des nun leiseren diabolischen Sounds in seinem Kopf seine innere Arbeit fortsetzen konnte, indem er lernte, seine Aggressivität und seine starke emotionale Last mit Hilfe des Sports zu kanalisieren. In der letzten Szene *sah ich Mike in die kanadische Armee eintreten und so dem Beispiel seines Vaters folgen.*

Nach Mikes Rückkehr aus dem Kloster riefen mich seine Eltern an, um mir mitzuteilen, dass ihr Sohn strahlend zurückgekommen sei und seine Lebensfreude wiedergefunden habe. Er hatte ihnen anvertraut: „In meinem Kopf dreht es sich nicht mehr, ich fühle mich befreit." Ohne meinen Traum zu erwähnen, legte ich ihnen nahe, dass der Dienst in der kanadischen Armee Mike gut täte, da er so ein Ziel und ein intensives Training hätte, die ihm helfen würden, mit seiner inneren Kraft umzugehen. Einige Monate später erfuhr ich, dass er in die Offiziersschule der kanadischen Armee aufgenommen worden war und eine Militärlaufbahn eingeschlagen hatte. Es berührte mich sehr, als seine Familie mich zu seiner Graduierung einlud.

Der Himmel gestattete mir, seinen Entwicklungsverlauf über die Jahre hinweg im Traum zu verfolgen und noch heute helfe ich ihm gelegentlich, ohne dass er sich dessen bewusst ist. Vielleicht entdeckt er es eines Tages bei der Lektüre dieses Buches, doch dann wird er auch bereit sein, es zu erfahren. Ich wusste, dass trotz der Umwege, die er nahm, eines Tages sein immenses Potenzial zum Ausdruck kommen und den Menschen offenbaren würde, der er heute ist. Auf seinem Weg stellten sich weitere Prüfungen ein, die er alle bestand und dadurch in seinem Lebensprogramm kontinuierlich weiterkam. Im Gegensatz zu dem Mann, dem ich bei der Heilung seines Gehirntumors half, engagierten sich Mikes Eltern aktiv in der humanitären Hilfe. Beide unterstützen andere Menschen, sowohl der Vater, der jetzt in Rente ist, als auch die Mutter, die in einem Gefängnis für minderjährige Schwerstkriminelle, darunter auch Mörder, arbeitet. Die Ausstrahlung dieses Ehepaares ist beispielhaft und für ihre Mitmenschen sehr inspirierend. Durch die Arbeit mit den Engeln konnten sie sich verwandeln und von ihrem familiären Karma befreien. Es lag in meiner Verantwortung, ihrem Sohn beizustehen, doch diese Aufgabe hätte genauso gut auch jemand anderes übernehmen können. Es gibt in den Parallelwelten Tausende Geistige Führer, die über uns wachen, weshalb es wichtig ist, sich nicht für unersetzlich zu halten und immer zu bedenken, dass die von uns geleistete Engelarbeit auch unserer eigenen Entwicklung dient. Jedes Mal, wenn wir einem Menschen helfen, erhalten wir selbst wichtige Lehren.

41- Der Prozess von O.J. Simpson

Im Zusammenhang mit dem Mord an seiner Frau wurden der strafrechtliche und der zivilrechtliche Prozess des Footballspielers O.J. Simpson von 1995 bis 1997 durch die amerikanischen Medien bis ins kleinste Detail verfolgt und selbst die internationale Presse berichtete darüber. Die öffentliche Meinung war entrüstet, als O.J. Simpson trotz der vor dem Strafgericht angeführten Beweise aufgrund juristischer Schachzüge freigesprochen wurde. Obwohl ich gelegentlich in den Nachrichten darüber hörte und im Laufe dieser zwei Jahre mehrere Träume bekam, in denen ich O.J.

besuchte, hatte ich kein besonderes Interesse daran, diesen Fall zu verfolgen. Ich lebte zu jener Zeit sehr zurückgezogen in den USA und arbeitete Tag und Nacht an der Entwicklung meines Bewusstseins. Ich erforschte vor allem die kollektive Ebene und studierte in den Parallelwelten die den irdischen Geschehnissen zugrundeliegenden Dynamiken.

Das Urteil im Zivilprozess gegen O.J. Simpson wurde am 6. Februar 1997 gesprochen und in der Nacht davor *befand ich mich mit ihm gemeinsam in einem Raum. Ich war weiß gekleidet. Er saß vor mir und schaute mich angstvoll an. Mit einem wohlwollenden, aber streng Ton sagte ich zu ihm: „Jetzt reicht es! Du musst für dein Verbrechen bezahlen. Der Schleier wird sich heben."* Da ich wusste, dass das Urteil verkündet werden würde, schaltete ich am nächsten Morgen den Fernseher an und sah die Direktübertragung seiner Verurteilung.

Dieses und ähnliche Erlebnisse stellten für mich großartige Lernquellen dar, durch die ich erkannte, wie die kollektiven Dynamiken funktionieren und sich die weltweiten Ereignisse in den metaphysischen Dimensionen vorbereiten. Es faszinierte mich, meine Handlungen im Traum zu sehen und anschließend ihre Auswirkung in der konkreten Welt zu verfolgen. Zu Beginn dieser das Kollektiv betreffenden Experimentiererfahrungen weiß man auf der Ebene des bewussten Seins nicht, was man zu tun hat, doch sobald man sich in der Traumrealität befindet, vollbringt man die notwendige Geste ganz intuitiv; d.h. man kann in den metaphysischen Dimensionen mit einem engelhaften Bewusstsein handeln, selbst wenn man es in der konkreten Wirklichkeit noch nicht völlig entwickelt und integriert hat. Man kann sich im Traum handeln, eingreifen, helfen, heilen usw. sehen, so als ob man alles wüsste. Ich persönlich wollte O.J. Simpson nicht verurteilen, ich hatte mir nicht einmal eine Meinung über seinen Fall gebildet, da es mir unmöglich war, sicher zu wissen, ob er schuldig war oder nicht. Aber im Traum ist das eine ganz andere Sache: Wenn die Kosmische Intelligenz uns den Zugang zum kollektiven Programm ermöglicht, aktiviert sich das in uns enthaltene Allwissen. Durch unseren Anschluss an den Kosmischen Computer können wir erleben, wie wir zu einem Programm werden, und Eingebungen, notwendige Kenntnisse oder versteckte Informationen in Bezug auf eine Situation erhalten und so die Wahrheit erfahren. Mit der

Zeit werden diese Mechanismen bewusster und eines Tages sind wir in der Lage, uns während der Meditation in Wachträumen an den Kosmischen Computer anzuschließen, bestimmte Daten zu überprüfen und anschließend auf der Erde entsprechend zu handeln. Auf diese Weise haben wir Zugang zu Vergangenheit, Gegenwart und Zukunft und können erfassen, was war, ist und sein wird. Die Engelkräfte sind unermesslich und sie entfalten sich durch unsere innere Arbeit und die Integrierung der Göttlichen Qualitäten mittels der Engel-Mantras immer weiter.

Die kollektive Arbeit in den feinstofflichen Welten ist faszinierend. Sie offenbart uns den Schöpfungsplan, die Funktionsweise der Göttlichen Gerechtigkeit sowie die Wechselwirkung zwischen Gut und Böse und führt uns zum Verständnis, dass diese beiden Konzepte natürliche Evolutionskräfte sind. So entwickelt man allmählich Liebe und Mitgefühl für alles, was existiert.

42- Mit der Verführung ist es nun vorbei

Nach meiner Trennung wohnte ich zeitweise bei einem befreundeten Zahnchirurgen, der sich auch gerade getrennt hatte und eine schwierige Phase durchmachte. Wir waren sehr verschieden: ich introvertiert, zurückgezogen und aufs Meditieren und Beten konzentriert, während er seinen Schmerz nach außen lebte, viel Boot fuhr und ständig in Aktion war. Trotz unserer so unterschiedlichen Persönlichkeiten verband uns eine aufrichtige Freundschaft, die heute noch besteht, auch wenn wir uns nicht mehr oft sehen.

Eines Tages kam er strahlend zu mir und sagte: „Ich bin heute Abend mit einer Frau verabredet." Sehr selbstsicher fügte er lächelnd hinzu, dass er wahrscheinlich über Nacht bliebe, zumindest hoffe er das. Wohlwissend, dass der Wiederaufbau seiner Seele nicht beendet war und er noch immer unter seiner Trennung litt, schaute ich ihm in die Augen und stellte folgende Fragen: „Bist du sicher, dass das eine gute Idee ist? Liebst du diese Frau wirklich? Genug, um dein Leben mit ihr zu teilen?" Er kannte meine moralische und ethische Einstellung zu dem Thema sehr gut, weshalb er nur ausweichend, etwas sarkastisch und mit einem rebellischen Unterton antwortete: „Es stimmt, dass ich sie nicht liebe, aber man kann im Leben doch Spaß haben… da ist nichts Böses dabei…" Von seiner Äußerung überzeugt und sich sicher, dies sei besser, als wie ich seine Zeit allein zu verbringen, machte er sich auf den Weg. Auch wenn er mir viel Liebe und Respekt entgegenbrachte, so war ich in seinen Augen zu verschlossen und meine Einstellung übertrieben.

Ohne dass dies meine Absicht gewesen wäre, sah ich ihn in der Nacht in einem Traum. *Ganz in weiß gekleidet, befand ich mich in der Nähe eines Hauses, an dem ein Fenster komplett entfernt worden war. Von draußen konnte ich hineinschauen und sah meinen Freund in einem Zimmer, wo er gerade das Liebesspiel mit der Frau seiner Verabredung begann. Diese hatte eine weniger präsente Energie als er. Ich sah, wie ich mit meiner Hand ein strahlendes Licht über seinem Körper und im Zimmer ausbreitete.*

Am nächsten Tag kam er spätvormittags wie immer gut gelaunt nach Hause. Er pflegte eine sehr positive Einstellung zu allem, war eine schöne Seele, doch zur damaligen Zeit etwas oberflächlich. Oft trug er seine Erfolgsmaske und wollte um jeden Preis als unerschütterlich gelten. Herzlich grüßend kam er zu mir in den Garten, wo ich gerade meditierte, und setzte sich in den Autoreifen, der als Schaukel diente. Ich erzählte ihm von meinem Traum. Er musste laut lachen und vertraute mir dann an, dass während des Sexualakts mit dieser Frau alles gut zu laufen schien, bis plötzlich seine Erektion sehr rapide verschwand und er überhaupt nicht verstand, was da geschah. Es war das erste Mal, dass ihm so etwas passierte, und er war sehr geniert. Die Vorstellung, ich hätte diesen intimen Augenblick mitverfolgt, brachte ihn erneut zum Lachen.

43- Die Geburt meines Neffen

Durch die Traumarbeit und meine verschiedenen Erfahrungen in den anderen Realitäten gewann ich allmählich Vertrauen in das Potenzial, das ein engelhaftes Bewusstsein mit sich bringt, sowie in die umfassenden Fähigkeiten, die man dadurch entwickeln kann. Ich schrieb all meine Träume und meine Handlungen in den Parallelwelten auf und meditierte über jede Erfahrung, um sie bis ins kleinste Detail zu verstehen. Die Dutzende von Träumen, die ich jede Nacht erhielt, und die Wachträume in meinen Meditationen ließen die Anzahl der Reisestunden durch die Dimensionen kontinuierlich steigen. Manchmal fühlte ich mich wie ein multidimensionaler Pilot mit einem gut gefüllten Flugstundenheft!

Mehrere meiner ersten Erfahrungen auf dem Gebiet der Engelhilfe in den Parallelwelten betrafen meine Schwester Nathalie, zu der ich eine freundschaftliche, vertrauensvolle, multidimensionale Verbindung habe. Sie war meine erste Schülerin und eine der ersten Seelen, denen ich im Traum und in den Parallelwelten beistand. Bei der Geburt ihrer Tochter Ariel Mikaël und ihres Sohnes Gabriel Menadel (meine Schwester und ihr Mann haben bewusst Engelnamen für ihre Kinder gewählt) hatte ich die Möglichkeit, die Ereignisse im Traum zu beobachten, während Christiane in der konkreten Wirklichkeit im Entbindungssaal mit dabei war. Auch diesmal war es nicht mein persönlicher Wunsch gewesen, auf der Traumebene den Geburten beizuwohnen, es geschah einfach.

Als meine Schwester für die Geburt ihres Sohnes im Krankenhaus war, erhielt ich folgenden Traum: *Bei seiner Ankunft auf der Erde war Gabriel nicht einfach ein kleines Baby, sondern schon ein Kind zwischen sieben und acht Jahren. Ich spürte, dass er ein großes Potenzial in sich trug und sehr sensibel war. Anschließend sah ich ihn in ein Glas Milch fallen und er hatte Angst, von seinem Vater getrunken zu werden.*

Da ich zum Zeitpunkt dieses Traum schon mit der Symbolik vertraut war, wusste ich, dass er mir die Parameter des Lebensprogramms meines Neffen aufzeigte, die Erinnerungen, die er transzendieren musste, um sich weiterzuentwickeln. Die Tatsache, dass er bei seiner Geburt nicht wie ein Baby, sondern schon wie ein mehrjähriges Kind aussah, kündigte an, dass er frühreif und weise sein würde, was tatsächlich der Fall ist. Seine große Sensibilität, die ich in diesem Traum gespürt hatte, manifestierte sich ebenfalls: Er ist unter anderem allergisch auf Kuhmilch und hat auch Asthma. Dies wurde im Traum dadurch offenbart, dass er in ein Glas Milch fiel, wobei die Milch, wie alle Flüssigkeiten, die Gefühle versinnbildlicht. Ihre weiße Farbe bezieht sich auf die Spiritualität und die Suche nach Reinheit, und da es ein Nahrungsmittel ist, betrifft es seine Bedürfnisse im Bereich der Ernährung. Seine große Rezeptivität bewirkt jedoch die Tendenz, auf der emotionalen und instinktiven Ebene (da die Milch von der Tierwelt kommt, welche die instinktive Lebensenergie symbolisiert) zu sehr mit den anderen zu verschmelzen, sich mit den Gefühlen, die er bei ihnen wahrnimmt, symbiotisch zu verbinden und dadurch Gefahr zu laufen, seine eigene Persönlichkeit zu verlieren. Die Angst, von seinem Vater getrunken zu werden, betraf nicht direkt seinen Vater auf der konkreten Ebene, sondern wies darauf hin, dass diese Dynamik sich im Allgemeinen beim Handeln manifestieren würde, denn der Vater ist ein Symbol der Handlung und der konkreten Verwirklichung. Der Traum kündigte auch an, dass bei Gabriel die Fähigkeit des Hellfühlens stark entwickelt sein würde, so sehr, dass er, ohne sich dessen bewusst zu sein, in die Energie der anderen eindringen konnte. Aus diesem Grunde würde er mit reinem, authentischem spirituellen Wissen genährt werden müssen, um sich innerlich zu festigen und seine metaphysischen Grenzen klar definieren zu können.

Gabriel ist tatsächlich außergewöhnlich sensibel und rezeptiv. Dies wird durch eine große Bewusstseinsöffnung hervorgerufen, die eine der wichtigsten Wesenszüge der Neuen Kinder darstellt, welche die Personen und Situationen um sie herum wahrnehmen, indem sie mit ihrem Umfeld verschmelzen. Man kann sie mit *E.T.*, dem Außerirdischen im gleichnamigen Film von Steven Spielberg, vergleichen, der alles, was sein menschlicher Freund Elliot erlebt, denkt und fühlt, spürt und wie ein Schwamm aufnimmt. In meiner Kindheit und Jugend war ich genau so: allergisch auf alles... sensibel... ich tat alles, um die Leute zufriedenzustellen, um ihnen zu gefallen oder sie zum Lachen zu bringen. Ich hatte zahlreiche Persönlichkeiten, die sich entsprechend den Menschen, mit denen ich zusammen war, manifestierten. Ich erfasste ihre Verhaltensmuster und -dynamiken so intensiv, dass ich mit ihnen energetisch verschmolz. Mein Benehmen widerspiegelte, was ich um mich herum und ihm Unbewusstsein der anderen wahrnahm und wie ich darauf reagierte. Manchmal war ich selbst überrascht: So konnte ich zum Beispiel in Anwesenheit einer intellektuellen Person eine gebildete Sprache benutzten und einen ausgesuchten Wortschatz, den ich vorher noch nie gehört hatte; wenn jedoch mein Gegenüber mich für gewöhnlich hielt und kein Vertrauen in mich hatte, verlor ich meine Fähigkeiten und mein Selbstbewusstsein vollkommen. Es war eine langwierige Arbeit, um diese Verhaltensweisen zu verstehen und neu zu programmieren. Ich erkenne mich sehr gut in meinem Neffen Gabriel wieder sowie in all den Neuen Kindern, die werdende Engel auf Erden sind...

ich etwas extremistisch. Im Grunde genommen wollte ich ihnen helfen, sie dazu bringen, sich zu läutern und innerlich zu reinigen. Während der Versammlungen in der Buchhandlung und im Restaurant versuchte ich einige Male auch über meinen spirituellen Weg zu reden, spürte jedoch sehr schnell, dass meine Äußerungen nicht gut ankamen und die Leute meine Fragen nicht mochten. Am Anfang dachte ich, sie hätten Antworten, die sie geheim hielten, so wie manche Priester und Mönche, denen ich begegnet war, aber mit der Zeit wurde mir klar, dass dies nicht der Fall war. Viele Menschen tun so, als hätten sie ein Wissen, und nutzen die Spiritualität, um sich einen *Titel* zu verleihen, von den anderen als *Meister* angesehen zu werden und so ihr Ego zu nähren.

Es gibt erstaunlich viele Menschen, die sich als Therapeut ausgeben und dabei aber kränker sind als ihre Patienten. Selbstverständlich gibt es auch sehr gute Therapeuten. Man kann zunehmend beobachten, wie Therapeuten mit einem herkömmlichen und oftmals starren Ansatz oder aber mit einer oberflächlichen, prinzipienlosen Vorgehensweise durch ihre eigenen Kinder ersetzt werden, die ihrerseits das Thema Heilung mit einem größeren Bewusstsein und reineren Absichten angehen bzw. angehen werden. Sie lehnen die Spiritualität ihrer Eltern sehr oft ab, weil sie ihnen zu feenhaft und unglaubwürdig ist. Und sie haben Recht. Meiner Meinung nach ist ein authentischer Therapeut zuallererst ein Mensch, der an sich arbeitet, um die Qualitäten und Tugenden zu entwickeln und seine eigenen Verzerrungen, Fehler und Schwächen zu verwandeln. Erst dann kann er seinen Mitmenschen eine wahre, umfassende Lebenshilfe anbieten und ein inspirierendes Beispiel für seine Patienten sein.

45- Ein aufschlussreicher Workshop

Nach unserer Heirat arbeitete ich mit Christiane zusammen an der Verbreitung des Wissens über die Engelbewusstseinszustände. Zu jener Zeit fühlte ich mich unwohl bei dem Gedanken, vor Menschengruppen zu sprechen, und deshalb hielt Christiane die Vorträge. Sie bereitete auch die ausgewählten Themen vor und ich half ihr, sie durch tiefgründige Lehren und Erkenntnisse zu ergänzen, die ich in meinen Träumen erhielt. Ich hatte ein oder zwei Mal versucht, während eines Vortrags von Christiane bei vollem Saal einen Beitrag zu leisten. Doch aufgrund meiner hohen Rezeptivität fühlte ich, wenn Menschen im Saal skeptisch waren, mich ablehnten oder sich verschlossen; ich blieb dann auf ihre negativen Gedanken und Gefühle fokussiert und wurde einfältig sowie unfähig, zusammenhängend zu sprechen oder standhaft bei meinen Ideen zu bleiben. Ich bemerkte das sehr schnell, denn ich hatte dasselbe Problem, als ich jünger war und während meiner Künstlerkarriere. Wenn ein Radio- oder Fernsehmoderator bei einem Interview nicht in Symbiose mit mir war, sog ich sein mangelndes Interesse in mich auf und das blockierte meine Fähigkeit, mich zu äußern. Diesen Mangel an Emissivität habe ich im Laufe der Jahre berichtigt und ausgeglichen, aber es hat eine gute Weile gedauert, bevor ich meine große Sensibilität und ihre Auswirkung auf meine Interaktion mit anderen verstehen und richtig handhaben konnte. Heute ist meine multidimensionale Rezeptivität meine stärkste Kraft und das Resultat zahlreicher Jahre intensiver Arbeit an mir selbst.

Ich begann mit ersten Beiträgen während Christianes Workshops. Dabei machte ich eine Erfahrung, die mich erkennen ließ, dass ich meine Kenntnisse bezüglich der Arbeit mit den Engeln und der Symbolsprache mit mehr Weisheit vermitteln musste. Christiane führte den größten Teil des Workshops durch, weil ich mich noch nicht bereit fühlte, längere Abschnitte zu übernehmen. Außerdem unterrichtete sie schon damals sehr gut und man spürte bei ihren Vorträgen die Freude und die Reinheit ihrer Seele durch ihr ganzes Wesen hindurch. In der Nacht vor meinem Beitrag hatte ich die Idee, alle Teilnehmer im Traum zu besuchen und ihnen dann in der konkreten Wirklichkeit meine Wahrnehmungen mitzuteilen. Ich war überzeugt, es würde sie glücklich machen, doch das Gegenteil geschah: Alle waren erstarrt und ich musste erkennen, dass es nicht richtig war, all diese Informationen preiszugeben, auch wenn sie der Wahrheit entsprachen. Das war für mich eine intensive, bedeutungsvolle Bewusstwerdung! Es war zwar nichts Gravierendes passiert, denn alles lief auf der feinstofflichen Ebene ab, doch diese Erfahrung offenbarte mir die Bedeutsamkeit der spirituellen Autonomie, die heute den Kernpunkt unserer Lehre ausmacht. Ich beschloss danach, vielmehr den Menschen zu erklären, wie sie durch die Arbeit mit den Engelenergien unter Beachtung ihres eigenen persönlichen Entwicklungsrhythmus auf der spirituellen Ebene selbständig werden und ihre eigenen Antworten finden können.

46- Es gibt keine Irrtümer oder Fehler

Es ist leicht, Fehler und Irrtümer zu begehen bei unseren Experimentiererfahrungen, durch die wir lernen und uns weiterentwickeln, und es bedarf großer Demut, diese einzusehen und zuzugeben. Wenn man mit den Engeln arbeitet, um die Göttlichen Bewusstseinszustände zu integrieren und auszustrahlen, ist die Demut unabdingbar. Die Engelskräfte, die sich dann in uns aktivieren, sind sehr machtvoll und offenbaren die Wahrheit auf allen Ebenen, enthüllen alles, was falsch, verzerrt und nicht authentisch ist. Versteht man die Symbolsprache, so ist man imstande, die der Schöpfung zugrundeliegenden Archetypen zu erkennen und sich selbst im großen kosmischen Spiegel wahrzunehmen; man entdeckt dann, dass das Kleine im Großen enthalten ist und umgekehrt. Diese Erkenntnis führt letztendlich zum Verständnis, dass es eigentlich weder Fehler noch Irrtümer gibt. Wir sind immer am Experimentieren, Erforschen und Testen, um zu lernen und uns auf diese Weise weiterzuentwickeln. In diesem Sinne hat das, was wir einen *Irrtum* oder *Fehler* nennen, sehr wohl seinen Platz im Kosmischen Plan. Mit anderen Worten, die Irrtümer und Fehler sind in den von der Kosmischen Intelligenz gesteuerten Entwicklungsvorgängen gestattet, ja sogar vorgesehen. Sie sind jedoch nicht notwendig, und in dem Maße, in dem sich unser menschliches Bewusstsein in ein engelhaftes Bewusstsein verwandelt, werden wir fähig, sie zu vermeiden, indem wir uns von unserer Intuition sowie den Eingebungen, Zeichen und Träumen führen lassen. Es ist auch wichtig zu wissen, dass der Himmel eingreifen und uns wie Roboter bewegen und umlenken kann, wenn wir etwas entscheiden oder tun wollen, das schwerwiegende Konsequenzen für unsere Zukunft hätte oder uns von unserem Lebensplan abweichen ließe.

Die Tatsache, dass *es keine Irrtümer und keine Fehler gibt*, ist ein grundlegendes Konzept, das man unbedingt integrieren sollte. Deshalb ist es wichtig, über seine tiefe Bedeutung zu meditieren, wobei man es durch den Zusatz *es gibt nur Experimentiererfahrungen* ergänzen könnte.

47- Und wenn wir ertrinken?

Einmal in einem Traum schwamm ein Geistiger Führer neben mir. Ich wusste, dass ich in einer Parallelwelt war und teilte ihm meine Eindrücke mit. Ich war fasziniert, dass das Wasser so echt wirkte, als sei es dasselbe wie auf der Erde. Es gab scheinbar keinen Unterschied zwischen dem Schwimmen in einem Gewässer auf der Erde und dem Schwimmen in seiner Begleitung im Wasser dieser Welt. Ich fragte ihn: „Und wenn ich aufhöre zu schwimmen, was passiert dann hier mit mir... gehe ich unter? Ertrinke ich?" In seiner Antwort konnte ich seine ganze Weisheit und Erfahrung spüren: „Ja, du gehst unter, du ertrinkst und wirst automatisch in eine andere Welt versetzt."

Beim Aufwachen war ich von dieser neuen Erfahrung völlig verblüfft. Seine Antwort machte so viel Sinn... der Tod ist ganz einfach nur ein Übergang. Wenn man ertrinkt, gelangt man ganz automatisch in eine andere Seinsebene, wo man weiterlebt. Der Tod ist nicht das Ende des Lebens. Das, was man auf der physischen Ebene als Tod bezeichnet, ist lediglich eine Veränderung der Schwingungsfrequenz, durch die man in eine andere Dimension eintritt. Nachdem er seine irdische Hülle verlassen hat, bewohnt der Geist einen anderen Körper aus feinstofflicher Energie, mit dem er seine Existenz fortführt. Selbstverständlich darf man nicht mit dem Tod spielen, denn wenn man sich mit der Absicht umbringt, zu erfahren, was es im Jenseits gibt, wird man nicht in eine wunderbare Welt gelangen, sondern in eine Welt, deren Schwingungsfrequenz dem entspricht, was man in seinem Herzen und Kopf trägt. Das Leben ist heilig und muss jederzeit und unter allen Umständen respektiert werden. Sich zu viel Wissen und Kenntnisse auf einmal aneignen zu wollen kann eine große Gefahr für die Seele darstellen. Es ist wichtig, die Erfahrungen und Lehren schrittweise zu uns gelangen zu lassen und nicht zu vergessen, dass das *Spiel des Lebens* zum Ziel hat, die Regeln von Gut und Böse zu entdecken.

48- Welchen Namen willst du?

Ganz am Anfang meiner Bewusstseinsöffnung erhielt ich einen Traum, in dem *ich zum ersten Mal einem Geistigen Führer der Parallelwelten begegnete. Ich war so tief bewegt, dass ich Tränen vergoss, während ich ihm für seine Gegenwart dankte. Er trug normale Klei-*

*dung und hätte ebenso gut ein Angestellter einer Firma sein können. Nachdem sich mein emotionaler Überschwang beruhigt hatte, fragte ich ihn nach seinem Namen und er antwortete: „Welchen Namen willst du?" * Ich wachte auf und das soeben Geträumte schien mir so wirklich wie das konkrete Leben.

Tagelang dachte ich über meine Frage und die erhaltene Antwort nach. Viele Menschen empfangen im Traum einen Namen oder hören eine Stimme einen Namen aussprechen und sie glauben dann, es handle sich um ihren Geistigen Führer. Sie klammern sich an diesen Namen und identifizieren sich total damit, ohne zu erkennen, dass er in symbolhafter Weise lediglich einen Teil ihres Bewusstseins, einen Aspekt ihrer Persönlichkeit darstellt.

Damit verhält es sich genauso wie mit den uns bekannten Menschen, die in unseren Träumen auftauchen und deren Benehmen, Wesenszüge sowie die Bedeutung, die sie für uns haben, Facetten unseres eigenen Wesens enthüllen. Begegnet man im Traum dagegen einer unbekannten Person oder jemanden, dessen Namen man nicht kennt, so ist dies ein Hinweis, dass man unbekannte oder vergessene Aspekte seiner selbst entdeckt, dass gerade ein neues Programm aktiviert wurde oder eine frühere, lange nicht beachtete Persönlichkeit aus unserem Unterbewusstsein auftaucht. Es ist wesentlich, dieses Phänomen richtig zu verstehen. Meine Frau Christiane und ich, meine Tochter Kasara und ihr Partner Anthony ebenso wie andere Lehrer und Mitglieder des UCM-Teams erscheinen manchmal als Symbol in den Träumen von Menschen, die mit den Engeln arbeiten. In diesen Fällen ist es ratsam, auf sich selbst zurückzuschließen und sich zu fragen: „Was bedeutet diese Person für mich?" Gewöhnlich sind die Lehrer der UCM spirituelle Symbole und versinnbildlichen die Bewusstseinsentwicklung und den Einweihungsweg mit den Engeln. Folglich offenbaren sie dem Träumer Aspekte seines Wesens im Zusammenhang mit der Spiritualität. Manche Menschen, die einen Traum erhalten, in dem ich vorkomme, denken, dass ich sie im Traum besucht habe, aber das ist nicht unbedingt der Fall. Ich tauche in den Träumen auf die verschiedensten Arten und Weisen auf. Jemand könnte mich beispielsweise als Alkoholiker sehen und da ich selbst keine diesbezüglichen Probleme habe, würde das bedeuten, dass dieser Mensch auf der spirituellen Ebene emotional abhängig ist. Aber auch die Geistigen Führer der Parallelwelten könnten mein

Aussehen annehmen, um der betreffenden Person eine Botschaft zu übermitteln.

Als Therapeut ist es wesentlich, den anderen nicht ihre Macht zu nehmen; zum Beispiel, wenn ein Patient seinem Therapeuten anvertraut, er habe von ihm geträumt. In diesem Fall sage ich der Person jeweils, dass sie meine Anwesenheit im Traum als Teil von sich selbst ansehen und analysieren müsse, und ebendies der Grund des Traumes sei. Wenn ich diesen Menschen tatsächlich im Traum besucht habe und er mich anschließend testet, um zu erfahren, was ich ihm sagen werde, oder wenn ich spüre, dass er durch meine Anwesenheit beeindruckt und in unbewusster Weise versucht ist, mir seine Macht abzugeben, dann helfe ich ihm, auf sich selbst zurückzuschließen, indem ich ihm sage, ich hätte ihn nicht im Traum besucht, selbst wenn dies der Fall gewesen war. Alle Wahrheit muss nicht unbedingt gesagt werden, insbesondere wenn sie der Weiterentwicklung des anderen schadet. Ich ziehe es vor, weniger wichtig zu erscheinen, als einen Menschen zu schwächen, indem ich ihm erlaube, mir seine Macht zu übertragen. Ich enthülle meine engelhafte Arbeit nur sehr selten und es ist für mich ungewöhnlich, mich so preiszugeben, wie ich es in diesem Buch tue. Der einzige Grund, weshalb ich diese persönlichen Informationen enthülle, ist die Hoffnung, andere Menschen entdecken zu lassen, wie man mit den Engeln auf der Erde arbeiten kann, und ihnen sowie den zukünftigen Generationen zu helfen, den wahren Sinn der Engel zu verstehen.

KAPITEL SECHS
DAS LEBEN IM VERBORGENEN

Dieses Kapitel legt die Erkenntnisse von Kayas langen und tief-gründigen Überlegungen bezüglich der Art und Weise dar, wie man die entwickelten Engelkräfte und -qualitäten im Umgang mit den Mitmenschen und in der Gesellschaft einsetzt. Nach einigen schwierigen Erfahrungen mit den Medien reift in Kaya der Entschluss, im Verborgenen zu leben und nicht mehr über seinen spirituellen Entwicklungsweg zu sprechen. Erst 12 Jahre später wird er wieder ein Interview in den Medien geben. In diesem Kapitel teilt er mit, was die Engelarbeit in ihm ausgelöst hat und wie er sich dadurch veränderte.

49- Von FM zu K

Im Laufe meiner spirituellen Verwandlung trat das Bedürfnis, mein Leben zu ändern, in meinem Geist immer stärker in den Vordergrund. Mein Unbewusstsein öffnete sich und ich spürte, dass das Dasein, wie ich es führte, keinen Sinn mehr machte. Ich verleugnete keineswegs, wer ich gewesen war, denn ich wusste, dass jede Etappe meines Werdegangs ihre Bedeutung und ihren

Platz in meiner Geschichte hatte, doch es gelang mir nicht mehr, mit der großen Verschiebung zurechtzukommen, die zwischen meiner Innenwelt und meiner Funktionsweise in der Außenwelt entstanden war.

Meine engelhafte Sichtweise der Dinge führte zu einer völlig anderen Wahrnehmung des Alltags. Was von nun an für mich Vorrang hatte, war die Entwicklung der Göttlichen Qualitäten, die Verbesserung meiner Seele, die Vervollkommnung meines Wissens sowie der Wunsch, weiterhin in den Parallelwelten zu helfen und zu heilen. Ich lebte völlig zurückgezogen, in Meditation und Gebet, und diese Lebensweise war für mich ganz natürlich, denn sie entsprach meiner wahren Identität. Da ich wenige Bücher über die verschiedenen spirituellen Kulturen und Traditionen gelesen hatte, wusste ich nicht, dass man einen anderen Namen bekam, wenn man einer Gemeinschaft beitrat. Ich erfuhr, dass dies seit Urzeiten so üblich war. Traditionsgemäß nehmen sowohl die tibetischen Mönche als auch die christlichen Schwestern und Brüder eine neue Identität an, wenn sie das Versprechen eingehen, dem Himmel auf Erden zu dienen.

Ich verstehe heute, dass dies dem Bedürfnis entspricht, ein Lebenskapitel abzuschließen und ein neues zu beginnen, denn sobald unser spirituelles Bewusstsein erwacht, aktivieren sich in uns neue Wahrnehmungen, die unsere Lebensweise vollkommen verändern. Es ist schwierig, nachzuvollziehen, was ich zum Ausdruck bringen möchte, wenn man diesen spirituellen Ruf noch nicht selbst erfahren hat. Die Menschen, die in umfassender Weise an ihrer spirituellen Entwicklung arbeiten, stoßen oft auf Unverständnis und Spott. Dabei kann man ihre neue Ausrichtung mit einem Berufswechsel vergleichen: Nachdem sie erst einen Beruf ausübten, der dem Wunsch der Eltern oder den Erwartungen des Umfeldes entsprach, sie aber nicht glücklich machte, beschließen sie, sich umzuorientieren und das zu tun, was sie wirklich lieben.

Die zahlreichen Bewusstseinsveränderungen, die ich durchlief, sowie die Reaktion der Menschen darauf haben mich gelehrt, was eine tiefreichende Verwandlung bewirkt und auf der sozialen Ebene nach sich zieht. Ich empfinde nun sehr viel Mitgefühl für all jene, die am Rande der Gesellschaft leben und aus allerlei Gründen (Krankheit, Behinderung, Homosexualität, Glauben, Überzeugungen usw.) von ihrer Familie und dem Umfeld abgelehnt, verkannt oder ausgeschlossen werden. Unter dem Stern der Verwandlung geboren zu sein ist kein leichtes Lebensprogramm.

Von meinem mystischen Elan und meiner engelhaften Veränderung getragen, entschied ich, ein Pseudonym anzunehmen und den Künstlernamen Francis Martin, unter dem ich damals lebte, abzulegen, weil er mir nicht mehr entsprach. Es war mir unmöglich geworden, mich mit dieser selbsterschaffenen Persönlichkeit weiterhin zu identifizieren. Der *Francis Martin*, den die Leute kannten, entsprach nicht dem Menschen, der ich wirklich war. Er war lediglich die Künstlermaske einer Persönlichkeit, die der Rolle entsprach, welche ich nach und nach gestaltet und gespielt hatte, während ich gleichzeitig meine Spiritualität tief in mir verbarg. Natürlich rate ich heute niemandem, der ein spirituelles Erwachen erlebt, seinen Namen zu ändern, denn eine solche Entscheidung kann für manche Menschen schwer lösbare Probleme schaffen. Es ist durchaus nicht notwendig, sein Leben derart auf den Kopf zu stellen. In meinem Fall schützten mich die Himmlischen Mächte, doch ich gebe zu, dass ich mich in dieser Erfahrung gänzlich hätte verlieren können.

Die Gesellschaft versteht und akzeptiert es eher, wenn jemand seinen Namen wechselt, um Mönch zu werden oder in einen religiösen Orden einzutreten. Bei mir war das anders, denn ich gehörte keiner Religion und auch sonst keiner spirituellen Gruppe oder Bewegung an. Ich machte meine spirituelle Entwicklung im Alleingang. Das Unverständnis meiner Mitmenschen war deshalb umso größer, da sie nicht begriffen, warum ich den Namen und mein Leben ändern wollte, wo ich doch ein anerkannter Musikstar war, ein Symbol des sozialen Erfolgs, und einen Lebensstil führte, von dem viele träumen.

Die Grundidee hinter dieser Namensänderung war, mir ein Pseudonym zuzulegen, um meine alte Identität zu verhüllen. Damals hätte ich nie gedacht, unter diesem neuen Namen noch bekannter zu werden, als ich es bereits war. Ebenso wenig konnte ich mir vorstellen, in welcher Art und Weise meine Zukunft und die Träume, die ich erhielt, sich verwirklichen würden. Mein Vorgehen hatte vor allem persönliche Gründe und entsprang dem Wunsch, vollkommen in der Anonymität aufzugehen, in der Masse zu verschwinden und mir in aller Demut ein neues Leben aufzubauen.

Ich war am Meditieren, als der Name Kaya wie selbstverständlich zum ersten Mal in meinem Bewusstsein auftauchte, obwohl ich weder nach einem Namen suchte noch daran gedacht hatte. Es war, als hätte man in meinem Kopf ein neues Programm aktiviert. Ich war zugleich überrascht und betroffen, und dies umso mehr, als es nicht vorsätzlich geschah, sondern der Name sich wie ein Blitz aus heiterem Himmel manifestierte. Gemäß meiner Gewohnheit, mir Schutzmasken zu erschaffen, um konkreter zu wirken, erweiterte ich ihn jedoch anschließend in James Kaya Field, aber ursprünglich war es einfach nur Kaya. Ich begann Klavier zu spielen, summte dabei eine Melodie und komponierte ein Lied in einer erfundenen Sprache: *Kaya co cété la sun, during my meditation, I've got this information… Kaya co cété la sun… I've seen this brighten white light from the sky, talking to me.* (*Kaya co cété la sun/während meiner Meditation erhielt ich die Information/Kaya co cété la sun/ich sah im Himmel das glänzend weiße Licht, das zu mir sprach*). Später nannten mich Geistige Führer, die in mehreren meiner Träume vorkamen, ebenfalls Kaya.

Meine Namensänderung schockierte ganz Quebec (Kanada). Ich stieß auf Unverständnis, man machte sich über mich lustig und ich wurde zum Gespött der Leute. Jahrelang riss man im Radio und Fernsehen Witze über mein spirituelles Leben. Es war sehr intensiv. Ich verstand die Reaktion der Menschen und akzeptierte ihr Urteil und ihre Kritik, denn ich hatte ja selbst Schwierigkeiten, die in mir stattfindenden Verwandlungen zu verstehen. Damals war ich weder in der Lage zu erklären, was in meinem Bewusstsein vor sich ging, noch konnte ich im Einzelnen die Schritte meiner Wandlung erläutern, wie ich es jetzt in dieser Autobiografie tue. Ich schrieb mein erstes Buch *L'Équilibre* (Das Gleichgewicht), um meine Erlebnisse mit anderen zu teilen, doch letztendlich gelang mir das nicht. Ich zensierte mich fortlaufend, änderte meine Schilderungen und vertuschte Aspekte dessen, was ich seit meiner Kindheit tatsächlich erlebte. Heutzutage sind die Menschen offener für die Spiritualität, es ist leichter über dieses Thema und die Entwicklungsmöglichkeiten, die es eröffnet, austauschen.

Ich kann heute in aller Demut sagen, dass die Erfahrung, jahrelang dem Spott und der Lächerlichkeit ausgesetzt gewesen zu sein, eines der Geschenke war, die mich in meiner Entwicklung am weitesten gebracht haben. Die öffentliche Demütigung ließ mich innerlich wachsen. Dank ihr entdeckte ich in mir ungeahnte Kräfte, lernte den Spott zu transzendieren, loszulassen, alle Menschen bedingungslos zu lieben und mich auf neuen Grundlagen wieder aufzubauen.

Die regelmäßige Arbeit mit den Engelenergien löst in unserem Leben verschiedenartige Einweihungen aus, die uns anregen, den Spott, die Demütigung, die Abhängigkeit von der Meinung der anderen, von dem, was sie über uns sagen und denken usw. zu transzendieren. Jeder braucht das nicht unbedingt öffentlich zu erleben, wie es für mich der Fall war, doch man sollte wissen, dass unser Leben bis in seine Grundfesten erschüttert wird, bevor man die hohen Stufen der Liebe, der Weisheit und des Bewusstseins erreicht. Ich war mir durchaus darüber im Klaren, dass meine Entscheidung auf der sozialen Ebene eine starke Wirkung hervorrufen würde. Ich sah in meinen Träumen, was passieren würde, doch obwohl die Traumbotschaften mir besagten, *dass ich beschützt sein würde, dass das Ganze notwendig sei und der Himmlische Vater mir helfen würde,* fühlte ich mich angesichts dieser Entscheidung völlig verloren. Ich weinte und betete sehr viel, bevor ich damit an die Öffentlichkeit ging.

Ich erinnere mich an ein Gespräch mit Claude Charron, dem Verleger meines ersten Buches. Er war sehr nett zu mir und erzählte, dass seine Frau auch spirituell sei, dass sie mein Buch gelesen habe und er selbst ebenfalls offen sei für meine Vorgehensweise. Auch er hatte große persönliche Veränderungen in seinem Leben erlebt. Ich werde mich immer an seine Güte und Offenheit mir gegenüber erinnern. Wir befanden uns in seinem Büro in Montreal, das seinen Erfolg und seinen Wohlstand widerspiegelte. Er sah mich an und sagte: „Bist du dir bewusst, welchen Einfluss deine Enthüllungen auf dein Leben haben werden?" Ich bejahte und erklärte ihm, dass ich auch Träume erhalten hatte, die mir mitteilten, dass mein Beispiel eines Tages Millionen Menschen helfen würde, dass es am Anfang allerdings sehr schwierig würde; ich war mir dessen sehr wohl bewusst. Ich versicherte ihm, er brauche sich um mich keine Sorgen zu machen, ich hätte eine größere Erbschaft erhalten und mein Lebensunterhalt sei abgesichert. Sollte das Ganze schief laufen, würde ich mich einfach aus dem öffentlichen Leben zurückziehen. Er war angesichts meines Mutes sprachlos, beschloss dann, mich zu unterstützen, und veröffentlichte mein Buch.

Dieses Buch wurde schnell zum Gespött aller. Die Leute trauten sich nicht einmal, es in einer Buchhandlung zu kaufen, aus Angst, sie würden dadurch gutheißen, wer ich war. Einige gingen sogar so weit, zu denken, ich gehöre einer Sekte an und sei gefährlich. Ich wurde öffentlich *gelyncht*, in den Radiosendungen, die das Thema behandelten, verurteilt und lächerlich gemacht. Das war alles sehr intensiv. Trotz dieses großen Medienrummels verkauften sich nur wenige Exemplare des Buches. Die Menschen, die meine Karriere seit Jahren mitverfolgt hatten, die Hunderttausende, die an mich geglaubt hatte, waren verschwunden und ich blieb allein zurück. Selbst in spirituellen Kreisen und esoterischen Buchhandlungen war ich gefürchtet und wurde gemieden wie das schwarze Schaf in einer Herde.

Ich hatte mein Herz geöffnet, um in aller Einfachheit darüber zu berichten, dass wir alle, unabhängig von unserer Religion und Kultur, eine innere Welt haben und diese entdecken können. Meine Botschaft war universell und dazu bestimmt, die Menschen für die spirituellen Werte zu öffnen. Ich erwähnte damals noch nicht einmal die Engel. Doch trotz der Einfachheit und Bescheidenheit meiner Botschaft, in der ich erklärte, dass wir nur hier auf Erden sind, um die Göttlichen Qualitäten, Tugenden und Kräfte zu entwickeln, stellte sich die Öffentlichkeit gegen mich und dies wurde zu einer meiner größten Prüfungen. Meine Träume hatten mir offenbart, dass es schwierig sein würde, bevor aus dieser Erfahrung die Möglichkeit hervorgehen konnte, meinen Mitmenschen auf spirituelle Art und Weise zu helfen und offen zu unterrichten. Doch ich hätte nicht gedacht, dass es so schwer sein würde.

Trotz der familiären und gesellschaftlichen Turbulenzen, die ich durchlief und die mir halfen, zu wachsen, setzte ich meine spirituelle Arbeit und meine Nachforschungen im Verborgenen fort. Nach diesen Medienerlebnissen beschloss ich, mich ganz zurückzuziehen und keine Interviews mehr zu geben. Mein soziales Leben war zerstört, ich war nicht mehr glaubwürdig und in den Augen der meisten Menschen ein Niemand geworden, folglich konnte ich mich ganz meinem neuen Leben als *Geheimagent* der Himmlischen Mächte widmen und der Menschheit in aller Anonymität weiterhin helfen und dienen. Niemand wusste über meine Fähigkeiten Bescheid und das war auch besser so. Ich erkannte, dass die Stille und Einsamkeit mir einen größeren Freiraum boten, um meine Einweihungsarbeit durchzuführen und mich weiter zu verbessern, zu entwickeln und zu lernen.

50- Die vorausschauenden Träume

Selbst nach 20 Jahren Engelarbeit in den Parallelwelten betrachte ich mich weiterhin als ewig Lernenden. Wenn man denkt, es geschafft zu haben, tut sich eine weitere Tür auf und neue beeindruckende Erkenntnisse vertiefen das Verständnis und lassen einen angesichts der Größe Gottes, des Schöpfers, der Kosmischen Intelligenz demütig werden. Ich habe viel Mitgefühl für die Atheisten, die an unserer Herkunft, unserem Potenzial und unseren Entwicklungsmöglichkeiten zweifeln. Aber ich kann sie gleichzeitig auch verstehen, denn mein eigener Glaube entwickelte sich aufgrund der im Laufe der Zeit erhaltenen Beweise und der außergewöhnlichen mystischen Erfahrungen, die ich durchlebte und die mich veränderten. Jeder muss die Erfahrung Gottes im eigenen Innern machen.

Je mehr man an sich arbeitet und dadurch seine negativen Erinnerungen bereinigt, umso mehr präzise, vorausschauende Träume erhält man, die den Zugang zu Geheimnissen und den verborgenen Aspekten gewähren. 2001 erhielt ich einen Traum, in dem *ich die Schlagzeilen von Zeitungen aus aller Welt sah, die ankündigten, der Goldpreis würde unglaublich hoch steigen. Ich sah, dass er von damals 255 Dollar für eine Unze auf über 1500 Dollar pro Unze steigen würde.* Es faszinierte mich, Träume zu erhalten, die sich auf die Materialisierung bezogen und mir in meinem Wunsch, zu lernen, wie man Geist und Materie vereint, neue Perspektiven eröffneten. Ich zweifelte nicht an meinen Träumern, doch es war mir wichtig, ihren Inhalt mit den aktuellen Nachrichten zu vergleichen, um zu sehen, ob sie mir tatsächlich so genaue Informationen liefern konnten oder ob sie mir nur Teile meines eigenen Wesens aufzeigten.

Es ist nicht immer leicht, klar zu erkennen, ob die Elemente eines vorausschauenden Traums Teile des eigenen Selbst – d.h. verschiedene Aspekte unseres persönlichen und kollektiven Bewusstseins und Unbewusstseins – darstellen oder ob sie tatsächlich kommende Situationen und Ereignisse ankündigen. Daher ist es notwendig, bei ihrer Deutung Vorsicht walten zu lassen und bezüglich ihrer Erfüllung keinerlei Erwartung zu haben. Damals lag es mir fern, aus den erhaltenen Informationen einen Nutzen ziehen zu wollen, denn die materielle Welt und der irdische Reichtum hatten für mich jegliche Bedeutung verloren. Außerdem enthielt keiner meiner Träume eine Aufforderung, Gold zu kaufen oder darin zu investieren, weshalb ich die Informationen lediglich als Studienmaterial betrachtete, als einen zusätzlichen Beweis, dass die Träume unendlich viele Kenntnisse und Möglichkeiten in sich tragen.

Manchmal hatte ich Zugang zu einem Tresor oder konnte vertrauliche und geheime Regierungsunterlagen einsehen. Doch nie kam mir der Gedanke, diese Informationen zu persönlichen Zwecken zu nutzen oder jemandem damit zu schaden. Ich wusste, dass der Himmel das Nötige unternehmen würde, um mich daran zu hindern, falls ich derartige Absichten gehabt hätte, indem er mich beispielsweise umprogrammierte oder mich vergessen ließ. Alles ist möglich. Gott, die Kosmische Intelligenz verfügt über jede Macht und nutzt sie zu unserem Besten und für unsere Weiterentwicklung.

In dem Maße, in dem sich unser menschliches Bewusstsein in ein engelhaftes Bewusstsein verwandelt, wächst in uns auch das Verantwortungsbewusstsein und der Wunsch, dem Schöpfer und den Menschen mit Weisheit sowie in gerechter und richtiger Art zu dienen, denn das ist es, was uns tatsächlich belebt und unsere Seele ein hohes Schwingungsniveau erreichen lässt. Die Erkenntnis, dass der tiefe Sinn unseres Lebens darin besteht, die Göttlichen Qualitäten, Tugenden und Kräfte zu entwickeln, hilft uns, unsere Bindung an die Materie zu transzendieren, was uns von dem Bedürfnis befreit, Dinge zu besitzen, Güter anzuhäufen, ständig das zu wollen, was wir nicht haben, oder uns zu nehmen, was uns nicht gehört. Erst dann können wir wirklich in Frieden leben und zukunftsbezogene Informationen erhalten.

Einstein erhielt die Formel $E = mc^2$ nicht zufällig im Traum. Er war vom Himmel inspiriert und hatte die Erlaubnis, dieses Wissen zu nutzen. So werden wir von der Kosmischen Intelligenz auserwählt, die uns eine bestimmte Information zu einem präzisen Zeitpunkt in einem gewissen Kontext zugänglich macht. Wir erhalten ständig Inspirationen und Führung aus den Höheren Welten. Ein Bankier zum Beispiel hat eine spezifische Funktion im Kapitalfluss dieser Welt zu erfüllen und dazu bekommt er im geeigneten Augenblick die notwendigen Ideen, Intuitionen und Anregungen. Je wichtiger der Posten, den eine Person innehat, für die kollektive Entwicklung ist, umso bedeutungsvoller sind die ihr zugeleiteten Informationen. Um die richtigen Entscheidungen treffen zu können, die ja auf eine große Anzahl von Menschen Auswirkungen haben werden, verfügt sie über ein Netz von Spezialisten, Ratgebern und Kontakten aller Art. Sie alle werden von den Himmlischen Mächten geführt, beobachtet und überwacht, selbst wenn sie sich dessen nicht bewusst sind.

Die meisten Menschen, die ein beeindruckendes kollektives Schicksal haben, sind selbst überrascht vom Synchronismus der Ereignisse, die dazu führten, dass sie ihre Führungsposition bekleiden konnten, berühmt wurden, den Gipfel ihrer Kunst erreichten oder ihr Vermögen erlangten. Ich erinnere mich gut, wie verblüfft Céline Dion, ihr Agent und Ehemann René Angélil, ihr Produzent bei Sony Music Vito Luprano sowie mein damaliger Agent Ben Kaye waren angesichts des Zusammenspiels der Ereignisse und der Leichtigkeit, mit der sich ihr Erfolg einstellte – so sehr, dass René in Bezug auf die Zahl 5 abergläubisch wurde und es bis an sein Lebensende blieb. Die Kosmische Intelligenz hatte mehrere Zeichen im Zusammenhang mit dieser Zahl orchestriert und so ließ er sich jahrelang durch dieses Symbol leiten. Er war auch fähig, das Schicksal zu erkennen, es innerlich zu erahnen, und Céline erhielt oft die Zukunft betreffende Träume. Ich hörte mehrmals, wie sie sich diesbezüglich äußerten und angesichts der Kräfte, die in ihnen und um sie herum wirkten und ihren großen Erfolg hervorriefen, kaum Worte fanden. Mein Manager Vito Luprano sagte mir, er habe das Gefühl, ich würde einen ähnlichen Erfolg erleben, und er sprach dies offen aus. Er sah mich so oft in seinen Träumen, dass er mich eines Tages verärgert bat, meine nächtlichen Besuche einzustellen, denn ich war immerzu in seinem Kopf anwesend. Er war sehr intensiv, aber im Grunde seines Wesens ein guter Mensch und ich habe nur schöne Erinnerungen an unsere damalige Zusammenarbeit.

51- Die Börse im Traum

Andere Menschen würden vielleicht im Traum erhaltene Informationen über die Börsenkurse für sich nutzen, doch ich war mir bewusst, dass ich sie nicht verwenden durfte, solange der Himmel mich dazu nicht aufforderte. Außerdem hätte ich es auch gar nicht gewagt. Ich hatte eine so große Achtung für Gott und die Himmlischen Mächte, dass es für mich unvorstellbar war, ohne ihre Erlaubnis von diesen Informationen Gebrauch zu machen. Ich betrachtete sie als Tests und Versuchungen, und bei diesen nicht zu versagen offenbarte, dass ich in der Lage war, meine Seele auf eine hohe Ebene des Bewusstseins und der Weisheit zu erheben. Jahrelang bat ich die Engel um nichts weiter, als mir zu helfen, mein Wesen immer tiefgründiger zu bereinigen. Mir lag nichts daran, im Traum Informationen zu erhalten, durch die ich auf der irdischen Ebene Reichtum oder Macht hätte erlangen können. Auch die Neugier war nicht mein Antrieb, denn ich wusste, dass Diskretion eine unerlässliche Bedingung war, um Gottes Vertrauen zu erlangen, den ich als meinen *Chef* ansah. In einem Unternehmen schaffen es nur wenige Menschen, ihren persönlichen Ehrgeiz in den Hintergrund zu stellen, vor allem in großen Firmen, wo sich die Leute oft in Machtspiele einbeziehen lassen, die sie in schädliche Teufelskreise hineinziehen. Es ist einfacher, bescheiden, demütig und nett zu bleiben, wenn in unserem Lebensplan nur wenig Macht und Ressourcen vorgesehen sind, um expansiv zu wirken. Stellt die Kosmische Intelligenz uns jedoch Reichtum und Mittel zur Verfügung, so dass wir alles haben können, was wir wollen, braucht es eine große innere Stärke, um nicht ins Wanken zu geraten, von der Gier befallen zu werden, sich zu Machtmissbrauch hinreißen zu lassen und in all die Fallen zu tappen, die denjenigen erwarten, der sich zu sehr der Materie verschreibt.

Für die Kosmische Intelligenz ist es ganz einfach, uns im Traum eine Ansicht der Börsenkurse zu geben, uns eine Erfindung oder eine wichtige mathematische Formel einzugeben. Einstein war kein Einzelfall, denn auch andere Menschen erhalten Zugang zu den Göttlichen Programmen, die das Schicksal der Menschheit und die Evolution des irdischen Lebens betreffen. In der Geschichte der Menschheit gab es seit eh und je Visionäre und Pioniere, die ihrer Zeit immer voraus waren. Wenn eine große Firma in der Lage ist, ihre Entwicklung in groben Zügen für einige Jahre im Voraus zu sehen, dann kann man sich vorstellen, was die Kosmische Intelligenz alles vermag. 1995 sah ich im Traum eine Grafik, welche die Entwicklungskurve der kanadischen Bank CIBC zeigte, deren Aktie damals auf der konkreten Ebene bei ungefähr 15 $ stand: 1996 stieg sie auf 28,30 $, 1997 auf 41,75 $ und 1998 auf 59,80 $. Effektiv hatte sie dann 2012 über 80 $ erreicht, und außerdem war die Bank in der Lage, während diesen 15 Jahren des Wachstums Dividenden auszubezahlen.

Angesichts der Kosmischen Intelligenz sind wir so klein und gleichzeitig auch so groß, denn sie ist ja in unserem Wesen enthalten. Ihr grenzenloses Potenzial und ihre unbegrenzten Möglichkeiten ruhen latent in uns und warten darauf, entdeckt zu werden.

52- Der Ur-Kode

Während diesen Jahren intensiver innerer Arbeit, in denen ich tiefgründig studierte und mich vorbereitete, machte mir der Himmel das Geschenk einer wunderschönen Traumerfahrung: *In einer wunderbaren Lichtsäule stieg ich ins Universum auf und reiste mit Lichtgeschwindigkeit. Es war so faszinierend! Die Lichtenergie zog mich an und transportierte mich, wobei mein ganzer Körper zitterte. Dann befand ich mich in einer Art lebendigem, organischem Raum. Ich berührte mit meiner Hand die Wand, die sich gallertartig anfühl-*

te, aber nicht klebrig war. Bei der Berührung erschien mein Name auf der Wand und ich konnte mein Schicksal lesen, wohin mich mein Werdegang bringen würde.

Nach solchen Träumen spürt man beim Aufwachen, wie sehr die Kosmische Intelligenz uns dabei hilft, unser Bewusstsein aufzubauen und unser Vertrauen in den Himmel zu stärken. Heute erlebe ich sehr häufig den Aufstieg in einer Lichtsäule, wenn ich mich zwischen den Welten bewege, und ich gebe zu, dass ich diese metaphysischen, kosmischen Reisen sehr mag.

Man zeigte mir auch auf, dass ich ein Pionier auf dem Gebiet der Experimentiererfahrungen mit den Engelbewusstseinszuständen war, ein metaphysischer Astronaut. Ich muss an dieser Stelle jedoch sagen, dass ein absoluter Glaube in den Schöpfer unerlässlich ist, um diese Reisen durch die Dimensionen erleben zu können. Denn nur in einem unerschütterlichen Gottvertrauen findet man die Kraft und Sicherheit, um diese Erfahrungen zu machen, die unsere innere Festigkeit testen und unsere metaphysischen Grenzen aufheben. Außerdem muss man über ein sicheres und zuverlässiges Unterscheidungsvermögen verfügen, damit man erkennt, ob die in den Traumdimensionen angetroffenen Energien und Wesen vertrauenswürdig sind und das, was sie uns sagen oder von uns verlangen, richtig ist. Man sollte sich nicht ganz naiv auf jedes mystische und metaphysische Experiment einlassen.

In einem anderen Traum *bat mich die verstorbene Mutter eines Jugendfreundes, ihren Sohn zu kontaktieren. Sie sorgte sich um ihn und wollte, dass ich ihn aufsuchte, um ihm zu sagen, sie lebe immer noch und der Tod existiere nicht. Sie stand oben auf einer Leiter und ich stieg zu ihr hinauf. Sie trug mir ihre Bitte traurig, besorgt und ratlos vor.* Nach dem Aufwachen fragte ich mich: „Warum konnte sie ihre Botschaft nicht selbst ihrem Sohn übermitteln? Wieso wandte sie sich an mich?" Ich war mir klar, dass es komisch aussehen würde, wenn ich plötzlich wieder im Leben dieses ehemaligen Freundes auftauchte mit den Worten: „Deine Mutter hat mich im Traum aufgesucht und gebeten, dir zu sagen, dass sie nicht tot sei, sondern weiter existiere, damit du an Gott glaubst."

Nach reiflicher Überlegung entschied ich, der Bitte nicht nachzukommen. Später lehrten mich weitere Träume, dass ich in der Tat mit meinem Zugang zu den Parallelwelten vorsichtig umgehen müsse und nicht alle erhaltenen Informationen preisgeben durfte, denn die meisten Menschen brauchen den Schutz, den ihnen der Schleier des Unterbewussten bietet, da ihre Weiterentwicklung noch anhand von Illusionen erfolgt.

Es ist sehr wichtig, den Rhythmus jedes Einzelnen zu respektieren. Genauso verhält es sich mit diesem Buch: Ich weiß sehr wohl, dass manche Menschen nicht glauben können, was sie hier lesen; sie sind noch nicht in der Lage, den Inhalt zu erfassen, weil ihr Bewusstsein noch nicht so weit ist, noch nicht ausreichend offen, um die Multidimensionalität unserer Existenz zu integrieren. Das ist immer eine sehr persönliche Erfahrung! Doch in naher Zukunft werden neue Technologien auftauchen – sie sind schon in Vorbereitung –, die uns Bilder aus den Parallelwelten übermitteln und zeigen werden, wie der Mensch mit Hilfe von Computern dorthin reisen kann. Wie Zuschauer von *universalen Reality-Shows* oder wie Astronauten, die im Weltraum unterwegs sind, können wir dann die Parallelwelten sehen und beobachten, was sich in den anderen Dimensionen abspielt. Wir werden mit Wissen in Berührung kommen, Entdeckungen machen und Bewusstseinsöffnungen erfahren, die unsere Vorstellungen und Lebensart völlig umstoßen werden.

In diesem Zusammenhang stellt das Symbolwörterbuch *Der Ur-Kode, Träume – Zeichen – Symbole* eine Pionierarbeit dar. Es ist das Ergebnis aus 15 Jahren persönlicher Forschung und mehreren Jahren Zusammenarbeit mit einem umfassenden internationalen Team, das Menschen verschiedenster Berufe (Ärzte, Therapeuten, Krankenpfleger, Lehrer, Unternehmer usw.) vereint. Dank dieser wunderbaren Zusammenarbeit, die sich kontinuierlich erweitert und vertieft, war es mir möglich, die Synthese und Definition der Symbolsprache zu beschleunigen. Diese Universalsprache wird in den kommenden Jahren und für die zukünftigen Generationen ein unerlässliches Arbeits- und Kommunikationsmittel sein. Parallel zur Arbeit an diesem kontinuierlich erweiterten Symbolwörterbuch erfolgt die Erstellung des Studien- und Lehrmaterials für die mehrjährige Ausbildung in der Deutung der Träume, Zeichen und Symbole (DTZS), die seit 2014 in französischer und seit 2016 in englischer Sprache angeboten wird. Neben der tiefgründigen Arbeit an sich selbst bietet diese Ausbildung auch die Möglichkeit, anerkannter DTZS-Therapeut und -Lehrer zu werden. Gegenwärtig arbeitet ein Teil des Teams auch an einem medizinischen Symbolwörterbuch, das wesentlich zur Verbreitung und Vertiefung des Verständnisses beitragen wird, dass die Physik und die Metaphysik ein großes Ganzes bilden. Ferner werden in Englisch und Französisch inzwischen auch Programme für Schulen angeboten.

Die Symbolsprache ist in der Tat der Schlüssel zum Verständnis unseres Lebens hier auf der Erde sowie der anderen Welten und Dimensionen. Die gesamte Schöpfung beruht auf der Symbolik und der Mathematik und setzt sich aus Bewusstseinszuständen zusammen, welche die ursprünglichen Qualitäten, Tugenden und Kräfte darstellen, durch die wir die Existenz erfahren. Die daraus resultierende Entwicklung des menschlichen Bewusstseins und der metaphysischen und spirituellen Fähigkeiten ist heute das offensichtlichste Bindeglied zwischen der Wissenschaft und der Spiritualität. Ich persönlich bin sehr daran interessiert, mit wissenschaftlichen und spirituellen Forschern zusammenzuarbeiten, um Beweise für das, was möglich ist, zusammenzutragen. Das Wesentliche für mich ist dabei, in richtiger Weise vorzugehen und in Teams mitzuwirken, die mit einer altruistischen Absicht und Geisteshaltung arbeiten. Wir werden sehen, was der Himmel diesbezüglich entscheidet. Ich werde mein Leben weiterhin der Aufgabe widmen, den Menschen über verschiedene Mittel und Wege (Veröffentlichung von Büchern, Musik, Vorträgen, Workshops, Webseminare...) so viele Kenntnisse und Erkenntnisse wie möglich zur Verfügung zu stellen.

Zu einer Zeit, als ich gerade mit dem Engel 3 Sitael arbeitete, dessen Energie besonders den Bereich des inneren und äußeren Aufbaus betrifft, richtete ich folgende Fragen an Gott: „Was ist mein irdischer Auftrag in diesem Leben? Was habe ich zu erfüllen, abgesehen davon, mich besser kennen zu lernen und in den Parallelwelten zu arbeiten? Was soll ich konkret verwirklichen?" Ich erhielt Antwort durch einen sehr besonderen Traum, der mir Einblicke in das Buch meines Schicksals gewährte: *Meine Mutter befand sich bei mir, doch ich wusste, dass sie nur eine symbolische Präsenz hatte und es eigentlich ein Geistiger Führer war, der in ihrer Form auftrat. Es erschien ein Buch, mein aktuelles Schicksalsbuch. Ich blätterte die Seiten um, wobei mir bewusst war, dass sie Abschnitte meines Lebens darstellten. Die Seiten selbst waren multidimensional und bestanden aus einem Material, das es auf der Erde nicht gab. Es fühlte sich fantastisch an, so als würde es sich um das magische, doch greifbare Gerüst eines Computers handeln. Ruhig und respektvoll las ich meine Zukunft und betrachtete mein mittelfristiges Schicksal. Die ersten Seiten enthüllten mir, dass in den nächsten drei Jahren nichts Konkretes passieren würde. Dann hörte ich eine computerähnliche Stimme, die zu mir sagte: „Du bist deinem Lebensprogramm voraus. Erst in drei Jahren wirst du ein Projekt zu verwirklichen haben."*

Beim Aufwachen war ich sehr froh, erfahren zu haben, dass ich meinem Programm voraus war, denn das bedeutete, dass ich gut an mir gearbeitet hatte und die Intensität meiner Bemühungen in meinen Meditationen und meinen Studien in den Traumwelten Früchte trug. Ich hatte meine Hausaufgaben in Sachen Bewusstsein gut gemacht und der Himmel war zufrieden mit mir. Dieser Traum stellte eine schöne Ermutigung dar und er weckte in mir ein wunderbares Gefühl. Es störte mich nicht, zu erfahren, dass ich momentan nichts Konkretes zu unternehmen, kein Projekt unmittelbar zu realisieren hatte.

Zu Beginn meiner intensiven Arbeit an mir selbst war ich so sehr mit meiner inneren Bereinigung beschäftigt, dass ich aufgehört hatte, fernzusehen, Radio zu hören und Zeitung zu lesen. Der Traum, der mir enthüllt hatte, dass ich meinem Programm voraus war, veranlasste mich jedoch, mich wieder mehr für die Außenwelt zu öffnen und so integrierte ich Fernsehen, Radio und Zeitungen wieder in mein Leben. Ich nutzte die über diese Medien erhaltenen Informationen, um meine spirituelle Entwicklung fortzusetzen: Ich meditierte über die aktuellen Themen, analysierte, warum ich mich bei manchen gestört fühlte, bereinigte meine persönlichen Resonanzen und entwickelte dadurch meine Fähigkeiten des Hellsehens, Hellhörens und Hellfühlens. Das Faszinierende dabei war, dass die tagsüber bearbeiteten Themen nachts auch in meinen Träumen auftauchten, wo ich weitere diesbezügliche Details und Erläuterungen erhielt, dank deren ich mein Verständnis der verschiedenen kollektiven Dynamiken vertiefen konnte. Das ergab eine ausgezeichnete und sehr effiziente Funktionsweise, die meine Engelausbildung und mein Engeltraining vervollständigte. Seitdem habe ich in der metaphysischen Dimension bezüglich der kollektiven Ebene sehr viel Erfahrung und ein umfassendes Verständnis erlangen können. Ich schätze mich glücklich, anderen Menschen dabei helfen zu können, Zugang zu diesen Parametern des Bewusstseins und des Lebens zu finden und die kommenden Generationen darauf vorzubereiten, auf mehreren Bewusstseinsebenen gleichzeitig zu leben.

53- Sterbebegleitung

Die Kommunikationserfahrungen mit den Geistwesen während meiner Kindheit und später mit meinem verstorbenen Großvater führten dazu, dass der Tod und der Kontakt mit den Verstorbenen ein ganz normaler Teil meiner Nächte und meiner metaphysischen Handlungen geworden waren und auch heute noch sind.

Vor einigen Jahren kam meine Tante Janine, die mir sehr nahe stand, zu mir, während ihr Körper in der Leichenhalle aufgebahrt war, wo alle Familienmitglieder zugegen waren. Sie hatten mich lange nicht gesehen, da ich ja zurückgezogen lebte, und sie trauten sich nicht so richtig, mit mir zu reden, was mir gut passte. Ich hatte gelernt, mit der Furcht meiner Mitmenschen zu leben und ausgegrenzt zu werden, obwohl ich nichts Schlechtes getan hatte, und ich wusste inzwischen, dass dieser Umstand meiner Entwicklung dienlich war, denn dadurch lernte ich die Spreu vom Weizen zu trennen und verlor keine Zeit mehr. Nur spirituelle Menschen kamen auf mich zu und redeten mit mir, die anderen hielten sich fern, doch ich spürte ihre urteilenden Blicke und ihr Unverständnis. Ich nutzte solche Situationen, um weiter an mir zu arbeiten, damit ich unter allen Umständen die bedingungslose Liebe ausstrahlen konnte.

Als ich still dasitzend meditierte und auf den Beginn der Zeremonie wartete, hörte ich eine Stimme in meinem Kopf fragen: „Würdest du ein Lied für mich singen?" Im Innern antwortete ich: „Ach, Tante Janine, ich möchte nicht singen, du weißt doch, dass ich damit aufgehört habe. Mit der Musik ist endgültig Schluss." Da schlug sie vor: „Würdest du wenigstens etwas sagen oder einen Text lesen? Ich hätte es so gerne…" Ich stimmte zu. Einige Sekunden später kam ihre Tochter zu mir und fragte mich flüsternd: „Würdest du uns einen Text vorlesen oder etwas sagen?" Ich antwortete: „Ja, sehr gerne." Während ich dem Pfarrer zuhörte, dachte ich darüber nach, was ich sagen konnte, denn seine Worte zeugten von seiner Angst vor dem Tod, von unklaren Gedanken und seinem Mangel an wahrem Wissen, kurz, seine Rede war nicht sehr inspirierend. Was mich anbelangte, so wollte ich wie gewöhnlich nicht das Bewusstsein meiner Mitmenschen stören, weshalb ich meine Worte abwog, um eine den Anwesenden entsprechende Rede zu halten. Hätte ich ihnen gesagt, dass ich gerade mit Tante Janine sprach und sie unter uns war, hätten sie sicherlich alle Angst bekommen. Dabei schien mir ihre Anwesenheit ganz normal, denn schließlich war es ja ihre Beerdigung. Letzten Endes war meine Rede dann eher zaghaft und ohne Überzeugungskraft, doch ich wollte lieber dümmlich aussehen, als die Menschen schockieren. Außerdem war ich damals kein guter Redner und es fiel mir schwer, auszudrücken, was ich empfand und dachte.

Manche Menschen nutzen ihre medialen Fähigkeiten, um sich in Szene zu setzen, die Aufmerksamkeit auf sich zu lenken und ihre Mitmenschen zu beeindrucken. Ihre Fähigkeiten sind meistens weder stabil und lichterfüllt noch bauen sie auf einer reinen Absicht auf. Sie nutzen sie, um ihr Ego zu nähren, ohne sich darüber im Klaren zu sein, dass übelwollende Wesenheiten, mit denen sie in Resonanz stehen, sich ihrer bemächtigen und sie wie Marionetten gebrauchen können, um ihre egoistischen Ziele zu verfolgen. Man muss im Kontakt mit den Parallelwelten und ihren Bewohnern sehr wachsam sein. Ein gutes Unterscheidungsvermögen, die rechte Einstellung und der Sinn für das Heilige sind dabei unerlässlich, genauso wie auf der Erde.

In der folgenden Nacht besuchte mich meine Tante Janine im Traum. *Sie war eine Energie, die in mich eindrang und mich dann wieder verließ, eine blau-violette Energie, die mehrmals durch meinen Körper ging. Sie war fasziniert von meiner Energie, meinem spirituellen Bewusstsein sowie von der Tatsache, dass ich der Einzige war, der bei der Beerdigung mit ihr kommunizieren konnte. Sie war wie ein kleines, heiteres Mädchen, das seine neue Existenz anregte und belebte. Herzlich und zärtlich sagte sie zu mir: „Keiner kann glauben oder verstehen, wer du bist. Es ist so großartig, zu erkennen, wer du bist und wer du werden wirst."* Ich war glücklich über diese Begegnung, denn sie war ein weiterer Beweis, der mir half, mich angesichts einer Gesellschaft, welche die Existenz der metaphysischen Welten nicht anerkannte, zu festigen und zu stärken. Dabei sind diese Welten so real.

Man kann das Universum wie eine große Stadt ansehen, die unzählige Möglichkeiten für Begegnungen und Schicksalskreuzungen bietet, welche die Kosmische Intelligenz gemäß den sowohl positiven wie negativen Resonanzen und Affinitäten zwischen den Bewohnern in die Wege leitet. Die Reisen eines Menschen zwischen den verschiedenen Dimensionen innerhalb dieser universellen Stadt erfolgen in Übereinstimmung mit seinem Lebensplan, seinem Bewusstseinsniveau sowie den Gedanken und Gefühlen, die er nährt.

54- Jeans Wagen

Mein Schwager Jean ist für mich wie ein echter Bruder. Er ist Anwalt, ein großer Philanthrop und mit meiner Frau und mir Mitbegründer des gemeinnützigen Vereins *Universe/City Mikaël* (UCM). Es besteht zwischen ihm und mir eine wunderbare, osmotische Verbindung, die auf einer tiefen Freundschaft und einem völligen gegenseitigen Vertrauen beruht. Er steht mir schon seit Jahren zur Seite und unterstützt mich tatkräftig bei der Verwirklichung der Engelmission auf Erden. Unsere erste Begegnung, die ich in Kapitel neun beschreibe, ist ein schönes Beispiel dafür, wie das Schicksal organisiert ist, um das Zustandekommen der notwendigen Verbindungen und Beziehungen zu gewährleisten, damit die Arbeit mit den Engeln weltweit bekannt wird.

Eines Tages fuhr mein Schwager mit seiner Familie zum Vergnügungspark *La Ronde* auf der Insel Sainte-Hélène bei Montreal. Dabei wurde sein Auto auf dem Parkplatz gestohlen und einige Zeit später wiedergefunden. Zwei Monate nach dem Diebstahl befand sich Jean eines Tages in einem Einkaufszentrum und hatte plötzlich die Vorahnung, sein Wagen würde erneut gestohlen werden. Er ging deshalb zum Parkplatz zurück, aber sein Auto war da. Als er mir davon erzählte, teilte ich ihm meinen Traum mit, den ich in der Nacht davor erhalten hatte. *Ich befand mich auf einem Parkplatz und sah zwei Diebe, die sich Jeans Wagen mit der Absicht näherten, ihn zu stehlen. Ich ging auf sie zu und sagte: „Nein, ihr werdet Jeans Auto nicht stehlen. Das hat er schon vor zwei Monaten erlebt und das reicht… Geht jetzt, Freunde." Dann sah ich Jean auf seinen Wagen zukommen.* Jean lächelte und dankte mir. Er kannte die Wirksamkeit der Engelarbeit sehr gut und war daran gewöhnt, warnende Hinweise und Informationen von mir zu hören, selber welche zu bekommen oder sie durch seine Frau zu erhalten. Durch die stetige Arbeit mit den Engeln sind wir eine recht besondere Familie geworden, ich stehe nun damit nicht mehr allein da.

55- *Das siebte Zeichen*

Das letzte Konzert vor meinem kompletten Rückzug aus der Musikwelt gab ich für die Vereinten Nationen im Rahmen einer von 1993 bis 1996 laufenden Mission der kanadischen Armee zur Wahrung des Friedens. Ich hatte zugesagt, an der jährlichen Veranstaltung für die auf Haiti stationierten Soldaten teilzunehmen. Etwa zur gleichen Zeit hatte mich der Film *The Seventh Sign* (*Das siebte Zeichen*) mit Demi Moore tief beeindruckt, dessen Geschichte auf Haiti beginnt. Es handelt sich um einen Film mit einer meiner Meinung nach zu apokalyptischen Vision, obwohl auch mein eigenes Leben sich damals völlig im Umbruch befand und die Einweihungsprüfungen, Erdbeben und Vulkanausbrüche in meiner Innenwelt voll aktiv waren. Normalerweise hätte ich nicht an diesem Konzert teilgenommen, vor allem weil die Mutter meiner Tochter dabei Koproduzentin war, wir uns eben erst getrennt hatten und die Wunden in unseren Herzen noch nicht geheilt waren. Da es jedoch um Haiti ging und ich den Wunsch verspürte, den Soldaten, die sich für den Frieden einsetzten, sowie der Bevölkerung vor Ort zu helfen, nahm ich die Einladung an.

In der Nacht vor meiner Abreise *sah ich im Traum ein hochrangiges Mitglied der kanadischen Armee, das mir sagte, wir müssten uns unbedingt begegnen, da wir eine gemeinsame Mission zu erfüllen hätten.* Die Reise erfolgte in einem Armeeflugzeug, das uns zur Militärbasis der Vereinten Nationen auf Haiti brachte. Dort entdeckte ich, dass der für unsere Sicherheit zuständige Offizier der Mann aus meinem Traum war. Er war auch Kampfsportlehrer und strahlte eine schöne Weisheit aus. Dies war für mich ein weiteres magisches Erlebnis. Wir waren uns in der konkreten Wirklichkeit vor diesem Augenblick noch nicht begegnet, doch als sich im Bus, den wir gemeinsam nahmen, unsere Blicke kreuzten, erkannten sich unsere Seelen und das berührte mich sehr.

Wir waren während der gesamten Reise sehr häufig zusammen und machten gemeinsam lange Meditationen an verschiedenen Orten und in mehreren Kirchen des Landes. Zu jener Zeit war es für ausländische Privatpersonen nicht ratsam, sich ohne Militäreskorte im Land zu bewegen, doch darüber hinaus war unsere Begegnung vom Schicksal vorgesehen. Er war auch einer meiner ersten Schüler, als ich begann, über meine Arbeit mit den Engeln sowie über meine Kenntnisse und Erfahrungen auf dem Gebiet der Träumen, Zeichen und Symbolen zu sprechen. Später beteiligte er sich auch beim Aufbau der Universe/City Mikaël.

So traf ich in meinen Träumen die Schlüsselpersonen, welche als Eckpfeiler für diese Engelmission vorbestimmt waren. Die Begegnung mit jeder von ihnen hat ihre eigene Geschichte und wurde mir in einem vorausschauenden Traum oder durch Zeichen angekündigt. Ich könnte noch viel darüber erzählen...

KAPITEL SIEBEN

AUF DEN FLÜGELN DER LIEBE

In diesem Kapitel erklärt Kaya, wie er die Liebe wiederfand, nachdem er geglaubt hatte, sein restliches Lebens, das er Gott weihen wollte, alleine verbringen zu müssen. Er spricht über die Träume, die ihm ankündigten, dass Christiane seine Frau werden würde, und teilt offen mit, wie er lernte, von Neuem zu lieben, die männliche und die weibliche Polarität harmonisch zu verkörpern und in einer Paarbeziehung zu leben. Er vertiefte und integrierte seine Erkenntnisse im Zusammenleben mit Christiane und ihren Kindern Kasara und Jean-Pierre. Gemeinsam entwickelten sie sich weiter und setzten sich auf der humanitären Ebene ein, um eine engelhafte Familie zu werden. Mit ihnen durchlief Kaya weitere Etappen seines Entwicklungs- und Lernprozesses, um die Engelbewusstseinszustände auf der Erde zu inkarnieren.

*

56- Das Herz hat Gründe, die der Verstand nicht erkennt

Ehrlich gesagt hatte ich mich zu Beginn meiner spirituellen Entwicklung gänzlich von der Vorstellung gelöst, mein Leben wieder mit einer Frau zu teilen, denn das Einzige, was ich noch wollte, war, dem Himmel auf Erden zu dienen. Die Liebe in einer Paarbeziehung hatte ich immer als kompliziert empfunden und ich betrachtete damals das Zölibat als ein notwendiges Opfer, um all meine Energie in den Dienst des Schöpfers und in die humanitäre Hilfe investieren zu können. Die Idee eines engelhaften Mönchs, die ich mir erschaffen hatte, sagte mir vollkommen zu und ich hätte problemlos bis ans Ende meines Daseins so leben können. Gott hielt das Geschenk, das er für mich vorgesehen hatte, gut verborgen. Heute bin ich ihm von ganzem Herzen dankbar für die Beziehung, die ich mit meiner Ehefrau erleben darf und die es mir ermöglicht, meine Weiterentwicklung mit Göttlicher Liebe und Weisheit zu vollziehen.

Nach der Trennung von der Mutter meiner Tochter hatte ich eine Beziehung mit einer äußerlich sehr schönen Frau, die auf der inneren Ebene aber zahlreiche Schwierigkeiten durchmachte und sowohl drogen- als auch alkoholabhängig war. Ich hatte sie bei einem Treffen der Anonymen Alkoholiker kennengelernt. Diesen Begegnungen beizuwohnen stellte damals meine neue Mission dar. Obwohl ich selbst keinerlei Probleme dieser Art hatte, hörte ich den Teilnehmern gerne zu, weil ihre Erlebnisse mir halfen, das menschliche Bewusstsein zu studieren und besser zu verstehen.

Außer ihren Suchtproblemen war diese Frau auch von Selbstmordgedanken geplagt. Ihr früherer Lebensgefährte hatte sich das Leben genommen und tauchte häufig in ihren Träumen auf, wobei er versuchte, sie ebenfalls zum Selbstmord zu treiben. Unsere Beziehung beruhte auf einer recht sonderbaren Dynamik, in der ich die Rolle des Retters spielte. Ich dachte ganz ehrlich, ich würde ihr sowohl in den Traumwirklichkeiten als auch in der konkreten Realität helfen können, sich zu ändern, ihre selbstzerstörerischen Verhaltensweisen zu verwandeln und sich in engelhafter Weise umzuprogrammieren. Trotz all meiner Hilfe und Unterstützung betrog sie mich eines Tages, doch ich liebte sie deswegen nicht weniger und stand ihr weiterhin bei. Für mich war nichts wirklich schlimm, ich konnte leicht verzeihen und dem anderen jeweils die Gelegenheit bieten, sich zu bessern. Im Laufe meines Lebens haben mich mehrere Menschen auf der emotionalen und beruflichen Ebene in gewisser Weise verraten, aber das störte mich nicht. Wie ein Diplomat arrangierte ich die Dinge immer so, dass Konflikte vermieden werden konnten, denn im Grunde meines Wesens war ich überzeugt, dass sich alles wiedergutmachen ließ, wenn man den ernsthaften Wunsch hatte, sich zu bessern und weiterzuentwickeln. Das glaube ich immer noch, bloß versuche ich nun nicht mehr die Arbeit anstelle der anderen zu machen. Ich kann heute akzeptieren, dass jeder Mensch seinen eigenen Entwicklungsrhythmus hat und man diesen respektieren muss.

Die Beziehung zu dieser Frau fand ein plötzliches Ende, nachdem ich einen Traum erhielt, *der mir eine schwere Zukunft ankündigte, wenn ich mit ihr zusammenblieb.* Diese Offenbarung erschütterte mich so sehr, dass ich sie noch am gleichen Tag verließ und mir fest vornahm, nie wieder einem Menschen weh zu tun. Danach begann meine Einsiedlerphase und ich verbrachte mehrere Jahre im Zölibat, bevor ich der Frau begegnete, die heute mein Leben teilt.

57- Die Transzendenz der emotionalen Bedürfnisse

Während der Jahre, in denen ich allein und wie ein Einsiedler lebte, bereinigte ich meine instinktiven und emotionalen Bedürfnisse und vollzog eine umfassende innere Verwandlung. Ich durchlebte einen Entzug auf der gefühlsmäßigen Ebene und programmierte dabei meine Erinnerungen um, die durch das Bedürfnis, zu lieben und geliebt zu werden, markiert waren. Nachdem ich immer alles getan hatte, damit die Menschen um mich herum mich liebten und glücklich waren, musste ich nun lernen, mich selbst zu lieben, mich tiefgründig zu erkennen und in richtiger Weise zu behaupten. Die Bereinigung und Verwandlung meiner emotionalen Erinnerungen erfolgte nachts mittels intensiver Albträume.

Der schwierigste Teil der Metamorphose von einem normalen Bewusstsein zu einem engelhaften Bewusstsein ist die Läuterung der Gefühlswelt. Man spricht oft von der bedingungslosen Liebe, wobei diese aber ein abstraktes Konzept bleibt. Um wahrhaftig bedingungslos lieben zu können, muss man alle persönlichen Bedürfnisse transzendiert haben. Die bedingungslose Liebe äußert sich in der Fähigkeit, den Göttlichen Plan voll und ganz akzeptieren zu können, die anderen Menschen so zu nehmen, wie sie sind, sich mit ihnen auf energetischer Ebene zu verbinden und das zu tun, was gut für sie ist, ohne dafür eine Gegenleistung zu erwarten. Das bedeutet aber nicht, dass man darauf verzichtet, selbst etwas zu erhalten, im Gegenteil, man wird sich mit der Zeit bewusst, dass diese Art zu lieben die Pforten zu Reichtum und Wohlstand auf allen Ebenen öffnet.

In dem Maße, in dem wir die Bedingungslosigkeit der Göttlichen Liebe und die ihr zugrunde liegenden Kosmischen Gesetze integrieren, steigt unsere Fähigkeit, alle Menschen zu lieben. Wir sind dann in der Lage, die verschiedenen emotionalen Dynamiken in unseren Beziehungen mit den Eltern, Lebensgefährten, Kindern, Freunden, Arbeitskollegen usw. zu verstehen. Und anstatt diese Gesetze als Beschränkungen zu empfinden, erkennen wir, dass sie uns bei der Erneuerung unserer Struktur und Funktionsweise hilfreich sind. Sie zu beachten und sich von ihnen lenken zu lassen wird uns folglich als ganz natürlich erscheinen.

Die Kosmischen Gesetze sind untereinander verbunden und aufeinander abgestimmt und gewährleisten eine perfekte, harmonische Funktionsweise. Sie liegen den Göttlichen Qualitäten und Tugenden zugrunde, deren Entwicklung und Integrierung uns die höchsten Ebenen der Reinheit erfahren lassen. Die Beachtung dieser Gesetze der Liebe und Weisheit führt in der Tat zu Glückseligkeit und Erfüllung, und darin besteht eigentlich die wahre, heitere Langlebigkeit. Genauso verhält es sich auf der kollektiven Ebene: Wenn es keine Kriege gibt und die Gesetze von allen beachtet werden, kann Frieden herrschen und Ausdehnung, Reichtum und Wohlstand erzeugen. Es ist notwendig, ein absolutes Vertrauen in die Göttliche Gerechtigkeit zu entwickeln und akzeptieren zu können, dass alles, was in unserem Leben geschieht – das Positive wie das Negative – unserer Weiterentwicklung dient. Wenn man allein lebt und die wahre Liebe noch nicht gefunden hat, so bedeutet dies, dass man auf dem Weg dahin intensive Reparatur- und Reinigungsarbeiten durchzuführen hat und im Augenblick all seine Kräfte und Anstrengungen darauf konzentrieren muss, die Bedingungen für ein dauerhaftes Glück zu schaffen.

Als ich Christiane begegnete, hatte ich meine emotionalen Bedürfnisse bereits transzendiert. Es genügte mir, einen Sonnenstrahl auf meiner Haut zu spüren, den Duft einer Blume zu atmen oder das Lächeln eines Kindes zu sehen, um mich glücklich zu fühlen. Auch der Anblick verliebter Paare erfüllte mich mit Glück. Ich hatte es nicht mehr nötig, die Liebe konkret und körperlich zu erleben, um sie in mir zu spüren, und hatte das Zölibat vollkommen akzeptiert, weil ich nicht mit einer Frau zusammenleben wollte, die der Himmel nicht zuvor als die für mich richtige Frau bestätigt hatte. Ich war glücklich in meinem Junggesellenleben, bei dem mir die emotionale Abstinenz die Möglichkeit bot, andere Facetten der Liebe zu entdecken. Dieser intensive Reinigungsprozess auf der Ebene der Gefühle bewirkte die Erleuchtung meines Herzens. Es war eine lange Reise und ihre erste Etappe bestand in der Erkenntnis, dass die Göttliche Liebe in der gesamten Schöpfung enthalten ist. Danach lernte ich, mich selbst und meine Mitmenschen in Göttlicher Weise zu lieben, bevor ich schließlich diese höchste Stufe der Liebe in einer Paarbeziehung erleben konnte.

Die Transzendierung der Sexualität war am Anfang ebenfalls eine schwierige Aufgabe. Die Öffnung des Unbewusstseins bewirkt eine verstärkte Wahrnehmung auf allen Ebenen und man empfindet alles viel intensiver. Die feinstofflichen Sinne aktivieren sich und wecken die noch nicht transzendierten Bedürfnisse, was unsere innere Standfestigkeit und Loyalität gegenüber den Göttlichen Prinzipien auf die Probe stellt. Meine metaphysischen Fähigkeiten hatten sich so geschärft, dass ich den Blick abwenden musste, wenn ich eine Frau auf der Straße sah, um keine Gedanken in mir aufkommen zu lassen, die meine Instinkte genährt hätten. Ich konnte sogar manchmal in Gegenwart einer Frau die Pheromone wahrnehmen, die sie ausstrahlte. Es war mir auch möglich, metaphysisch zu erkennen, ob ich eine Frau hätte verführen können, ob zwischen ihr und mir eine *sexuelle Chemie* vorhanden war, dabei musste sie gar nicht in meiner Nähe sein. Das alles war so stark und überwältigend!

Mit der Zeit aber und in dem Maße, in dem die Erinnerungen verwandelt werden, stabilisiert man sich und obwohl die feinstofflichen Sinne aktiv bleiben, verspürt man nicht mehr das drängende Bedürfnis, sich gefühlsmäßig oder sexuell auf Kosten der anderen zu nähren, was manchmal zu einem zwanghaften Verhalten führen kann. Der Weg der engelhaften Entwicklung ist mit intensiven Einweihungen gepflastert. Nachdem ich selbst die verschiedenen Etappen dieses Wegs zurückgelegt habe, kann ich nun darüber in der Hoffnung berichten, diesen umfassenden Verwandlungsprozess des Bewusstseins für andere dadurch leichter werden zu lassen.

Die Göttliche Liebe zwischen einem Mann und einer Frau erzeugt ein multidimensionales Wohlbefinden und entfaltet in der Paarbeziehung ein außergewöhnliches kreatives und materialisierendes Potenzial. Es ist das Geschenk, das der Schöpfer allen Menschen anbietet, die tiefgründig an sich arbeiten. Dies erkenne ich nicht nur bei Christiane und mir, sondern bei allen Paaren, die durch die Arbeit mit den 72 Engeln zusammengefunden haben und die Weisheit besaßen, die Bestätigung des Himmels abzuwarten, um sicher zu sein, dass sie tatsächlich ihre Zwillingsseele gefunden hatten.

58- Eine Frau mit Erfahrung

Wenn wir unserer Zwillingsseele begegnen, erkennen wir, dass der Himmel uns seit langem darauf vorbereitet hat und bestimmte Affinitäten uns bereits verbinden. Bezüglich meiner Beziehung zu Christiane möchte ich zwei Zeichen erwähnen, welche die Kosmische Intelligenz auf meinem Weg orchestriert hatte. Christiane stammt aus der Schweiz und ich habe mich immer zu diesem Land hingezogen gefühlt, obwohl niemand aus meinem unmittelbaren Umfeld es jemals besucht hatte. Musste ich als Kind eine Schularbeit über ein Land machen, wählte ich immer die Schweiz, ohne zu wissen, warum eigentlich. Ich erkannte im Nachhinein auch, dass der Erfolg eines meiner Lieder – *A Woman of Experience* (Eine Frau mit Erfahrung) – ein großartiges Zeichen war.

Ich hatte die Musik dazu mit meinem Freund und Kollegen Marc Provençal komponiert und Luc Plamondon sollte den Text dazu schreiben. Bevor ich die Partitur Luc gab, hatte ich einige Gedanken über die humanitäre Hilfe in Afrika eingefügt und dachte, er würde sich dadurch inspirieren lassen. Als ich dann aber den Text erhielt, war ich total enttäuscht. Er erzählte die Geschichte eines jungen Mannes, der eine sehr tiefe Bindung und eine engelhafte Liebe für eine Frau empfand, die älter war als er. Trotz all meiner Achtung für Luc fühlte ich mich angesichts dieses Textes entmutigt, denn ich konnte mich nicht damit identifizieren. Ich hatte damals natürlich nicht die leiseste Ahnung, dass dieser Liedtext mir die Liebesgeschichte ankündigte, die ich später mit Christiane erleben sollte. Sogar der Altersunterschied zwischen uns war darin erwähnt.

Dieses schöne Lied wird immer einen kostbaren Teil meines Schicksals darstellen. Als ich anfing Träume zu erhalten, die mir ankündigten, dass Christiane meine Frau würde, berührte und verwunderte mich das gleichzeitig. Ich erkannte, dass der Song, der meine Karriere als Sänger geprägt hatte, dabei war, sich zu materialisieren, Wirklichkeit zu werden.

Damals war Christiane schon seit Jahren meine beste Freundin und ich fragte mich, wie sie denn meine Frau werden sollte. Dafür liebte ich sie einfach zu sehr. In meinen Augen war es nicht notwendig, dass wir eine Liebesbeziehung hatten. Aber der Himmel ist schelmisch und verschleiert ständig die Etappen, für die wir noch nicht bereit sind oder deren Sinn wir noch nicht verstehen können, weil sonst die Gefahr bestünde, dass wir unserem Lebensprogramm zuwiderhandeln würden. Die Synchronisierung der Lebenspläne ist sowohl aus individueller wie aus globaler Sicht sehr wichtig: Es gibt vorbestimmte kollektive Etappen, die das

Schicksal zahlreicher Menschen miteinander verbinden und deren Hauptlinien aufeinander abgestimmt sein müssen, um den harmonischen Ablauf auf allen Ebenen zu gewährleisten. Natürlich kann ein Lebensplan sich ändern. Entscheidet man sich für eine andere Tangente oder hinkt man seinem Lebensplan hinterher, kann die Kosmische Intelligenz Anpassungen vornehmen oder eine Ersatzperson (eine Art *Backup* der betreffenden Person) einbringen, die dem ursprünglich in unserem Lebensplan vorgesehenen Werdegang entspricht. Der Zug unseres Lebens kann immer für eine andere Bestimmung umgeleitet werden, wenn wir uns der Weiterentwicklung widersetzen oder unser Verhalten dem Lebensplan unseres Partners, anderer uns nahestehender Menschen oder der Gemeinschaft schadet. Der Zug kann auch in eine neue Richtung gelenkt werden, wenn der Himmel erkennt, dass wir durch eine intensive Arbeit unsere Fehler und Schwächen verwandelt haben und keine Resonanzen mehr mit früheren negativen Affinitäten vorhanden sind, wodurch in unserem Entwicklungsprogramm und unserem Leben generell Verbesserungen vorgesehen werden können. Wenn wir von ganzem Herzen, mit ganzer Seele und mit der inneren Absicht, unser Göttliches Wesen zu manifestieren, an uns arbeiten, dann ist absolut alles möglich, unser Schicksal kann sich ändern und neue Horizonte können sich vor uns öffnen.

Es ist faszinierend, wenn man die multidimensionalen Verflechtungen des Schicksals versteht. Die spirituelle Arbeit befähigt uns, den eigenen Lebensplan zu erkennen und die großen individuellen und kollektiven Veränderungen vorauszusehen. Das erfordert jedoch die Fähigkeit der Loslösung und die Bereitschaft, sich vollkommen dem Göttlichen Willen zu unterstellen. Solange wir diese Qualitäten noch nicht entwickelt haben, bleiben die Etappen unseres Lebens und diejenigen der Leben unserer Mitmenschen verschleiert. Auf diese Weise schützt uns der Himmel und fördert unsere Weiterentwicklung, ähnlich wie man es bei Kindern tut, die noch nicht alles verstehen können.

Ja, das Leben hat mich tatsächlich des Öfteren überrascht, obwohl ich zahlreiche vorausschauende Träume erhielt. Die Begegnung mit Christiane war eine dieser Überraschungen, eine der schönsten. Ich war nicht bereit, ihr früher zu begegnen. Sie tauchte in meinem Leben genau zum richtigen Zeitpunkt auf, um mir zu helfen, eine weitere Etappe meiner engelhaften Verwandlung zurückzulegen.

59- Der Hochzeitstraum

Christiane und ich haben uns in diesem Leben wiedergefunden und wiederentdeckt wie Kinder. Wir teilten zuerst eine ehrliche, reine Freundschaft und Zuneigung. Gleich bei unserer ersten Begegnung hatte ich das Gefühl, sie schon seit immer zu kennen. Alles an ihrem Wesen inspirierte mich: ihre Güte, ihre Liebenswürdigkeit, ihre Lebensfreude, ihre Anmut, ihr lichterfüllter Blick, ihre Liebe und ihre Gottergebenheit. Wenn ich mich ihr anvertraute, fühlte ich mich immer akzeptiert und verstanden, weil ihre Erfahrungen den meinen ähnelten, nur hatte sie sie als Frau erlebt. Ihre Erklärungen über die Traditionelle Engellehre erzeugten sofort ein positives Echo in mir und ich integrierte sie sogleich in mein Alltagsleben.

Ich engagierte mich schon bei Christianes erstem Vortrag, dessen Thema die Sterbebegleitung im Bewusstseinszustand des Engels 70 Jabamiah war. Ohne ihr etwas zu sagen, hatte ich eine ganzseitige Anzeige in einer lokalen Zeitung organisiert und so stand sie zu ihrer Überraschung vor einem vollen Saal. Ihre Forschungen und Entdeckungen sowie die Erfahrungen, die ich selbst bereits nach zwei- oder dreiwöchiger Arbeit mit den Engeln gemacht hatte, berührten mich so sehr, dass ich diese philanthropische Geste als vollkommen natürlich empfand. Im Grunde meines Wesens wusste ich, dass ich mich auf der Erde befand, um die Lehre der Engel zu verbreiten, und dass mich das Leben seit meiner Geburt darauf vorbereitet hatte.

Dem Himmel zu dienen hat in mir schon immer das Gefühl der Gnade hervorgerufen, sowie den machtvollen Eindruck, mit meinem Lebensprogramm im Einklang zu sein. Meinem Dasein durch die Realisierung einer spirituellen Mission einen Sinn zu geben ist für mich das Wichtigste. Ich bin heute glücklich, mit der Unterstützung zahlreicher freiwilliger Helfer, Helferinnen und Philanthropen schöne, großartige altruistische und humanitäre Projekte verwirklichen zu können. Das Gefühl, das ich bei der Zusammenarbeit mit ihnen habe, ist genauso stark wie dasjenige, welches ich an dem Tag empfand, als ich die Zeitungsannonce für Christianes ersten Vortrag bezahlte. Zu sehen, wie die Menschen die wahre Bedeutung der Engel entdecken, erfüllt mich mit unendlicher Freude.

Christiane war am Tag ihres Vortrags so nervös, als hätte ein kleines Erdbeben in dem Ort, wo wir wohnten, stattgefunden. Wir waren beide schon in früheren Leben mit spirituellen Missionen betraut und sind uns bewusst, dass das, was wir heute vollbringen, bereits vor langer Zeit begann. Die Bedingungen dieser früheren Leben waren jedoch nicht immer leicht und die mit diesen Erfahrungen verbundenen negativen Erinnerungen wurden bei Auftritten in der Öffentlichkeit wieder wachgerufen.

Einige Wochen nach diesem ersten Vortrag und den darauf folgenden zog ich mich in die Einsamkeit zurück, um meine innere Arbeit und mein Verständnis der Engelenergien zu vertiefen. Christiane, meine Freundin, Schwester und Vertraute, war immer für mich da, wenn ich sie brauchte, und tröstete mich voller Güte und Liebe. Ihre Gegenwart gab mir die Kraft, um die Arbeit an mir ununterbrochen fortzusetzen. Die Anrufung der Engel löste auch bei ihr machtvolle Einweihungen aus und dadurch, dass wir miteinander darüber sprechen konnten, entstand zwischen unseren Seelen ein privilegiertes, magisches Band.

Meine Weiterentwicklung eröffnete mir einen immer tieferen Zugang zum wahren Wissen. Gleichzeitig und in unbewusster Weise zog sich aber ein Teil von mir zurück und wurde starr und extremistisch. Ich glaubte damals, Gott am besten dienen zu können, indem ich mich isolierte und von den anderen absonderte. Schließlich verstand ich aber, dass das Einsiedlerleben nicht den Gipfel der menschlichen Entwicklung darstellt. Es ist eine wichtige Etappe, bei der man intensiv an sich arbeiten und wertvolle Qualitäten entwickeln kann, aber es ist nicht die letzte Stufe. Auf dem Weg der Weiterentwicklung schafft man sich manchmal einen falschen Heiligenschein, um sich innerlich zu festigen, doch irgendwann wird man ihn umprogrammieren müssen. Die Illusion hat eine erzieherische Funktion, die unserer Entwicklung dient, und oft braucht es Zeit, bevor man bereit ist, sie aufzugeben. Die Erkenntnis, dass man die Göttliche Liebe in einer Paarbeziehung leben kann, veranlasste mich, Konzepte zu berichtigen, die seit Jahrhunderten auf der Erde existieren und die ich am Anfang meiner spirituellen Suche ebenfalls ohne zu überlegen akzeptiert hatte. Die Erfahrung eines engelhaften Lebens in einer Paarbeziehung ist nicht nur möglich, sondern für unsere Vollkommenheit sogar unerlässlich.

Ich hatte zuerst Träume erhalten, die mir ankündigten, dass Christiane meine Frau werden würde; sie erhielt diesbezügliche Träume später, zum Zeitpunkt, als uns alles enthüllt wurde. Diese verwirrenden Offenbarungen veranlassten mich, eine Weile auf Distanz zu gehen, weil ich unsere für mich so wertvolle spirituelle, heilige Freundschaft nicht gefährden wollte. Ich zweifelte auch an der Bedeutung meiner Träume und sagte mir, dass sie vielleicht einfach nur in symbolischer Weise eine Vereinigung von Teilen von mir darstellten, also mein inneres Paar betrafen, und nicht eine Paarbeziehung in der Außenwelt. Nach mehreren Monaten der Innenschau und Überlegung nahm ich erneut Kontakt mit Christiane auf und wir vereinbarten zusammenzuarbeiten, um unsere Erfahrungen mit den Engelenergien an andere Menschen weiterzuvermitteln. Ich begann dieses Engagement im Glauben, dass unsere Vereinigung eine solche der spirituellen Freundschaft sein würde, und das passte mir voll und ganz, weil wir dadurch in Symbiose und mit einer multidimensionalen Verbindung zusammenarbeiten konnten. Nachdem ich einige Monate lang mit dem Engel 20 Pahaliah gearbeitet hatte, um meine sexuellen Bedürfnisse zu transzendieren, empfand ich keine mehr und konnte mich ohne Ablenkung vollkommen meiner engelhaften Mission widmen.

Zur gleichen Zeit bot uns ein Ehepaar, das an unseren ersten Vorträgen über die Engellehre teilnahm, seine Hilfe bei unserer

Mission an. Der Mann war im Bauwesen sehr erfolgreich und das Paar lud uns ein, ein Grundstück zu besichtigen, auf dem gegebenenfalls die Schule der Universe/City Mikaël errichtet werden konnte. Wir fuhren zu viert im gleichen Auto los. Ich werde mich immer an diesen Moment erinnern: Christiane und ich saßen auf dem Rücksitz und es war das erste Mal, dass wir so nahe beieinander waren. Während der zweistündigen Fahrt fühlte ich mich körperlich zu ihr hingezogen. Ich verstand ganz und gar nicht, was vor sich ging, denn ich hatte den Eindruck, dass die Anziehungskraft nicht von mir ausging, sondern von ihr. Ich war perplex und begann die Engel-Rezitierübung zu machen, um jegliches Verlangen, das aufsteigen konnte, zu verwandeln. Als echte Schweizerin verhielt Christiane sich ganz diskret, weshalb ich bei ihr keinerlei Regung wahrnehmen konnte, während meine Empfindung ganz stark war. Ich hatte das Gefühl, an ein Elektrizitätswerk angeschlossen zu sein, so intensiv durchzog das Sehnen meinen Körper und mein Herz. Mir war ganz heiß und ich hatte es eilig, den Wagen verlassen zu können. Ich wollte mich Christiane gegenüber so sehr richtig verhalten, dass der Gedanke, ein intimes Verhältnis zwischen uns zu aktivieren, eine große Angst in mir aufsteigen ließ. Wir waren endlich angekommen und die Energie hatte sich beruhigt. Bei der Rückreise verlief alles gut, ich spürte nicht mehr diese intensive Energie. Etwas war aber in Gang gesetzt worden und die Stimmung zwischen uns hatte sich verändert.

Heute lachen wir aus vollem Herzen, wenn wir uns an diese Episode erinnern, denn wir waren wirklich naiv, zu glauben, gemeinsam für die Engel arbeiten zu können, ohne füreinander Liebe zu empfinden. Wir waren wie ein verklemmter Mönch und eine verklemmte Nonne. Der Himmel hielt lange verschleiert, was wir miteinander erleben würden, damit wir Zeit hatten, uns gut darauf vorzubereiten.

Am nächsten Morgen rief Christiane an und teilte mir mit ihrer üblichen Offenheit mit, dass sie am Vortag im Wagen ebenfalls eine neue Schwingung zwischen uns wahrgenommen hatte. In der Nacht hatte sie einen Traum erhalten, in dem *ich zärtlich meine Hand auf ihren Oberschenkel legte*. Ich werde mich immer an die darauffolgende Stille erinnern... Ein neues Programm war für uns beide angelaufen. Meine Gedanken kreisten in meinem Kopf herum, während ich mich zögernd fragte, ob es der richtige Augenblick war, mich ihr zu offenbaren. Schließlich atmete ich tief ein und erzählte ihr dann von den schon Monate zuvor erhaltenen Träumen. Ich berichtete ihr auch von dem Lied *Eine Frau mit Erfahrung*, das sie nicht kannte, weil sie zu dem Zeitpunkt, als es in Quebec ein großer Hit war, noch in der Schweiz lebte. Am Ende unseres Austausches fühlte ich, dass unsere Herzen im Einklang schwangen. Wir vereinbarten, jeder für sich drei Tage lang zu meditieren und dabei den Himmel zu fragen, ob es richtig sei, eine Liebesbeziehung einzugehen.

Nachdem die drei Tage um waren, rief ich sie an und sie meldete sich etwas stotternd. Ich fragte sie, ob es ihr gut ginge, und sie sagte, es sei ihr etwas schwindlig, weil sie gerade dabei war, Yogaübungen zu machen und auf dem Kopf stand, als das Telefon läutete. Von Herzen lachend und mit einem schelmischen Ton fragte ich sie: „Ist das ein Zeichen?", obwohl ich die Antwort bereits wusste. Sie musste ebenfalls lachen und erwiderte, sie habe tiefgründig mit dem Engel 18 Caliel gearbeitet, der die Wahrheit enthüllt und ganz besonders in wichtigen Augenblicken immer klar zu erkennen gibt, welche Entscheidung die richtige ist. Dann vertraute sie mir an, dass in einem ihrer Träume *ich ihr die Tür zum Licht öffnete*.

Wir gaben uns unseren ersten Kuss als Verliebte am Ufer eines Flusses an einem schönen Herbsttag. Es war zauberhaft! Wir saßen auf den Steinen nahe beim Wasser und fühlten uns wie Jugendliche, die sich entdecken lernten. Die Tatsache, dass ich nun mit einer eingeweihten Frau zusammen war, nachdem ich jahrelang allein gelebt hatte, erschütterte die mönchhafte Arbeit, die ich in meinem Innern durchgeführt hatte. Gleichzeitig lag es uns beiden am Herzen, richtig zu handeln und der Himmlischen Führung zu folgen.

Da sich unsere Seelen bereit fühlten und wir eine Bestätigung vom Himmel erhielten, beschlossen wir etwa zwei Wochen später, zusammenzuleben. Wir waren so glücklich, unseren Alltag miteinander zu teilen, wussten aber nicht so recht, wie wir unsere Liebe zum Ausdruck bringen und zueinander sein sollten. Wir mussten entdecken, wie man als ein spirituelles, engelhaftes Paar lebt. Dies erforderte, sich die notwendige Zeit zuzugestehen, damit die Offenbarungen unserer Träume sich erst in uns verkörpern konnten, bevor sie sich konkretisierten. So geht man vor, wenn man in engelhafter Weise materialisieren möchte.

Das Wunderbare daran war, dass unsere Beziehung von Anfang an auf einem vollkommenen gegenseitigen Vertrauen basierte. Wir hatten außerdem beide bereits eine sehr einfache Lebensart integriert, die uns bestens zusagte. Und da wir beide selbständig und unabhängig waren, verspürten wir nicht das Bedürfnis, ständig mit dem anderen zusammenzusein. Das war möglich, weil jeder von uns tiefreichend an seinen Bedürfnissen und Instinkten gearbeitet hatte und sich innerlich vollständig fühlte. In unseren Gesprächen tauchte auch die Ansicht auf, dass wir vielleicht gar kein Sexualleben mehr brauchten. Natürlich bringt uns das rückblickend ebenfalls zum Lachen. Denn wie hätten wir alle Dimensionen einer Paarbeziehung voll ausleben können ohne die wunderbaren intimen Momente, in denen wir vollkommen miteinander verschmolzen. Durch die Materialisierung der Liebe bis auf die körperliche Ebene hinein kann man sich in multidimensionaler Weise erneuern, beleben und gegenseitig wohltun. Beim Sexualakt kann ein Paar hohe Stufen der Harmonie und der Vereinigung und letztendlich die Verschmelzung mit der Urquelle erreichen.

Zu Beginn unseres gemeinsamen Lebens schien es uns jedoch denkbar, keine sexuelle Beziehung zu haben. Um aber sicher zu sein, dass wir diesbezüglich richtig lagen, beschlossen wir, über diesen Punkt zu meditieren und um Göttliche Führung zu bitten.

Wir unternahmen wieder eine Bergwanderung und machten dabei schweigsam die Engel-Rezitierübung. Diese Erhebung belebte uns. Der Wind streichelte sanft über unsere Gesichter und die Herbstsonne spendete Trost und Sicherheit. Es war ein herrlicher Tag und ein wunderbarer Augenblick. Auf dem Gipfel angekommen, setzten wir uns hin und meditierten, um Zeichen zu erhalten. Mit geschlossenen Augen formulierte ich innerlich aus ganzer Seele die Frage: „Ist es für die Entwicklung unserer Seelen richtig, in unserer Beziehung Geschlechtsverkehr zu haben?" Eine Stimme manifestierte sich sogleich und sehr machtvoll. Was sie sagte, überraschte mich und brachte mich zum Lachen. Die Stimme, die ich in meinem Kopf gehört hatte, gab mir folgende Antwort: „Was für eine vollkommen lächerliche Frage!" Als Christiane mich so spontan lachen sah und den Grund dafür hörte, teilte sie mir mit, dass sie in ihrer Meditation und bei ihren Überlegungen während des Bergaufstiegs die gleiche Antwort erhalten hatte. Es gab überhaupt keinen Grund, unsere Liebe nicht auf allen Ebenen zu erleben. Ich bin mir schon bewusst, dass es sonderbar erscheinen mag, eine solche Frage zu stellen, für mich aber kam sie einem Riesenschritt gleich. Man muss bedenken, dass ich seit Jahren wie ein Mönch lebte, und so hatte ich tatsächlich das Gefühl, mein Keuschheitsgelübde zu brechen.

Ich hatte zahlreiche sehr intensive Albträume erhalten, in denen ich meine verzerrten Erinnerungen im Zusammenhang mit der Sexualität erkennen und bereinigen konnte, sodass ich dieses natürliche Bedürfnis nicht mehr verspürte. Nun musste ich es erneut in mir aktivieren und mit einem engelhaften Bewusstsein integrieren. Ich sagte Christiane aber, dass ich es vorzog, nicht derjenige zu sein, der entschied, wann unser erstes intimes Zusammensein stattfinden sollte, denn ich wollte mit meinem ganzen Wesen richtig handeln. Wir vereinbarten, dass sie mit der Führung des Himmels den richtigen Augenblick wählen würde, selbst wenn es dazu Monate brauchen sollte, was für mich nicht wichtig war.

Als wir diese Entscheidung trafen, wohnten wir bereits seit einigen Wochen zusammen. Wir waren voller Freude und Begeisterung in die gleiche Wohnung umgezogen und teilten glücklich unseren Alltag. Zu meiner großen Überraschung kam nur drei Tage später

Christiane ganz natürlich und mit einer strahlend reinen Energie auf mich zu. Die drei bedeute die drei Ebenen: Kopf, Herz und Körper, erklärte sie mir. Wir liebten uns, als wäre es der Anfang einer neuen Zeit. Diese erste Verschmelzung, die auch die körperliche Ebene miteinbezog, schrieb in uns ein neues Programm ein. Ich liebe Christiane von ganzer Seele. Unser gemeinsames Leben übertrifft alles, was ich mir unter der Beziehung zwischen einem Mann und einer Frau je vorstellen konnte.

60- Die Rückkehr zur Ur-Quelle

Mein aufsteigender Weg zur Erleuchtung durch die Arbeit mit den Engeln setzte sich auch im Zusammenleben mit meiner Geliebten fort und wurde sogar noch intensiver. Alles war jedoch anders, denn ich hatte nun meine Frau an meiner Seite, ein wahres Geschenk Gottes.

In einem meiner Träume *befand ich mich in einem asiatischen Gefängnis. Ich saß ganz klein zusammengekauert am Boden und um mich herum herrschte eine unvorstellbare Gewalttätigkeit. Unbeschreibliche Szenen zeigten, zu welcher Dekadenz der Mensch fähig ist. Man sagte mir in diesem Traum, ich befände mich seit drei Jahren in diesem Gefängnis.* Ich wachte um halb vier Uhr frühmorgens auf und fühlte mich gelähmt. Meine Beine schmerzten ganz heftig und Christiane, die ebenfalls aufgewacht war, half mir, indem sie sie sanft massierte. Obwohl dieser Traum nur wenige Minuten dauerte, hatte ich das Gefühl, seit drei Jahren nicht mehr meine Beine bewegt zu haben. Es dauerte mehrere Stunden, bevor ich normal gehen konnte. Ich war so glücklich über Christianes Gegenwart! Wir hatten beide schon die Angst vor den Einweihungen überwunden und wussten, dass ich in diesem Traum mit kollektiven Kräften in Verbindung gebracht worden war, die meine Seele stärken würden. Diese Art Träume hilft die Qualitäten der hohen Eingeweihten zu entwickeln, die für die Arbeit als Führer und Seelenbegleiter in den Parallelwelten notwendig sind. Christianes Anwesenheit war eine Freude für mein Herz, mit dem ich viele Jahre so hart umgegangen war.

Ich erinnere mich an einen der ersten Abende unseres gemeinsamen Lebens. Ich war dabei, eine Sendung im Fernseher anzuschauen und zu analysieren. Christiane begann das Abend-essen vorzubereiten und ich erhob mich schnell, um ihr zu helfen. Da sagte sie ganz sanft und liebevoll zu mir: „Du kannst ruhig die Sendung weiter ansehen und studieren. Essen vorbereiten ist für mich eine Entspannung, eine Meditation. Ich mache dabei immer die Engel-Rezitierübung. Außerdem brauche ich im Augenblick keine Hilfe." Ich beharrte jedoch und wollte ihr unbedingt helfen, weil ich es von meinen früheren Beziehungen so gewohnt war. Sie versicherte mir, es sei nicht nötig, und sagte: „Vielleicht ein anderes Mal, im Augenblick kannst du das bedingungslose Erhalten lernen, ohne dich gezwungen zu fühlen, mir dafür etwas geben zu müs-sen." Ihre liebevollen und weisen Worte verblüfften und berührten mich so sehr, dass mir die Tränen in die Augen stiegen. So ein Verhalten war neu für mich. In meinen früheren Partnerschaften hatte meine große Sensibilität mich immer dazu gedrängt, an den verschiedenen Tätigkeiten meiner Lebensgefährtinnen teilzuneh-men. Ich hatte bei ihnen immer gespürt, dass es für sie wichtig war, alles gemeinsam zu machen. Gleichzeitig wollte ich sowohl auf der energetischen wie der konkreten Ebene jeden Konflikt vermeiden. Ich sprach mit Christiane darüber und sie sagte mir, dass sie anders reagiert und mein Angebot akzeptiert hätte, wenn ich mit etwas Unnützem beschäftigt gewesen wäre. Da sie aber wusste, dass ich mir die Nachrichten anhörte, weil ich diesbezüglich auch Träume erhielt, fand sie es richtig, mir die Möglichkeit zu bieten, meine Energie und Aufmerksamkeit weiter auf diese Einweihungsarbeit zu konzentrieren.

Ich entdeckte mit Christiane eine neue Art, als Paar zusammenzu-leben, und am Anfang war es verwirrend. Aber im Grunde meines Wesens kannte ich bereits diese schöne und richtige Weise des Lebens zu zweit, die Christiane wieder aktivierte. Dank ihrer Leh-ren und Unterstützung fand ich nach und nach das Wissen über die Komplementarität von Mann und Frau in der Handlung wie-der. Ich sagte mir oft, mein Verhalten müsse richtig sein, um ihre Liebe und ihr Vertrauen zu verdienen. Durch ihr Benehmen mir gegenüber brachte sie das, was ich schon seit Langem in mir trug, erneut zum Blühen.

Im Gegensatz zu Liebesbeziehungen, die mit der Zeit dahinwelken, wuchs und gedieh unsere immer weiter, so dass ich mich regelmä-ßig fragte, ob es tatsächlich noch eine nächste Stufe geben konnte.

Ich erkannte, dass eine Paarbeziehung sich ständig fortentwickelt, genau so, wie wir es als Individuum tun. Christiane und ich hatten festgestellt, dass in dem Maße, in dem die Verbreitung der durch uns vermittelten Lehren umfangreicher wurde, unsere kollektive Verantwortung zunahm. Diese kollektive, vermehrende Dynamik ist für uns beide als Paar und als Einzelperson ein multidimensionales Lern- und Entwicklungsfeld. Diese Mitteilungen über unser gemeinsames Leben geben nur einen Bruchteil unserer großartigen Beziehung und unserer Verschmelzung auf allen Ebenen wieder. Anfangs glaubte ich nicht, dass auf Erden eine Partnerbeziehung dieses Niveaus möglich sei. Ich kann heute aber versichern, dass ein Mann und eine Frau durchaus die Göttliche Liebe verkörpern können. Sehr oft, wenn ich Christiane in meine Arme nehme, schließe ich die Augen und danke Gott für diese so erhebende Verbindung. Ich wünsche allen Menschen, eines Tages eine solche Beziehung zu erleben.

Unsere Liebe war so erhaben und rein, dass wir nicht dachten, es wäre noch nötig, zu heiraten. Eine Reihe von sehr klaren Träumen und Zeichen veranlasste uns jedoch, unsere Meinung zu ändern. Vor Gott und den Menschen ein Ehebündnis einzugehen ist eine heilige Geste, die eine noch höhere Stufe der Liebe aktiviert. Kurze Zeit, nachdem wir unser gemeinsames Leben begonnen hatten, erhielt ich folgenden Traum: *Ich befand mich in Begleitung von zwei weißhaarigen, spirituellen Patriarchen: Ken Appleman und Normand Désourdy, zwei Bekannte, die für mich die Weisheit, die eheliche Treue sowie die emotionale und materielle Stabilität versinnbildlichten. Sie waren beide schön und strahlend. Ken fragte mich mit einem friedlichen, wohlwollenden Lächeln: „Liebst du Christiane?" Ich antwortete mit meinem Herzen und bejahte seine Frage. Er sah mich dann mit einem feierlichen Blick an und äußerte: „Dann heirate sie!"*

Am nächsten Morgen nach dem Aufwachen fragte ich Christiane, ob sie mit mir einen Spaziergang machen wolle. Wir liebten es, zusammen durch Saint-Sauveur-des-Monts, dem Dorf, wo wir damals wohnten, zu wandeln und dabei miteinander auszutauschen oder zu meditieren. Wir gingen los und ich schwieg fast den ganzen Weg lang. Ich wusste, dass das, was ich sie fragen wollte, für uns einen neuen Lebensabschnitt bedeuten würde. Wie immer ließ ich mich bei meiner Vorgehensweise durch meine Träume führen und folgte somit dem vom Himmel vorgegebenen Rhythmus. Als wir an der Kirche angelangt waren, bat ich Christiane, sich auf die Stufen am Kirchenplatz zu setzen. Ich entfernte mich einige Sekunden, um tief durchzuatmen. Dann ging ich auf sie zu, näherte mich sanft ihrem engelhaften Gesicht und fragte sie voller Liebe: „Willst du mich heiraten?" Sie sah mich ganz und gar nicht überrascht an und antwortete spontan: „Ja, ich will", wobei ihre Augen Licht, Liebe und Hingabe ausstrahlten. Ich umgab ihre Hände mit einem einfachen, hölzernen Rosenkranz und nahm sie dann sanft in meine Arme.

Während ich diese wunderbaren Erinnerungen niederschreibe, kommt, mir ein anderer heiliger Augenblick in den Sinn. Nachdem wir beschlossen hatten zu heiraten, mussten wir den Ort für die Zeremonie aussuchen. Wir waren wieder in den Bergen und meditierten, als ein Vogel sich in Christianes Handflächen niederließ und ein anderer in meinen. Das war für uns ein Zeichen des Himmels: Wir hielten damals unsere Vorträge in einem Saal ab, der den Namen *St-Francis-of-the Birds* (Heiliger Franziskus der Vögel) hieß. Dort haben wir geheiratet. Wenn man mit der Kosmischen Intelligenz verbunden ist, wird man für all diese Zeichen empfänglich. Sie sind Teil der Göttlichen Führung und ermöglichen uns, voller Vertrauen unseren Weg zu gehen, weil sie uns erkennen lassen, ob wir im Einklang mit dem Schöpfungsplan leben und handeln.

61- Das männliche und das weibliche Prinzip

Das klösterliche Leben kann eine wichtige Etappe sein, bei der man durch das Gebet, die Meditation, die Stille und die Loslösung von der Materie hohe Bewusstseinsebenen und ein hohes Niveau der Reinheit erreicht. Doch entgegen einer weitverbreiteten Ansicht führt diese Stufe der Selbstverwirklichung nicht zur vollkommenen Erfüllung: Unsere Entwicklung kann darüber hinaus gehen. Um unsere Göttlichkeit ganzheitlich zu erleben und zum Ausdruck zu bringen, müssen wir lernen, die beiden Prinzipien – das männliche und das weibliche – bis in die konkrete, physische Ebene hinein zu verschmelzen. Wenn wir der spirituellen Dimension des Lebens den Vorrang geben, zieht uns eine gewöhnliche, zu materialistische Beziehung nicht mehr an. Es ist in der Tat besser, allein zu leben und an seiner inneren Verwandlung zu arbeiten, als eine komplizierte, materialistische Verbindung einzugehen, die allerlei Probleme mit sich bringt. Das ist die beste Art, um sich für eine Paarbeziehung vorzubereiten, in der man sich vollkommen verwirklichen kann.

Als ich Christiane begegnete, waren meine Polaritäten im Ungleichgewicht: Das weibliche Prinzip war stärker entwickelt als das männliche. Diesen Aspekt findet man häufig bei spirituellen Männern, denen es unter anderem aufgrund ihrer großen Sensibilität schwerfällt, sich zu manifestieren und zu behaupten. Sie sind im Allgemeinen zu nett, zu sanft, zu nachgiebig etc. Doch das *Zuviel* erzeugt Verschiebungen in unserer Art zu sein und zu funktionieren, was unvermeidbar Schwierigkeiten hervorruft. Ein zu netter Mensch lässt sich leicht ausnutzen. Ist man unfähig, sich zu behaupten, wird man häufig gegen seinen eigenen Willen beeinflusst und trifft falsche Entscheidungen, vor allem, wenn es Spannungen gibt und man vor zu lösenden Problemen steht. Weil man jedem gefallen möchte und das Bedürfnis hat, geliebt zu werden, neigt man zu übermäßiger Nachgiebigkeit. Die beiden Polaritäten in sich auszugleichen ist eine umfangreiche Arbeit, die man konkret nur in einer spirituellen Paarbeziehung verwirklichen kann, in einer entwicklungsfördernden Beziehung, die ständige Anpassungen erlebt, bis beide Partner die integrierten Qualitäten harmonisch ausstrahlen und das Gleichgewicht gewährleisten können.

Vor meiner Begegnung mit Christiane zog ich Frauen an, die ihre männliche Polarität stark entwickelt hatten und vorwiegend emissiv waren. Durch sie brachte das Resonanzgesetz mich in Kontakt mit Aspekten, die in meiner Innenwelt fehlten und die ich entwickeln musste, unter anderem die Fähigkeit, zu entscheiden und entschlossen zu handeln. Mann und Frau sind sehr verschieden und gleichzeitig komplementär, wenn es ihnen gelungen ist, ihre beiden Polaritäten auszugleichen. Es ist eben dieses bis in die Paarbeziehung hinein manifestierte Gleichgewicht, das uns die Harmonie erfahren lässt.

Die Arbeit an den beiden Polaritäten in uns und in unserer Beziehung mit den anderen ist ein langer Prozess. Es reicht nicht aus, in einer spirituellen Beziehung zu leben, um keine Auseinandersetzungen und Konflikte mehr zu haben. Ganz im Gegenteil. Um eine ausgeglichene Polarisierung zu erreichen, müssen sowohl

Diese Bücher helfen auch Eltern, Lehrern, Pädagogen und sonstigen Bezugspersonen, ihr eigenes Potenzial zu entdecken. Kasara arbeitet gegenwärtig an ihrem dritten Buch und an der *Angelica Mantra* CD-Kollektion, für die sie die 72 Engelnamen wie Mantras singt und sich dabei von ihren Energien inspirieren lässt. Ich kann sagen, dass den Engeln auf Erden zu dienen eine wunderbare Kreativität auslöst und unser Leben durch außergewöhnliche Erlebnisse bereichert. Es ist für mich eine Ehre und eine Verantwortung, meiner Tochter zu helfen und sie bei ihren spirituellen Bestrebungen im Alltag zu unterstützen.

Mein Werdegang war nicht einfach, besonders in den ersten Jahren nicht, doch heute belohnt mich der Schöpfer mit einem unermesslichen Glück sowohl durch unsere Kinder, die sich in gesunder, engelhafter Weise weiterentwickeln, als auch durch all die Familien, die in unserer persönlichen Geschichte Inspiration und Anregung fanden, um ihre spirituelle Autonomie zu erreichen und durch die Arbeit mit den Engelbewusstseinszuständen ihre Flügel zu entfalten.

KAPITEL ACHT

DIE ERLEUCHTUNG

Auch nach seiner von Liebe und Weisheit inspirierten Heirat mit Christiane durchlebt Kaya weiterhin Einweihungen. In diesem Kapitel lässt uns der Autor in seinen außergewöhnlichen Entwicklungsprozess eintauchen und erkennen, wie sein menschlicher Geist zunehmend mit seiner engelhaften Dimension verschmilzt. Er spricht über die vier Stufen der Erleuchtung, die er während seiner Arbeit mit den Engelbewusstseinszuständen erfahren hat, sowie über die dadurch ausgelösten tiefreichenden Umprogrammierungen seines Wesens und die Lebensziele, die sie ihm offenbaren. In einer leicht verständlichen Sprache schildert er, was wohl auch die großen Weisen im Laufe ihrer machtvollen Verwandlungen durchgemacht haben, bevor sie die hohen Bewusstseinsniveaus erreichten und auf der metaphysischen und der physischen Ebene großartige Dinge vollbringen konnten. Kaya enthüllt diese Etappen seines mystischen Lebens, um seine Erkenntnis weiterzugeben, dass wir alle Engel auf Erden werden können, sofern wir die Göttlichen Qualitäten und Tugenden entwickeln und sie in unserem Alltagsleben verkörpern.

63- Die Einweihungen gehen weiter

Zu Beginn unseres gemeinsamen Lebens wohnten Christiane und ich in einem kleinen Appartement in den Bergen. Die Wohnung hatte einen Zwischenstock unter dem Dach und dort schlief ich. Da ich sehr heftige Albträume durchlebte, die mich ständig aufwachen ließen, zog ich es vor, allein zu schlafen, wohl wissend, dass es nur vorübergehend war und ich eines Tages in der Lage sein würde, das Bett mit meiner Frau zu teilen, wie ich es inzwischen schon seit Jahren tue. Während der drückenden Hitze des Sommers konnte die Temperatur in diesem Raum bis auf 46° C ansteigen, doch das störte mich nicht. Meine Seele durchlebte damals eine wahre *Hitzeprüfung*, die ich bis auf die körperliche Ebene zu spüren bekam. Was ich damals sowohl am Tag als auch in der Nacht erlebte, war sehr intensiv!

Heute ist das anders, weil ich besser inkarniert bin, doch als ich jünger war, spürte ich weder die Hitze, Kälte noch generell die Klimabedingungen. Ich musste bewusst meine Aufmerksamkeit darauf lenken, damit es mir was ausmachte oder in mir Unbehagen hervorrief. Diesbezüglich hat mir Christiane sehr geholfen, weil sie als Frau stärker erdverbunden ist, im guten Sinn des Begriffs, während ich eher mental und universell ausgerichtet funktioniere. Sie erfühlt leichter, was in ihrer Nähe vor sich geht, und ich, was weiter weg geschieht. Wir haben im Laufe unseres Ehelebens erkannt, wie schön sich unser Engelpotenzial ergänzt. Christiane nimmt sogar wahr, wann ich Hunger oder Durst habe, bevor ich es selbst merke. Sie ist immer im richtigen Moment da, sie ergänzt auch meine Gedanken und führt mir ständig Antworten zu, weil sie die Stimmungen erfühlt und tiefgründig versteht. Im Auto ist sie die beste Beifahrerin, sie warnt mich vor möglichen Gefahren und ergänzt in natürlicher Weise meine Wachsamkeit. Es ist beeindruckend zu sehen, wie sie alles, was um sie herum geschieht, wahrnimmt. Ohne ihre Hilfe hätte ich wahrscheinlich mehrere Unfälle gehabt und der Himmel hätte mich *fernbedienen* müssen, um sie zu vermeiden.

Zusammen bilden wir ein wunderbares, engelhaftes Team, um dem Himmel auf Erden zu dienen. Es ist einfach grandios, diese Erfahrung in einer Paarbeziehung machen zu können! Manchmal bekomme ich eine Information im Traum und Christiane erhält zusätzliche, ergänzende Angaben, die uns helfen, eine Situation besser zu verstehen und zu erkennen, was in Vorbereitung ist. Meine Frau ist ebenfalls fähig, sowohl im Traum wie in der konkreten Wirklichkeit zu helfen und zu heilen. Allein schon ihre Gegenwart kann eine bedrückende Stimmung klären, eine Quelle der Inspiration sein, Lebensfreude, Trost und Beruhigung vermitteln oder den Mut, durchzuhalten. Sie strahlt so viel Liebe, Mitgefühl und Sanftmut aus, dass sie die Menschen, die sich ihr nähern, verwandelt. Um dieses Niveau zu erreichen, musste sie intensiv an sich arbeiten und in ihrem Entwicklungsverlauf durchlebte sie ebenfalls zahlreiche Prüfungen und Einweihungen.

Manchmal fragt man sich: „Wozu sind all die Albträume und Prüfungen gut? Warum müssen wir so viel leiden und all diese Einweihungen erleben, bevor wir die Erleuchtung erlangen und die Göttliche Weisheit und Liebe manifestieren können? Welchen Sinn und Zweck haben die Konflikte und die intensiven Kämpfe, die wir nachts im Traum oder in der konkreten Wirklichkeit durchleben? Warum ist nicht alles einfacher?"

Als Antwort kann ich darauf erwidern, dass es das Ziel des Menschen ist, sein Engelpotenzial zu entwickeln und ein universelles Wesen zu werden. Um dieses Ziel zu erreichen, müssen wir alles, was es gibt, verstehen lernen, sowohl das Gute wie auch das Böse. Wir sind dazu berufen, die Göttlichen Essenzen, Qualitäten und Gesetze zu erkennen und zu integrieren, wodurch sich uns auch die Funktionsweise des Universums erschließt. Der Grund für unsere zahlreichen Inkarnationen, für unser Experimentieren, unsere Fragen und unsere Suche nach Antworten liegt in der Entwicklung der ur-reinen Qualitäten, Tugenden und Kräfte, sowie im Verständnis und der Beachtung der Kosmischen Gesetze, jederzeit und unter allen Umständen. Diese Arbeit vollzieht sich im Laufe unserer Leben auf mehreren Ebenen gleichzeitig. Dabei durchlaufen wir verschiedene Lernphasen, machen manchmal Fehler und treffen manchmal die falschen Entscheidungen, wodurch wir das erzeugen, was man gemeinhin als karmische Lasten und Schulden bezeichnet. Um sie zu berichtigen und daraus zu lernen, manifestieren sie sich nachträglich in verschiedenen Formen, die uns erkennen lassen, dass man immer das erntet, was man sät. Darin besteht im Wesentlichen die Göttliche Gerechtigkeit.

Beim Experimentieren dessen, was richtig oder falsch ist, kommt es vor, dass wir das Wesen der Göttlichen Gerechtigkeit verkennen und in verzerrter Weise anwenden, wodurch sich Fehltaten ereignen, wie bei einem Kind, das durch Erforschen lernt, oder bei einem Wissenschaftler, der Forschung betreibt und dabei manchmal wissentlich in egoistischer Weise vorgeht. So entstehen die menschlichen Ungerechtigkeiten, die sich in der Welt der Konsequenzen manifestieren und uns einerseits offenbaren, welche karmischen Schulden wir im Laufe unserer Leben angesammelt haben, und andererseits, was wir berichten und wiedergutmachen müssen, um sie aufzulösen. Mit der Zeit erkennen wir, dass den durch unsere Fehler und Schwächen erzeugten Ungerechtigkeiten ein Mangel an wahrem Wissen sowie das Unverständnis der wahren Gerechtigkeit zugrunde liegen. Uns wird dann klar, dass die Ereignisse und Situationen, die wir als ungerecht empfinden, eigentlich auf der Göttlichen Gerechtigkeit beruhen, welche ein absolut wirkendes Prinzip ist.

Auf diesem Weg haben wir alle die Möglichkeit, schrittweise und unter Beachtung unseres eigenen Rhythmus die Qualitäten der verschiedenen Engelbewusstseinsfelder zu entwickeln und damit zu experimentieren. Um den Wert einer Qualität wirklich erfassen zu können, müssen wir auch ihr Gegenteil, d.h. ihre verzerrte Form, erfahren haben. Auf diese Weise werden wir uns mit der Zeit bewusst, was richtig ist und Gutes hervorbringt. Unser Urteilsvermögen schärft sich und es gelingt uns immer besser, die verschiedenen Nuancen von Gut und Böse zu unterscheiden, bis in die subtilsten Feinheiten hinein.

Die schönen Träume ebenso wie die Albträume beschleunigen unsere Erfahrung des Daseins, weil sie uns die Möglichkeit bieten, gewisse Dinge und Situationen auf der metaphysischen Ebene – in der Traumrealität – zu durchleben, so dass wir sie dann nicht mehr unbedingt auf der physischen Ebene – in der konkreten Wirklichkeit – experimentieren müssen. Die Albträume dienen der Bereinigung unserer Karmas, der Berichtigung unserer verzerrten Verhaltensweisen, unserer vergangenen Fehltaten und der negativen Gedanken und Emotionen, die wir im Laufe unserer Leben in unserer Seele eingeschrieben haben. In meinen Gesprächen mit den Menschen sage ich oft, dass ich mich lieber in der Traumwirklichkeit weiterentwickle durch intensive Albträume als im konkreten Leben durch Schwierigkeiten, die sich über Jahre hinziehen. Natürlich können in unserem Lebensprogramm mehrere Prüfungen vorgesehen sein, weil die Konfrontation mit den Folgen der angesammelten Karmas eine Notwendigkeit geworden ist. Wir müssen dann akzeptieren, dass wir diese Folgen nicht nur durch negative Gedanken und Gefühle erschaffen haben, sondern auch durch Handlungen, in denen wir anderen Menschen gegenüber Härte, Boshaftigkeit und Gewalttätigkeit an den Tag gelegt haben.

Die Göttliche Gerechtigkeit ist in unserem Lern- und Entwicklungsprozess allgegenwärtig. Sie manifestiert sich in unserem Lebensprogramm gemäß den Prozentsätzen von verzerrten Energien, die wir in unserem Unbewusstsein gespeichert haben und die unsere Art zu denken, zu lieben und zu handeln beeinflussen. Es steht uns natürlich frei, im Positiven wie im Negativen das zu tun, was wir wollen. Doch bestimmen das Gute bzw. das Böse, das unsere Entscheidungen bewirken, automatisch, was wir im Nachhinein im Kleinen wie im Großen ernten. Es ist wichtig, diese Tatsache in all unsere Zellen zu integrieren und uns dahingehend zu erziehen, bewusst Entscheidungen zu treffen, die unser Leben erleuchten und im Dienste des Guten stehen. Insofern sind wir sowohl auf der individuellen wie auf der kollektiven Ebene Meister unseres Schicksals und unserer Zukunft. Wenn man sich erschüttert, überfordert oder überrollt fühlt und den Sinn seiner spirituellen Entwicklung nicht mehr erkennen kann, ist es notwendig, sich daran zu erinnern, dass *eine entwickelte Seele das Böse kennt, aber freiwillig entscheidet, es nicht mehr zu tun.*

Sobald wir die Tatsache integriert haben, dass das Böse Böses erzeugt, werden wir frei und bewusst entscheiden, dieses in uns und um uns herum nicht mehr zu nähren. Wir handeln sodann im Einklang mit der Göttlichen Weisheit, welche im Grunde genommen dem gesunden Menschenverstand in allen Lebenssituationen entspricht. Sie hat nichts Mystisches an sich, sondern beruht ganz einfach auf der Fähigkeit, richtige und gerechte Entscheidungen zu treffen, die die Manifestierung des Guten in unserem Leben gewährleisten.

Es ist wichtig, diese Weisheit überall anzuwenden, selbst dort, wo es uns unbedeutend erscheinen mag, weil mit der Zeit die Anhäufung kleiner negativer Karmas schwere Konsequenzen nach sich zieht. Unser karmisches Gepäck baut sich nach und nach auf durch die Ansammlung von Gefühlen des Mangels, Bedürfnissen, Spannungen, Unwohlsein, Vorurteilen, Frustrationen, Neid und Begierden aller Art, die uns behindern, ein Gefühl der Schwere erzeugen und uns schließlich zu negativen Taten drängen. Im Grunde seines Wesens weiß jeder, wann sein Handeln nicht richtig ist, wann er in trüben Gewässern schwimmt. Sogar der Verbrecher, der eine schädliche, gesetzeswidrige Tat vollbringt, weiß es, doch das, was ihn antreibt, ist stärker als er. Er handelt unter dem Einfluss seiner negativen Erinnerungen, die er über eine sehr lange Zeit angehäuft und genährt hat und die nun die Kontrolle über sein Leben haben. Wir müssen die instinktiven, tierhaften Kräfte unseres Wesens meistern und transzendieren lernen, weil sie nicht in einem altruistischen und universellen Bewusstsein funktionieren, sondern hauptsächlich auf das Detail und die Befriedigung der unmittelbaren, persönlichen Bedürfnisse fixiert sind. Ein spirituell entwickelter Mensch trifft Wahlen und Entscheidungen, die sowohl für ihn als auch für die anderen gut und richtig sind. Es ist die Gesamtsicht unserer Gedanken, Gefühle und Handlungen, die uns ein auf das Gute ausgerichtetes Verhalten inspiriert und ein tiefgründiges, umfassendes Verständnis dessen vermittelt, was wir wirklich sind.

Selbstverständlich sind wir nicht gleich zu Beginn unseres Experimentierens engelhaft, und das ist ganz normal. Wir werden es allmählich, indem wir uns die Entwicklung der Göttlichen Qualitäten, Tugenden und Kräfte in ihrer ur-reinen Form zum Ziel setzen. Dadurch stärken wir den Funken des Göttlichen Lichts in uns, durch den wir mit der ganzen Schöpfung verbunden sind. Anfangs jedoch beschränkt die Kosmische Intelligenz unsere Fähigkeiten, damit wir erst lernen, sie im kleinen Rahmen zu verwenden, bevor wir sie in einem größeren Rahmen einsetzen können – genauso, wie man mit Kindern vorgeht. Unser Endziel ist die Verschmelzung mit dem Großen Ganzen und die Rückkehr zum Ursprung, was man als Erleuchtung bezeichnet: die Erkenntnis, dass Gott, der Schöpfer, eine in allem und jedem enthaltene Energie ist.

64- Die vier engelhaften Erleuchtungen

Die Stufen der Erleuchtung beinhalten zahlreiche Einweihungen, die uns nach und nach den Inhalt unseres Unbewusstseins erkennen lassen, d.h. alles Gute und alles Böse, das wir im Laufe unserer Leben, seit wir existieren, erschaffen haben. Wir sind oft erschüttert oder sogar entsetzt über das, was uns dabei enthüllt wird. Angesichts der Ungerechtigkeiten, Irrtümer und Fehltaten, die uns aufgezeigt werden, fühlen wir uns manchmal schlecht. Es ist nicht leicht, unsere Illusionen, unsere übelwollenden, boshaften Absichten, unsere durch Eitelkeit, Eifersucht, Neid, Gier, Gemeinheit geprägten Verhaltensweisen enthüllt zu sehen, ebenso wenig wie unsere egoistischen, aggressiven, grausamen und zerstörerischen Handlungen, die auf persönlichen Gesetzen und Kriterien beruhen. Die zahlreichen Öffnungen des Unbewusstseins und die fortlaufenden Offenbarungen, die sie bewirken, veranlassen uns, tiefgründig über unser Leben und unser Tun nachzudenken. Der auf diese Weise eingeleitete Bewusstwerdungsprozess erzeugt oft Unbehagen und Unwohlsein, die unter anderem auch von Symptomen der Depression und der Fibromyalgie begleitet werden können. Die Entwicklung unserer feinstofflichen Wahrnehmungsfähigkeit geht einher mit einer größeren Sensibilität, die sich bis auf die Zellebene auswirkt und in verschiedener Weise manifestiert. Man kann z. B. den Wunsch verspüren, sich gesünder zu ernähren

sie uns in Situationen versetzt, wo wir im Bereich der Familie, im Freundeskreis oder im Sozialleben Verrat, Ablehnung, fehlende Liebe und Anerkennung usw. erfahren. In Traumszenen und Kontexten, die Egoismus, Hass, Gewalttätigkeit, Traurigkeit, emotionale, sexuelle und sonstige Abhängigkeiten zum Ausdruck bringen, begegnen wir unserer eigenen Vergangenheit und besuchen auch die innere Welt anderer Menschen. Morgens beim Aufwachen ist man manchmal so stark von diesen Energien geprägt, dass es einem schwer fällt, sich zurechtzufinden.

Durch diese Träume will uns die Kosmische Intelligenz veranlassen, bedingungslos lieben zu lernen. Besser noch, als ein Film dies tun könnte, zeigen sie, welche Essenzen uns tatsächlich anregen und welche Egregore unseren emotionalen Körper beeinflussen.

Der folgende Traum offenbarte mir, dass die Erleuchtung auf der Ebene des Herzens in mir vollzogen war, d. h. dass ich ein neues emotionales Bewusstsein und ein feinsinniges Verständnis erreicht hatte. Dadurch war ich nunmehr imstande, das Leid der Vergangenheit aufzulösen und in all meine Zellen die grenzenlose, engelhafte Liebe einzuschreiben, die fähig ist, immer das Gute zu sehen, selbst im größten Schmerz und Übel und in der schrecklichsten Prüfung.

Ich sah mich im Lebensbaum in der Sephira Netzach, die in der kabbalistischen Tradition die engelhafte Liebe, die Sanftheit, das Glück, die Schönheit, die Ästhetik, die Raffinesse und die glücklichen Lösungen darstellt. Jesus und Buddha waren ebenfalls anwesend. Netzach schien ihre Lebenssphäre, ihr Planet zu sein. Es gab dort Kinder aller Rassen und Nationen. Ich sah eine friedvolle Welt mit majestätischen Landschaften, in der es keinen Krieg und keine Gewalttätigkeit gab. Ich sah Flüsse, Seen und Meere von unbeschreiblicher Schönheit, wie es sie auf der Erde nicht gibt. Ich sah auch wunderschöne Frauen, Männer und Paare, die eine unendliche Liebe für Gott und die gesamte Schöpfung ausstrahlten. Alles war leicht und friedlich an diesem Ort.

Die dritte engelhafte Erleuchtung: der Schlüssel zu den Welten

Diese Stufe der Erleuchtung betrifft die physische Ebene. Ihr gehen eine Reihe von Einweihungen voraus, die uns lehren, in Göttlicher

Weise zu materialisieren. In den Träumen und in der konkreten Wirklichkeit durchleben wir bei dieser Etappe intensive moralische und körperliche Prüfungen, durch die wir uns darin üben sollen, vollkommen integer, ehrlich und unbestechlich zu werden und unsere Ängste zu meistern, einschließlich der Angst um das eigene Leben.

Man muss wissen, dass man bei jeder Erleuchtungsstufe den Prozess der vorangegangenen Grade von Neuem durchläuft, um sie tiefgründiger zu integrieren. Bevor man die dritte Stufe erreicht, muss man folglich weiter an der intellektuellen und emotionalen Ebene arbeiten. Das kann mit dem Erlernen der Mathematik verglichen werden: Man beginnt mit einfachen Rechenaufgaben und Gleichungen und je weiter man im Lernprozess fortschreitet, umso komplexer und spezifischer werden die zu lösenden Vorgänge. Die den verschiedenen Stufen der Erleuchtung vorausgehenden Lernzyklen erstrecken sich über mehrere Leben. Das Ende einer Etappe wird uns durch eine Reihe von Träumen angekündigt, die in einer Abschlussprüfung münden, welche die Integrierung der betreffenden Erleuchtungsstufe bestätigt.

Die dem dritten Niveau entsprechenden Einweihungen betreffen die Fähigkeit zu materialisieren, die Loslösung von der Materie und die Transzendenz des Bedürfnisses nach Karriere, Erfolg, Anhäufung von materiellem Reichtum, Hab und Gut. In dieser Etappe der engelhaften Entwicklung wird man fähig, sich in vollkommener Symbiose mit seinen Projekten, seinen Verwirklichungen und seiner Umwelt zu manifestieren. Man verspürt nicht mehr das Bedürfnis, Dinge zu erwerben und zu besitzen, um glücklich zu sein. Das bedeutet aber keineswegs, dass man aufhört, zu materialisieren, ganz im Gegenteil. Dies geschieht jedoch in einem neuen Bewusstsein und alles, was man materialisiert, integriert sich harmonisch in das vom Schöpfungsplan für das Wohl des Ganzen Vorgesehene. Es gibt keinen Egoismus mehr, weil das Ego und der persönliche Wille im Göttlichen Willen aufgegangen sind.

Ein sehr machtvoller Traum bestätigte mir, dass ich diese Etappe des Engellebens zurückgelegt hatte. *Ganz in Weiß gekleidet stand ich mit beiden Beinen auf der Erde und blickte himmelwärts. Ich fühlte mich wohl, in Frieden und eine wohlwollende Stimmung umgab mich. Ich hatte die Gewissheit, dass für mich nun auf der Erde alles möglich war. Gleichzeitig war ich völlig bedürfnislos und fühlte mich vollkommen ungebunden. Eine Lichtkolonne kam vom Himmel herunter und ich begann in diesem weißen, klaren, strahlenden Licht aufzusteigen. Während ich aufstieg, sah ich um mich herum Gegenstände tanzen, die in symbolhafter Weise Taten und Situationen darstellten, die ich durchlebt hatte. Sie näherten sich mir und verschwanden wieder. Ich empfand ein Gefühl der Vollendung, so als handle es sich um ein Kapitel, das für mich abgeschlossen war, als könnte ich das alles haben, ohne jedoch das Bedürfnis danach zu empfinden. Die Lichtquelle über mir sog mich sanft nach oben, himmelwärts. Ich befand mich nun oberhalb der Symbole und meine Arme waren horizontal ausgestreckt, wie ein Kreuz. Mein Gesicht war dem Himmel zugewandt und meinen Körper durchströmte ein unbeschreibliches Glücksgefühl, während ich in der Lichtkolonne weiter nach oben schwebte.*

So näherte ich mich der Lichtquelle, deren Kraft in mir großen Frieden und Glückseligkeit hervorrief. Ich vernahm in meinem Kopf, durch Telepathie, dass ich meinen Aufstieg fortsetzen und mit dem Licht verschmelzen konnte, wenn das mein Wunsch war. Ich hatte die Wahl, ins Licht einzutreten oder auf die Erde zurückzukehren, um dort weiterhin zu dienen und zu helfen. Das Licht war so stark, dass mein ganzer Körper zitterte. All meine Sinne nahmen an dieser Erfahrung teil. Es fühlte sich wie die Rückkehr nach Hause, zur Urquelle an, das Ende aller Probleme. Ich wusste, dass ich sterben, mein irdischer Körper sich auflösen würde, wenn ich den Aufstieg fortsetzte. Ich blickte der Quelle entgegen, deren machtvolle Strahlen meinen Körper immer noch umgaben und durchströmten, und mit einer feierlichen Stimme äußerte ich: „Ich will meine Mission auf der Erde fortsetzen und den Menschen weiter helfen und dienen."

Darauf folgte ein Szenenwechsel und ich befand mich vor einem schwarzen Vorhang voller Sterne. Es war so echt und authentisch, als befänden sich darauf unsere ganze Galaxie und das gesamte Universum. Ein Mann kam auf mich zu und fragte mich: „Gibst du mir den Schlüssel, den du um deinen Hals trägst?" Mir wurde bewusst, dass ich tatsächlich einen Schlüssel um den Hals trug. Er war aus Gold und Kristall und von seltener Schönheit. Ich fragte den Mann: „Wozu brauchst du diesen Schlüssel?" Ohne auf meine Frage zu antworten und mit einem fordernden Ton, so als würde er mir einen Befehl erteilen, sagte der Mann: „Leih mir deinen Schlüssel!" Ich fragte ihn abermals freundlich: „So sag mir doch, warum du ihn haben möchtest. Was willst du damit machen?" Nun wurde seine Stimme noch eindringlicher und in einem finsteren Ton und einem Anflug von Aggressivität befahl er mir: „Gib mir deinen Schlüssel!" Anstatt darauf zu antworten, sah ich ihn mit einem Blick an, der Liebe und Weisheit ausstrahlte. Da veränderte sich seine körperliche Form und er verwandelte sich in den Teufel, der sehr verärgert schrie: „Gib mir deinen Schlüssel!!!" Ich blieb ruhig, gefasst, unerschütterlich und ohne Angst. Er begann sich ebenfalls zu beruhigen und versuchte es dann auf die honigsüße Art mit der Taktik der Verführung: „Wenn du mir deinen Schlüssel leihst, bekommst du von mir alles, was du willst." Dann sah ich Häuser, verschiedene Reisepässe, Luxusautos, eine schöne, reiche Frau neben einem prachtvollen Grundstück... Ich spürte, dass ich alles haben konnte. Der Teufel fuhr mit seiner Verführungstour fort, indem er mir sagte, alle meine Wünsche würden in Erfüllung gehen, wenn ich ihm den Schlüssel gäbe. Ich antwortete darauf: „Das alles gehört mir aber nicht. Ich würde nie etwas annehmen, was mir nicht zusteht." Da wurde der Teufel sehr wütend und begann sich aufzulösen, so als würde er aus der Ferne abgesaugt, und verschwand im Universum.

Wieder befand ich mich vor dem sternenübersäten Vorhang und alles war friedlich. Ein Mann mit braunen Haaren, einem braunen Bart und einer erdfarbenen Kleidung kam auf mich zu. Er strahlte eine mystische, heilige Energie aus und er betrachtete mich schweigend. Der Sternenvorhang ging auf und ich sah einen ultramodernen Aufzug. Ich betrat ihn mit dem Mann und, als wüsste ich ganz genau, was ich zu tun hatte, steckte meinen Schlüssel in ein Schloss. Der Aufzug setzte sich nach unten in Bewegung. – Es war derart machtvoll und feierlich! Ich erinnere mich so gut daran, als wäre es erst gestern geschehen. – Die Aufzugtür öffnete sich und wir befanden uns in einer riesigen Bibliothek. Es war Daath, die Kosmische Bibliothek, die Akasha-Chronik. Der Mann sah mich an und ich verstand intuitiv, dass ich von nun an Zugang zu Daath hatte, dass ich dort alle für meine Arbeit notwendigen Kenntnisse finden würde, um auf der Erde materialisieren und in den Parallelwelten handeln zu können.

Nach diesem Traum begann ich eine unglaubliche Menge vorausschauender Träume über das Materialisieren, die Börse, die Weltwirtschaft, die Regierungen, die Funktionsweise der Unternehmen usw. zu erhalten. Nachts wurden mir ergänzende Informationen zu den tagsüber gelesenen Nachrichten und geführten Gesprächen vermittelt. Manchmal besuchte ich in meinen Träumen auch Menschen oder Orte, die ich im Fernsehen gesehen oder über die ich in den Zeitungen gelesen hatte. Ich konnte beim Meditieren und in Wachträumen Angaben über Personen, Situationen und Ereignisse überprüfen. Seit jener Zeit hat sich meine Fähigkeit, in der Traumrealität und in der konkreten Wirklichkeit Informationen zu erhalten, stark weiterentwickelt und ich habe nun Zugang zu Daten über die Vergangenheit, die Gegenwart und die Zukunft, so als wäre mein Kopf ein multidimensionales Internet-Suchwerk. Auf diese Weise lebe ich heute und erhalte die Kenntnisse, die ich für die Erfüllung meiner Mission auf Erden benötige.

Die Engelkräfte, die wir alle entwickeln können, sind unermesslich und ihr Einsatz darf nur unter Beachtung des Göttlichen Plans geschehen. Dabei sind auch die Kosmischen Gesetze zu befolgen: Man kann im Universum nicht tun, was man will. Bevor man Kräfte in Bewegung setzt und zur Tat überschreitet, muss man sich vergewissern, dass man das Richtige tut und dass unser Tun im Einklang mit dem Schöpfungsplan steht. Solange wir auf der Erde inkarniert sind, ist es auch wichtig, unseren Platz zu akzeptieren und uns für das Wohl der Menschheit einzusetzen.

Es reicht nicht aus, sich die Macht der Engel zu wünschen, um sie auch zu erhalten. Unsere erste Absicht muss die Reinheit und die Entwicklung der Göttlichen Qualitäten sein, das Übrige folgt dann auf eine Art und Weise, die wunderbarer ist, als man es sich vorstellen kann. Durch die Arbeit mit den Engelessenzen kann man die verschiedenen Stufen der Erleuchtung in diesem Leben erreichen oder sie für ein künftiges Leben vorbereiten.

Die vierte engelhafte Erleuchtung: die sieben Dämonen

Die vierte Erleuchtung betrifft die Aktivierung der engelhaften Kräfte im Zusammenhang mit der Göttlichen Gerechtigkeit, der Tapferkeit und der Fähigkeit, Situationen und Lebenspläne in Ordnung zu bringen. Auf dieser Stufe muss man den Beweis erbracht haben, dass man imstande ist, unter allen Umständen gerecht zu sein. Man erhält dann den *Universalpass*, der einen befähigt, an wesentlichen Entscheidungen über das Schicksal anderer Menschen oder der Menschheit insgesamt teilzunehmen. Dadurch wird man ein Krieger des Lichts oder – moderner ausgedrückt – ein *Geheimagent* des Himmels, der besondere Rechte hat, um im Dienste des Guten im Universum einzugreifen, wohlwissend, dass das Böse eine erzieherische Funktion hat und es notwendig ist, dies zu respektieren. In dieser Etappe muss man die gerechte Strenge und Autorität sowie die Aufrichtigkeit und die Unbestechlichkeit integrieren, was durch unseren Blick, unsere Gesten, unsere Handlungen und unsere Energie auf allen Ebenen zum Ausdruck kommt.

Ich wusste nicht, dass es diese Stufe der Erleuchtung gab. Ich hatte die anderen drei vollkommen akzeptiert und dachte, dass ich mich nicht glücklicher und vollständiger fühlen könnte. Natürlich war der Weg zu diesen Erleuchtungen ein langer Kreuzweg gewesen, doch ich durchlebte jede Etappe mit der Überzeugung, dass der Himmel unsere Weiterentwicklung mit Wohlwollen leitet, wenn wir an der Entfaltung unseres Engelpotenzials arbeiten und den Wunsch haben, zu dienen. Die vierte Erleuchtungsstufe ist die letzte, aber sie ist eigentlich nie abgeschlossen, weil wir immer weiter lernen, wie man mit den Engelkräften lebt und sie im Dienste des Schöpfers sowohl auf der Erde als auch in den Parallelwelten verwendet. Wir können dabei in den anderen Dimensionen an Projekten mitwirken, welche die Verbesserung und Weiterentwicklung der Menschheit zum Ziel haben. Als Krieger des Lichts oder Himmlischer Geheimagent sind wir in der Lage, Ereignisse sowie Bewusstwerdungsprozesse und Öffnungen des Unbewusstseins bei anderen Menschen auszulösen und ihnen bei der Entdeckung ihres Engelpotenzials, der Durchquerung der Einweihungsphasen und der Entwicklung ihrer spirituellen Autonomie zu helfen.

Folgender Traum kündigte mir an, dass ich die vierte Etappe der engelhaften Erleuchtung erreicht hatte: *Ich sah vor mir sieben Dämonen, die mich herausforderten und mit mir kämpfen wollten. Die Stimmung war sehr gespannt und gefährlich. Ich spürte ihre unerbittliche, machiavellistische Energie und wusste, dass ich aufs Schlimmste gefasst sein musste. Sie beschimpften und provozierten mich, um mich in Wut zu versetzen, aber ich reagierte nicht darauf, bewegte mich nicht und fühlte mich durch ihre Worte nicht gestört. Nach einiger Zeit, als sie erkannt hatten, dass sie mich nicht erschüttern konnten, sagte einer der Dämonen zu mir: „Du hast eine hohe Stufe der Meisterung erreicht, doch wir werden dich damit kriegen..." und ich sah zu meiner Linken eine durchsichtige Wand, hinter der Übeltäter meine Tochter entführten und sie zwangen, in ein Auto einzusteigen. Sie schrie fürchterlich. Ich begann am ganzen Körper zu zittern und der Dämon forderte mich heraus: „Na komm schon, kämpf mit mir, um sie zu befreien! Wir können dir nichts mehr anhaben, dir nicht mehr schaden und weh tun, aber wir werden es durch deine Tochter schaffen!" Zitternd ballte ich meine Fäuste, während ich in mir eine so gewaltige Kraft aufsteigen spürte, dass ich alles hätte explodieren lassen können. Es gelang mir aber, mich zu meistern, und ich sagte mit gefasster Stimme: „Wenn es Gottes Wille ist, akzeptiere ich es." Die sieben Dämonen waren plötzlich verschwunden und ich wusste, dass es vorbei war und sich meine Tochter in Sicherheit befand. Ich empfand eine große Ruhe, einen tiefen Frieden und ein absolutes Vertrauen in die Göttliche Gerechtigkeit, in alles, was geschah. Ich begann in einer herrlich roten Lichtkolonne aufzusteigen, höher und höher, bis ich mich in einem, unbeschreiblich schönen Himmel voller Sterne befand. Ich spürte Gott überall um mich herum und in mir und ich verschmolz mit seiner Liebe, seiner Weisheit und seiner absoluten Gerechtigkeit. Es gibt keine Worte, um diesen Zustand wiederzugeben.*

Eine andere Szene aktivierte sich dann sehr schnell. *Ich befand mich in einem Zimmer, wo ein einfaches Bett stand. Ich saß zusammengekauert am Boden in einer Ecke neben dem Bett. Die Energie im Raum war gewaltig. Neben mir stand der Teufel. Er war größer als ein 120-stöckiges Gebäude. Die Kraft, die von ihm ausging, war so machtvoll, dass sie in mir und um mich herum sehr starke Energiewellen erzeugte. Ich hatte das Gefühl, dass in einem einzigen Augenblick alles zerstört werden konnte. Mit einer festen, beharrlichen Stimme sagte der Teufel zu mir: „Du hast nun eine große Macht, um im Universum Gerechtigkeit auszuüben, doch pass auf, dass du dich nicht in Sachen einmischt, die dich nichts angehen! Ist dir das klar?"* Ich fühlte mich beim Aufwachen vollkommen von dieser machtvollen Lehre und der Erkenntnis durchtränkt, dass Gut und Böse zusammenarbeiten, die Prüfungen immer eine erzieherische Funktion haben und im Dienste des Guten stehen. In der gleichen Nacht erhielt ich einen weiteren Traum. *Wieder war ein Dämon zugegen und ich konnte in ihn hineinsehen. Dabei erkannte ich, dass es eigentlich ein Führer des Lichts war, ein wohlwollendes, gerechtes, wunderbares Wesen, das die Prüfungen vorbereitete und das Böse verwendete, um die Entdeckung des Guten zu fördern.*

Seither bin ich mir ständig bewusst, dass die Göttliche Gerechtigkeit immer und unter allen Umständen am Werk ist und dass Gott über Gut und Böse steht. Ich habe in jede meiner Zellen die Erkenntnis integriert, dass alle Konflikte und Kriege im engen wie im weiten Rahmen für die betroffenen Seelen eine erzieherische Rolle spielen. Sie sind die Folge angehäufter Karmas und bereiten den Weg vor für ein tieferes und globales Verständnis. Ich weiß nun, dass eine entwickelte Seele – ebenso wie eine entwickelte Welt – das Böse kennt und bewusst entscheidet, es nicht mehr zu tun, weil sie es ausreichend experimentiert hat. Nachdem sie lange zwischen Gut und Böse hin und her gewandelt ist, hat sie freiwillig beschlossen, nach dem Gleichgewicht zu suchen und es beizubehalten.

Ich bin mir bewusst, dass dies wohl eines der ersten Bücher ist, welches in Einzelheiten die zu leistende Arbeit und die Etappen der Erleuchtung beschreibt, die eine Seele durchlaufen muss, um ein Engel auf Erden zu werden. Die Konzepte, wonach das Böse eine erzieherische Funktion hat und die Göttliche Gerechtigkeit absolut ist, sind nicht leicht zu integrieren, und der Weg der Bewusstseinsentwicklung ist voller Mysterien und Doppelsinnigkeiten. Als

Dämonen in meinen Träumen aufzutauchen begannen, habe ich sie zunächst hitzig bekämpft, wie ein mutiger Ritter, bis ich eines Tages – ähnlich wie ein Meister der Kampfkünste, der den Gipfel seiner Kunst erreicht hat – erkannte, dass es nichts zu bekämpfen gibt, dass ein einziger Blick, der Verständnis und Mitgefühl ausstrahlt, alle Kräfte des Universums in Bewegung setzen und wunderbare, konstruktive Verwandlungen bewirken kann.

Ich habe die Erlaubnis erhalten, dieses Buch zu schreiben, und ich weiß im Grunde meiner Seele, dass es Millionen von Menschen auf der Erde inspirieren wird, den Weg der engelhaften Verwandlung zu begehen. Es wird ihnen helfen zu erkennen, dass die Entwicklung der Göttlichen Qualitäten, Tugenden und Kräfte der wahre Sinn unseres Daseins ist.

KAPITEL NEUN

DAS ENGELHAFTE LEBEN

In diesem letzten Kapitel berichtet der Autor über sein alltägliches Leben und erklärt, wie er materialisiert, seine Entscheidungen trifft und Projekte in Gang setzt. Nachdem er jahrelang einsam und wie ein Einsiedler gelebt hatte, lernte Kaya Schritt für Schritt, wie ein Kind, erneut in der Außenwelt in Erscheinung zu treten, um das erworbene Wissen weiterzuvermitteln, seinen Werdegang zu schildern und andere Seelen zur Entwicklung ihrer engelhaften Kräfte auf Erden anzuregen.

Die Jahre voller Kummer, seelischem Leiden und intensiver Einweihungen führten Kaya letztendlich zu Glück, Frieden und Ausgeglichenheit. Er versteht heute die extremen Verhaltensweisen, die er durchlebte, bevor er sich stabilisieren konnte, und ist nun glücklich, Menschen in der ganzen Welt dabei zu helfen, ihr Engelpotenzial unter sicheren Bedingungen zu entdecken und zu integrieren, ohne erst Einsamkeit und Abkapselung durchmachen zu müssen.

Dieses Kapitel erläutert ebenfalls den Ursprung der Engel sowie die konkreten Aspekte der Arbeit mit den Engelenergien, dank deren wir unsere multidimensionalen Fähigkeiten entwickeln und Engel auf Erden werden können. Es enthält auch die drei Engelkalender, erklärt, wie man seine Geburtsengel ausfindig machen kann, und vermittelt einen Überblick über die Hauptqualitäten der 72 Engel der Traditionellen Engellehre sowie die entsprechenden menschlichen Verzerrungen.

*

65- Das Telefonbuch

Ich kann mich noch sehr gut an den Augenblick erinnern, als ich Jean Morissette, unserem ersten philanthropischen Freund begegnete, mit dem Christiane und ich später den internationalen gemeinnützigen Verein Universe/City Mikaël (UCM) gründeten. Es war während einer Meditations- und Heilungssitzung, die in der bereits erwähnten Buchhandlung stattfand. Er saß zu meiner

Rechten. Man hatte mir gesagt, er sei Rechtsanwalt, und das regte mich dazu an, als ich während der Meditation seine Hand hielt, intensiv einen Engel anzurufen, um ihm so viel Energie wie möglich zu schicken, damit aus ihm ein engelhafter Rechtsanwalt auf Erden werde. Ja, ich war zu jener Zeit etwas extremistisch... Aber im Laufe meiner Ausbildung mit den Engeln habe ich gelernt, mich und meinen Wunsch zu mäßigen, die anderen und überhaupt die gesamte Menschheit zu verwandeln. Da ich damals sehr zurückhaltend und verinnerlicht war, beschäftigte ich mich mehr mit Beobachten und Analysieren und sprach nicht viel. Folglich tauschte ich während dieser ersten Begegnung mit Jean nur wenige Worte aus.

In den folgenden zwei Wochen musste ich mich um verschiedene Akten kümmern, für die ich einen Anwalt brauchte. Ich rief das Büro des Rechtsanwaltes an, mit dem ich seit Jahren arbeitete, und obwohl er mich normalerweise sofort zurückrief, musste ich ihm diesmal eine zweite Nachricht hinterlassen und mehrere Tage verflossen, ohne dass er sich meldete. Ich betrachtete dies als ein Zeichen, durch das mich der Himmel aufforderte, den Anwalt zu wechseln.

Ich nahm das Telefonbuch, um im Branchenverzeichnis nach einem passenden Anwalt zu suchen. Vor dem Telefonbuch kniend, bat ich Gott, mich zur richtigen Person zu führen. Dann ließ ich mit geschlossenen Augen meinen Finger über die dutzenden Anzeigen gleiten, bis er auf einer Stelle stehen blieb. Als ich die Augen öffnete, las ich den Namen Jean Morissette, Rechtsanwalt, Sainte-Agathe-des-Monts.

Als guter Engelsoldat und ohne die Verbindung zum erwähnten Jean herzustellen, rief ich in seinem Büro an, machte mit der Sekretärin einen Termin aus und fand mich in der folgenden Woche zum vereinbarten Zeitpunkt dort ein.

Während ich die Treppe zum Büro hinaufstieg, nahm ich einen vertrauten Geruch wahr: Meditationsweihrauch, und dazu noch derselbe, den auch ich benutzte. Weihrauch in einer Anwaltskanzlei! Für mich war das etwas ganz Neues. Ich war überglücklich und voller Dankbarkeit dem Himmel gegenüber, der mich immer im richtigen Augenblick an den richtigen Ort führt. Jedes Mal bin ich gerührt, bedanke mich im Stillen bei Gott und lobpreise

dass die Reiseführerin auf der spirituellen Ebene nicht wirklich mit uns verbunden war, fragte ich sie, ob sie über die Traditionelle Engellehre und die Entdeckung der alten Texte Bescheid wisse. Sie antwortete uns, sie hätte nur andeutungsweise davon gehört, und verwies uns ans *Call*-Museum, wo wir vermutlich Antworten auf unsere Fragen finden würden.

Im Museum angekommen stellte ich meine Frage einem alten Herrn, der sich um den Museumsshop kümmerte. Ich spürte seine Zurückhaltung und sein Unbehagen angesichts meines Interesses für dieses Thema, als ob es sich um ein Tabu handelte, das man nicht zur Sprache bringen durfte. Er gab mir dieselbe Antwort wie die Stadtführerin, dass er nur andeutungsweise davon gehört hätte. Ich spürte aber in seinen Worten Unausgesprochenes, etwas Verstecktes, wahrscheinlich, weil er diesbezüglich eine Anweisung zu befolgen hatte, weshalb ich nicht auf weitere Informationen beharrte. Wir gingen anschließend in einen Buchladen, fanden aber kein einziges Werk, das dieses Thema direkt ansprach. Die vorhandenen Bücher erwähnten lediglich die archäologischen und soziologischen Aspekte des Lebens der Juden zu jener Zeit sowie die Tatsache, dass ein Stadtviertel während der Inquisition zuge-mauert worden war und über 500 Jahre lang kein Mensch mehr Zugang zu dieser Stätte hatte.

Als die Reiseführerin sah, dass wir uns immer noch Fragen stellten und mit unseren Entdeckungen nicht zufrieden waren, erwähnte sie den *Garten der Engel* und fragte uns, ob wir ihn besichtigen wollten. Sie fügte hinzu, sie habe den Garten nicht eher vorgeschla-gen, weil es dort nicht viel zu sehen gab.

Als wir den Garten betraten, waren Christiane und ich glücklich wie Kinder, die den größten aller Schätze gefunden hatten: Es gab in Steinplatten eingelassene Kupferschilder, in welche die Namen der 72 Engel eingraviert waren. Wir erzählten der Führerin, dass wir mit den Engeln arbeiteten und aus diesem Grund nach Gerona gekommen waren. Sie sagte uns, der Garten sei von einem katala-nischen Dichter angelegt worden, der in der Nähe der Stadt lebe, und es gäbe eine mysteriöse Geschichte im Zusammenhang mit diesem Garten. Sein Schöpfer hätte in der Vergangenheit auch Probleme mit dem Stadtrat gehabt, mehr wüsste sie jedoch nicht. Sie bot uns ihre Hilfe an, um ihn kennenzulernen. Nach einigen Anrufen sagte sie: „Ich habe seine Telefonnummer ausfindig gemacht. Wenn Sie wollen, rufe ich ihn an, um zu sehen, ob es ihm möglich ist, Sie zu empfangen, denn er ist schon ziemlich alt." Da wir sehr an einer Begegnung mit diesem Mann interessiert waren, nahm unsere Führerin Kontakt mit ihm auf und zu unserer großen Freude war er bereit, uns am nächsten Tag um 11 Uhr bei sich zu Hause zu empfangen.

Diese Zusammenkunft, die sich wie durch Magie organisiert hatte, war ein echtes Glückserlebnis. Wir verbrachten etwa eine Woche mit ihm und er stellte uns auch Architekten vor, die den Plan einer Kathedrale für die 72 Engel entworfen hatten. Er brach in Tränen aus, als wir ihm von der *Angelica Meditation* und der *Angelica Musica* CD-Kollektionen berichteten, an denen wir damals gerade arbeiteten. Voller Begeisterung äußerte er die Idee, sie ununterbrochen im *Garten der Engel* abzuspielen. Er war voller Projekte und wollte uns helfen. Es berührte ihn tief, zu erfahren, dass am anderen Ende der Welt, in Kanada, eine Schule im Entstehen begriffen war und schon Hunderte von Menschen (unsere ersten Studenten) mit den Engeln arbeiteten, indem sie ihre Namen anriefen, um die Multidimensionen ihres Bewusstseins zu aktivieren und die Traumwelten zu bereisen. Zu jener Zeit hatten wir noch nicht damit begonnen, Bücher zu schreiben und herauszugeben, denn wir standen erst am Anfang unserer Vorträge. Er unterstrich, dass er nicht über die Möglichkeit, mit den Engeln zu arbeiten, im Bilde war. Das machte ihn traurig, denn nachdem er die alten Texte gefunden hatte, war sein Leben zu einer Aufeinanderfolge von Prüfungen geworden. Er erlebte den Verrat von nahestehenden Personen und hatte auf der materiellen und der finanziellen Ebene alles verloren. Der Stadtrat hatte alles daran gesetzt, um ihn zu enteignen und dadurch das Privileg seiner Entdeckungen in Anspruch nehmen zu können. Nicht einmal seine Freunde, welche die ersten Texte zu dem Thema geschrieben hatten, unterstützten ihn... All diese Erinnerungen erneut in sich wachzurufen wühlte ihn gefühlsmäßig sehr auf.

Er teilte uns auch mit, dass seine Familie, die von den Juden aus der Zeit der Inquisition abstammte, seit Generationen eine in Stein gemeißelte Karte aufbewahrt hatte, die von einem versteckten Schatz im heutigen *Call*-Viertel handelte. Während der Inquisition hatten seine Familie und zahlreiche andere Bewohner von Gerona so viele dramatische Ereignisse erlebt, dass sie es aus Scham vorzogen, die Geschehnisse jener Epoche zu vergessen.

Heute gibt es im *Call*-Museum, das mit der Universität von Tel-Aviv in Israel verbunden ist, nur noch wenige Spuren dieser historischen Fakten. Nach der Enteignung hatte seine Familie alle alten Texte aufbewahrt, was erklärt, warum kein einziges schriftliches Dokument im Museum zu sehen ist.

Dieser Mann und seine Freunde hatten als Kinder im Bereich des zugemauerten und Jahrhunderte lang vergessenen Viertels gespielt und dabei die Engel-Manuskripte entdeckt, die sie nach Hause mitnahmen und ihren Familien zeigten. Nach der Franco-Zeit in Spanien beschloss der Mann, den Bereich des zugemauerten Viertels, wo die Texte gefunden worden waren, zu kaufen. In diesem Teil ist heute das *Call*-Museum angesiedelt. 1975 eröffnete er ein philosophisches Café. Sein Ziel war es, Menschen aus aller Welt anzuziehen und sie wissen zu lassen, dass die Engel einer ihrer größten Schätze sind. Dank seiner Initiativen kamen viele einflussreiche Leute nach Gerona, um diese außergewöhnlichen Texte zu sehen. Doch je größer das Interesse für die Texte wurde, umso mehr fragte sich die Bevölkerung, was geschehen würde, denn in den Zeitungen kündigten Schlagzeilen an: „Millionen sollen investiert werden, um Gerona bekannt zu machen", was schnell Gier und Neid gegenüber diesem Mann und seinen Entdeckungen wachrief.

Die versprochenen Gelder kamen jedoch nie an, was den Verlust seines ganzen Vermögens verursachte. Seine Freunde veröffentlichten einige Bücher über die Texte, die vor allem in Frankreich Erfolg hatten, er aber erhielt keinerlei Form von Hilfe oder Unterstützung von ihnen. Er vertraute uns an: „ Ich habe nicht mit den Engeln gearbeitet, wie ihr das tut. Wenn ich nur gewusst hätte, dass man das kann! Ich war so leidenschaftlich begeistert und damit beschäftigt, die Existenz dieser Manuskripte bekannt zu machen, dass ich ununterbrochen daran arbeitete. Ich verstehe, dass es nicht meine Bestimmung war, ihren Inhalt zu enthüllen." In seinem Alter war dieser standhafte, strahlende Mann sehr glücklich, zu erfahren, dass die Engellehre eine Wiedergeburt erlebte und das, was er vollbracht hatte, den zukünftigen Generationen in einer aktualisierten Form, wie wir sie im Rahmen der Universe/City Mikaël (UCM) vermitteln, dienen würde.

Gegenwärtig veröffentlicht die UCM den wesentlichen Teil dieser heiligen Schriften und sobald unser Verein über die nötigen Mittel verfügt, werden wir nach Gerona zurückkehren, um dort die Texte über die 72 Engel, die einen wahren Schatz der Menschheit darstellen, in Verwahrung zu geben. Wir sind uns bewusst, dass der schwierige Weg der Traditionellen Engellehre vom Himmel so vorgesehen war, um die Integrität dieser Lehre zu wahren und sie von Dogmen und religiöser Indoktrinierung frei zu halten. Heute leben auf der ganzen Welt bereits Millionen von Menschen nach dieser Einweihungsphilosophie, die eine neue Geistesströmung und ein neues Paradigma darstellt, welche die Lebensweise der kommenden Generationen prägen werden.

69- Was ist ein Engel?

Ein Engel stellt Qualitäten, Tugenden und Kräfte des Schöpfers in ihrer ursprünglich reinen Form dar. Die 72 Engel der kabbalistischen Tradition versinnbildlichen die Facetten des Schöpfers, die in seinem gesamten Werk, in allem, was er erschaffen hat, und folglich auch im Menschen enthalten sind. Die Engel sind reine, makellose Energien, die sowohl unseren Ursprung wie unser Göttliches Potenzial symbolisieren. Im Laufe unseres vielfachen Experimentierens neigen wir Menschen jedoch dazu, die in uns vorhandenen Engelessenzen zu verzerren, wodurch wir Fehler begehen und Schwächen entwickeln, die wir früher oder später berichtigen, verwandeln und transzendieren müssen.

In der Traditionellen Engellehre entsprechen jeder Engelessenz ein hebräischer Name, eine Schwingungsenergie sowie eine Zahl, die sie in der Himmlischen Hierarchie ansiedelt. Wiederholt man den heiligen Namen eines Engels innerlich oder mit lauter Stimme, so verbindet man sich mit dem unermesslichen Göttlichen Bewusstseinsfeld, das er darstellt. Außerdem wirkt das durch seinen Namen ausgelöste Schwingungsecho direkt auf unser Zellgedächtnis und aktiviert so schrittweise unser engelhaftes Bewusstsein und unsere Fähigkeit, zu träumen und die Multidimensionen des Universums zu bereisen.

Seit Urzeiten wird das Bild des Engels als Metapher benutzt, um die spirituellen Kräfte sowie die Arbeit der Himmlischen Boten und der Geistigen Führer der Parallelwelten zu veranschaulichen, die uns helfen, unseren Lebensplan zu befolgen und unsere Lern- und Entwicklungsprogramme durchzuführen. Die Engel symbolisieren auch unsere Bestimmung, die 72 Strahlen der Göttlichen Qualitäten, Tugenden und Kräften in ihrer ur-reinen Form zu integrieren, was der eigentliche wahre Grund unserer irdischen Inkarnation ist.

Die Schutz- oder Geburtsengel

Jedem Menschen werden bei seiner Geburt drei beschützende Engelenergien zugeteilt. Ihre Qualitäten und die entsprechenden menschlichen Verzerrungen geben Aufschluss über seine Stärken und über die Schwächen, an denen er im gegenwärtigen Leben zu arbeiten hat. Genau wie in der Astrologie dienen das Datum und die Uhrzeit der Geburt als Orientierungs- und Ausgangspunkt.

Der erste Geburtsengel entspricht der physischen Ebene: Er weist den Weg in der Welt der Handlung und der Materie und man findet ihn im Engelkalender Nr. 1 anhand des Geburtsdatums.

Der zweite Schutzengel betrifft die emotionale Ebene: Er bezieht sich auf die Welt der Gefühle und Emotionen und offenbart, welche Fähigkeiten und Tugenden auf der gefühlsmäßigen Ebene zu entwickeln sind. Man findet ihn im Engelkalender Nr. 2 anhand des Geburtstages.

Der dritte Geburtsengel entspricht der intellektuellen Ebene: Er betrifft den Intellekt und die Gedankenwelt und ist im Engelkalender Nr. 3 aufgrund der Uhrzeit der Geburt zu finden.

Ziel der Arbeit mit den Engelbewusstseinszuständen ist nicht nur die Integrierung des Potenzials der drei Schutzengel, sondern auch des wahren Wissens und der wahren Kenntnis, die die 72 Engel oder Göttlichen Bewusstseinszustände insgesamt darstellen.

DIE ENGELKALENDER

Die drei erwähnten Engelkalender sind auf den
folgenden Seiten aufgeführt.

ENGELKALENDER NR. 1
Physische Ebene

21 März	bis	25 März	1	VEHUIAH
26 März	bis	30 März	2	JELIEL
31 März	bis	04 April	3	SITAEL
05 April	bis	09 April	4	ELEMIAH
10 April	bis	14 April	5	MAHASIAH
15 April	bis	20 April	6	LELAHEL
21 April	bis	25 April	7	ACHAIAH
26 April	bis	30 April	8	CAHETEL
01 Mai	bis	05 Mai	9	HAZIEL
06 Mai	bis	10 Mai	10	ALADIAH
11 Mai	bis	15 Mai	11	LAUVIAH
16 Mai	bis	20 Mai	12	HAHAIAH
21 Mai	bis	25 Mai	13	IEZALEL
26 Mai	bis	31 Mai	14	MEBAHEL
01 Juni	bis	05 Juni	15	HARIEL
06 Juni	bis	10 Juni	16	HEKAMIAH
11 Juni	bis	15 Juni	17	LAUVIAH
16 Juni	bis	21 Juni	18	CALIEL
22 Juni	bis	26 Juni	19	LEUVIAH
27 Juni	bis	01 Juli	20	PAHALIAH
02 Juli	bis	06 Juli	21	NELKHAEL
07 Juli	bis	11 Juli	22	YEIAYEL
12 Juli	bis	16 Juli	23	MELAHEL
17 Juli	bis	22 Juli	24	HAHEUIAH
23 Juli	bis	27 Juli	25	NITH-HAIAH
28 Juli	bis	01 August	26	HAAIAH
02 August	bis	06 August	27	YERATHEL
07 August	bis	12 August	28	SEHEIAH
13 August	bis	17 August	29	REIYEL
18 August	bis	22 August	30	OMAEL
23 August	bis	28 August	31	LECABEL
29 August	bis	02 September	32	VASARIAH
03 September	bis	07 September	33	YEHUIAH
08 September	bis	12 September	34	LEHAHIAH
13 September	bis	17 September	35	CHAVAKHIAH
18 September	bis	23 September	36	MENADEL

ENGELKALENDER NR. 1 (Fortsetzung)
Physische Ebene

24 September	bis	28 September	37	ANIEL
29 September	bis	03 Oktober	38	HAAMIAH
04 Oktober	bis	08 Oktober	39	REHAEL
09 Oktober	bis	13 Oktober	40	IEIAZEL
14 Oktober	bis	18 Oktober	41	HAHAHEL
19 Oktober	bis	23 Oktober	42	MIKAEL
24 Oktober	bis	28 Oktober	43	VEULIAH
29 Oktober	bis	02 November	44	YELAHIAH
03 November	bis	07 November	45	SEALIAH
08 November	bis	12 November	46	ARIEL
13 November	bis	17 November	47	ASALIAH
18 November	bis	22 November	48	MIHAEL
23 November	bis	27 November	49	VEHUEL
28 November	bis	02 Dezember	50	DANIEL
03 Dezember	bis	07 Dezember	51	HAHASIAH
08 Dezember	bis	12 Dezember	52	IMAMIAH
13 Dezember	bis	16 Dezember	53	NANAEL
17 Dezember	bis	21 Dezember	54	NITHAEL
22 Dezember	bis	26 Dezember	55	MEBAHIAH
27 Dezember	bis	31 Dezember	56	POYEL
01 Januar	bis	05 Januar	57	NEMAMIAH
06 Januar	bis	10 Januar	58	YEIALEL
11 Januar	bis	15 Januar	59	HARAHEL
16 Januar	bis	20 Januar	60	MITZRAEL
21 Januar	bis	25 Januar	61	UMABEL
26 Januar	bis	30 Januar	62	IAHHEL
31 Januar	bis	04 Februar	63	ANAUEL
05 Februar	bis	09 Februar	64	MEHIEL
10 Februar	bis	14 Februar	65	DAMABIAH
15 Februar	bis	19 Februar	66	MANAKEL
20 Februar	bis	24 Februar	67	EYAEL
25 Februar	bis	29 Februar	68	HABUHIAH
01 März	bis	05 März	69	ROCHEL
06 März	bis	10 März	70	JABAMIAH
11 März	bis	15 März	71	HAIAIEL
16 März	bis	20 März	72	MUMIAH

ENGELKALENDER NR. 2
Emotionale Ebene

JANUAR	FEBRUAR	MARZ
1: #65 Damabiah	1: #25 Nith-Haiah	1: #53 Nanael
2: #66 Manakel	2: #26 Haaiah	2: #54 Nithael
3: #67 Eyael	3: #27 Yerathel	3: #55 Mebahiah
4: #68 Habuhiah	4: #28 Seheiah	4: #56 Poyel
5: #69 Rochel	5: #29 Reiyel	5: #57 Nemamiah
6: #70 Jabamiah	6: #30 Omael	6: #58 Yeialel
7: #71 Haiaiel	7: #31 Lecabel	7: #59 Harahel
8: #72 Mumiah	8: #32 Vasariah	8: #60 Mitzrael
9: #1 Vehuiah	9: #33 Yehuiah	9: #61 Umabel
10: #2 Jeliel	10: #34 Lehahiah	10: #62 Iahhel
11: #3 Sitael	11: #35 Chavakhiah	11: #63 Anauel
12: #4 Elemiah	12: #36 Menadel	12: #64 Mehiel
13: #5 Mahasiah	13: #37 Aniel	13: #65 Damabiah
14: #6 Lelahel	14: #38 Haamiah	14: #66 Manakel
15: #7 Achaiah	15: #39 Rehael	15: #67 Eyael
16: #8 Cahetel	16: #40 Ieiazel	16: #68 Habuhiah
17: #9 Haziel	17: #41 Hahahel	17: #69 Rochel
18: #10 Aladiah	18: #42 Mikael	18: #70 Jabamiah
19: #11 Lauviah	19: #43 Veuliah	19: #71 Haiaiel
20: #12 Hahaiah	20: #44 Yelahiah	20: #72 Mumiah
21: #13 Iezalel	21: #45 Sealiah	21: #1 Vehuiah
22: #14 Mebahel	22: #46 Ariel	22: #2 Jeliel
23: #15 Hariel	23: #47 Asaliah	23: #3 Sitael
24: #16 Hekamiah	24: #48 Mihael	24: #4 Elemiah
#17 Lauviah	25: #49 Vehuel	25: #5 Mahasiah
25: #18 Caliel	26: #50 Daniel	26: #6 Lelahel
26: #19 Leuviah	27: #51 Hahasiah	27: #7 Achaiah
27: #20 Pahaliah	28: #52 Imamiah	28: #8 Cahetel
28: #21 Nelkhael	29: #52 Imamiah	29: #9 Haziel
29: #22 Yeiayel		30: #10 Aladiah
30: #23 Melahel		31: #11 Lauviah
31: #24 Haheuiah		

Wie man seinen Geburtsengel der emotionalen Ebene findet:
Im obenstehenden Kalender entspricht die erste Ziffer jeder Kolonne dem Tag des jeweiligen Monats, während die zweite Ziffer der Zahl des Engels entspricht. Zum Beispiel: Wenn Sie am 5. Mai Geburtstag haben, so ist Ihr Schutzengel auf der emotionalen Ebene der Engel #45 *Sealiah*. **Besonderheiten: 1)** Das Sternchen (*) bedeutet, dass an diesem Tag von 0.00 bis 12.00 Uhr der Engel des Vortages die Regentschaft innehat, während sie von 12.00 bis 24.00 Uhr dem

ENGELKALENDER NR. 2 (Fortsetzung)
Emotionale Ebene

APRIL	MAI	JUNI
1: #12 HAHAIAH	1: #41 HAHAHEL	1: #71 HAIAIEL
2: #13 IEZALEL	2: #42 MIKAEL	2: #72 MUMIAH
3: #14 MEBAHEL	3: #43 VEULIAH	3: #1 VEHUIAH
4: #15 HARIEL	4: #44 YELAHIAH	4: #2 JELIEL
5: #16 HEKAMIAH	5: #45 SEALIAH	5: #3 SITAEL
6: #17 LAUVIAH	6: #46 ARIEL	6: #4 ELEMIAH
7: #18 CALIEL	7: #47 ASALIAH	7: #5 MAHASIAH
8: #19 LEUVIAH	8: #48 MIHAEL	8: #6 LELAHEL
9: #20 PAHALIAH	9: #49 VEHUEL	9: #7 ACHAIAH
10: #21 NELKHAEL	10: #50 DANIEL	10: #8 CAHETEL
11: #22 YEIAYEL	11: #51 HAHASIAH	11: #9 HAZIEL
12: #23 MELAHEL	12: #52 IMAMIAH	12: #10 ALADIAH
13: #24 HAHEUIAH	13: #53 NANAEL	13: *
14: #25 NITH-HAIAH	14: #54 NITHAEL	14: #11 LAUVIAH
15: #26 HAAIAH	15: #55 MEBAHIAH	15: #12 HAHAIAH
16: #27 YERATHEL	16: #56 POYEL	16: #13 IEZALEL
17: *	17: #57 NEMAMIAH	17: #14 MEBAHEL
18: #28 SEHEIAH	18: #58 YEIALEL	18: #15 HARIEL
19: #29 REIYEL	19: #59 HARAHEL	19: #16 HEKAMIAH
20: #30 OMAEL	20: *	20: #17 LAUVIAH
21: #31 LECABEL	21: #60 MITZRAEL	21: #18 CALIEL
22: #32 VASARIAH	22: #61 UMABEL	22: #19 LEUVIAH
23: #33 YEHUIAH	23: #62 IAHHEL	23: #20 PAHALIAH
24: #34 LEHAHIAH	24: #63 ANAUEL	24: #21 NELKHAEL
25: #35 CHAVAKHIAH	25: #64 MEHIEL	25: #22 YEIAYEL
26: #36 MENADEL	26: #65 DAMABIAH	26: #23 MELAHEL
27: #37 ANIEL	27: #66 MANAKEL	27: #24 HAHEUIAH
28: #38 HAAMIAH	28: #67 EYAEL	28: #25 NITH-HAIAH
29: #39 REHAEL	29: #68 HABUHIAH	29: #26 HAAIAH
30: #40 IEIAZEL	30: #69 ROCHEL	30: #27 YERATHEL
	31: #70 JABAMIAH	

Engel des nächsten Tages anvertraut ist. Zum Beispiel: Der Engel 27 *Yerathel* regiert am 16. April sowie am 17. April bis 12.00 Uhr, während der Engel 28 *Seheiah* am 17. April ab 12.00 Uhr sowie am 18. April die Regentschaft innehat. 2) Am 24. Januar regiert der Engel 16 *Hekamiah* von 0.00 bis 18.00 Uhr und der Engel 17 *Lauviah* von 18.00 bis 24.00 Uhr, während am 27. Dezember der Engel 59 *Harahel* von 0.00 bis 18.00 Uhr und der Engel 60 *Mitzrael* von 18.00 bis 24.00 Uhr regiert.

ENGELKALENDER NR. 2 (Fortsetzung)
Emotionale Ebene

JULI	AUGUST	SEPTEMBER
1: #28 SEHEIAH	1: #57 NEMAMIAH	1: #15 HARIEL
2: #29 REIYEL	2: #58 YEIALEL	2: #16 HEKAMIAH
3: #30 OMAEL	3: #59 HARAHEL	3: #17 LAUVIAH
4: #31 LECABEL	4: #60 MITZRAEL	4: #18 CALIEL
5: *	5: #61 UMABEL	5: #19 LEUVIAH
6: #32 VASARIAH	6: #62 IAHHEL	6: #20 PAHALIAH
7: #33 YEHUIAH	7: #63 ANAUEL	7: #21 NELKHAEL
8: #34 LEHAHIAH	8: #64 MEHIEL	8: #22 YEIAYEL
9: #35 CHAVAKHIAH	9: #65 DAMABIAH	9: #23 MELAHEL
10: #36 MENADEL	10: #66 MANAKEL	10: #24 HAHEUIAH
11: #37 ANIEL	11: #67 EYAEL	11: #25 NITH-HAIAH
12: #38 HAAMIAH	12: #68 HABUHIAH	12: #26 HAAIAH
13: #39 REHAEL	13: #69 ROCHEL	13: #27 YERATHEL
14: #40 IEIAZEL	14: #70 JABAMIAH	14: #28 SEHEIAH
15: #41 HAHAHEL	15: #71 HAIAIEL	15: #29 REIYEL
16: #42 MIKAEL	16: #72 MUMIAH	16: #30 OMAEL
17: #43 VEULIAH	17: #1 VEHUIAH	17: #31 LECABEL
18: #44 YELAHIAH	18: #2 JELIEL	18: #32 VASARIAH
19: #45 SEALIAH	19: *	19: #33 YEHUIAH
20: #46 ARIEL	20: #3 SITAEL	20: #34 LEHAHIAH
21: #47 ASALIAH	21: #4 ELEMIAH	21: *
22: #48 MIHAEL	22: #5 MAHASIAH	22: #35 CHAVAKHIAH
23: #49 VEHUEL	23: #6 LELAHEL	23: #36 MENADEL
24: #50 DANIEL	24: #7 ACHAIAH	24: #37 ANIEL
25: #51 HAHASIAH	25: #8 CAHETEL	25: #38 HAAMIAH
26: *	26: #9 HAZIEL	26: #39 REHAEL
27: #52 IMAMIAH	27: #10 ALADIAH	27: #40 IEIAZEL
28: #53 NANAEL	28: #11 LAUVIAH	28: #41 HAHAHEL
29: #54 NITHAEL	29: #12 HAHAIAH	29: #42 MIKAEL
30: #55 MEBAHIAH	30: #13 IEZALEL	30: #43 VEULIAH
31: #56 POYEL	31: #14 MEBAHEL	

Wie man seinen Geburtsengel der emotionalen Ebene findet:

Im obenstehenden Kalender entspricht die erste Ziffer jeder Kolonne dem Tag des jeweiligen Monats, während die zweite Ziffer der Zahl des Engels entspricht. Zum Beispiel: Wenn Sie am 5. Mai Geburtstag haben, so ist Ihr Schutzengel auf der emotionalen Ebene der Engel #45 *Sealiah*. **Besonderheiten: 1)** Das Sternchen (*) bedeutet, dass an diesem Tag von 0.00 bis 12.00 Uhr der Engel des Vortages die Regentschaft innehat, während sie von 12.00 bis 24.00 Uhr dem

ENGELKALENDER NR. 2 (Fortsetzung)
Emotionale Ebene

OKTOBER	NOVEMBER	DEZEMBER
1: #44 YELAHIAH	1: #3 SITAEL	1: #33 YEHUIAH
2: #45 SEALIAH	2: #4 ELEMIAH	2: #34 LEHAHIAH
3: #46 ARIEL	3: #5 MAHASIAH	3: #35 CHAVAKHIAH
4: #47 ASALIAH	4: #6 LELAHEL	4: #36 MENADEL
5: #48 MIHAEL	5: #7 ACHAIAH	5: #37 ANIEL
6: #49 VEHUEL	6: #8 CAHETEL	6: #38 HAAMIAH
7: #50 DANIEL	7: #9 HAZIEL	7: #39 REHAEL
8: #51 HAHASIAH	8: #10 ALADIAH	8: #40 IEIAZEL
9: #52 IMAMIAH	9: #11 LAUVIAH	9: #41 HAHAHEL
10: #53 NANAEL	10: #12 HAHAIAH	10: #42 MIKAEL
11: #54 NITHAEL	11: #13 IEZALEL	11: #43 VEULIAH
12: #55 MEBAHIAH	12: #14 MEBAHEL	12: #44 YELAHIAH
13: #56 POYEL	13: #15 HARIEL	13: #45 SEALIAH
14: #57 NEMAMIAH	14: #16 HEKAMIAH	14: #46 ARIEL
15: #58 YEIALEL	15: #17 LAUVIAH	15: #47 ASALIAH
16: #59 HARAHEL	16: #18 CALIEL	16: #48 MIHAEL
17: #60 MITZRAEL	17: #19 LEUVIAH	17: #49 VEHUEL
18: #61 UMABEL	18: #20 PAHALIAH	18: #50 DANIEL
19: #62 IAHHEL	19: #21 NELKHAEL	19: #51 HAHASIAH
20: #63 ANAUEL	20: #22 YEIAYEL	20: #52 IMAMIAH
21: #64 MEHIEL	21: #23 MELAHEL	21: #53 NANAEL
22: #65 DAMABIAH	22: #24 HAHEUIAH	22: #54 NITHAEL
23: #66 MANAKEL	23: #25 NITH-HAIAH	23: #55 MEBAHIAH
24: #67 EYAEL	24: #26 HAAIAH	24: #56 POYEL
25: #68 HABUHIAH	25: #27 YERATHEL	25: #57 NEMAMIAH
26: #69 ROCHEL	26: #28 SEHEIAH	26: #58 YEIALEL
27: #70 JABAMIAH	27: #29 REIYEL	27: #59 HARAHEL
28: #71 HAIAIEL	28: #30 OMAEL	#60 MITZRAEL
29: #72 MUMIAH	29: #31 LECABEL	28: #61 UMABEL
30: #1 VEHUIAH	30: #32 VASARIAH	29: #62 IAHHEL
31: #2 JELIEL		30: #63 ANAUEL
		31: #64 MEHIEL

Engel des nächsten Tages anvertraut ist. Zum Beispiel: Der Engel 27 *Yerathel* regiert am 16. April sowie am 17. April bis 12.00 Uhr, während der Engel 28 *Seheiah* am 17. April ab 12.00 Uhr sowie am 18. April die Regentschaft innehat. 2) Am 24. Januar regiert der Engel 16 *Hekamiah* von 0.00 bis 18.00 Uhr und der Engel 17 *Lauviah* von 18.00 bis 24.00 Uhr, während am 27. Dezember der Engel 59 *Harahel* von 0.00 bis 18.00 Uhr und der Engel 60 *Mitzrael* von 18.00 bis 24.00 Uhr regiert.

ENGELKALENDER NR. 3
INTELLEKTUELLE EBENE

0:00	bis	0:19	Uhr	1	VEHUIAH
0:20	bis	0:39	Uhr	2	JELIEL
0:40	bis	0:59	Uhr	3	SITAEL
1:00	bis	1:19	Uhr	4	ELEMIAH
1:20	bis	1:39	Uhr	5	MAHASIAH
1:40	bis	1:59	Uhr	6	LELAHEL
2:00	bis	2:19	Uhr	7	ACHAIAH
2:20	bis	2:39	Uhr	8	CAHETEL
2:40	bis	2:59	Uhr	9	HAZIEL
3:00	bis	3:19	Uhr	10	ALADIAH
3:20	bis	3:39	Uhr	11	LAUVIAH
3:40	bis	3:59	Uhr	12	HAHAIAH
4:00	bis	4:19	Uhr	13	IEZALEL
4:20	bis	4:39	Uhr	14	MEBAHEL
4:40	bis	4:59	Uhr	15	HARIEL
5:00	bis	5:19	Uhr	16	HEKAMIAH
5:20	bis	5:39	Uhr	17	LAUVIAH
5:40	bis	5:59	Uhr	18	CALIEL
6:00	bis	6:19	Uhr	19	LEUVIAH
6:20	bis	6:39	Uhr	20	PAHALIAH
6:40	bis	6:59	Uhr	21	NELKHAEL
7:00	bis	7:19	Uhr	22	YEIAYEL
7:20	bis	7:39	Uhr	23	MELAHEL
7:40	bis	7:59	Uhr	24	HAHEUIAH
8:00	bis	8:19	Uhr	25	NITH-HAIAH
8:20	bis	8:39	Uhr	26	HAAIAH
8:40	bis	8:59	Uhr	27	YERATHEL
9:00	bis	9:19	Uhr	28	SEHEIAH
9:20	bis	9:39	Uhr	29	REIYEL
9:40	bis	9:59	Uhr	30	OMAEL
10:00	bis	10:19	Uhr	31	LECABEL
10:20	bis	10:39	Uhr	32	VASARIAH
10:40	bis	10:59	Uhr	33	YEHUIAH
11:00	bis	11:19	Uhr	34	LEHAHIAH
11:20	bis	11:39	Uhr	35	CHAVAKHIAH
11:40	bis	11:59	Uhr	36	MENADEL

ENGELKALENDER NR. 3 (Fortsetzung)
INTELLEKTUELLE EBENE

12:00	bis	12:19 Uhr	37	ANIEL
12:20	bis	12:39 Uhr	38	HAAMIAH
12:40	bis	12:59 Uhr	39	REHAEL
13:00	bis	13:19 Uhr	40	IEIAZEL
13:20	bis	13:39 Uhr	41	HAHAHEL
13:40	bis	13:59 Uhr	42	MIKAËL
14:00	bis	14:19 Uhr	43	VEULIAH
14:20	bis	14:39 Uhr	44	YELAHIAH
14:40	bis	14:59 Uhr	45	SEALIAH
15:00	bis	15:19 Uhr	46	ARIEL
15:20	bis	15:39 Uhr	47	ASALIAH
15:40	bis	15:59 Uhr	48	MIHAEL
16:00	bis	16:19 Uhr	49	VEHUEL
16:20	bis	16:39 Uhr	50	DANIEL
16:40	bis	16:59 Uhr	51	HAHASIAH
17:00	bis	17:19 Uhr	52	IMAMIAH
17:20	bis	17:39 Uhr	53	NANAEL
17:40	bis	17:59 Uhr	54	NITHAEL
18:00	bis	18:19 Uhr	55	MEBAHIAH
18:20	bis	18:39 Uhr	56	POYEL
18:40	bis	18:59 Uhr	57	NEMAMIAH
19:00	bis	19:19 Uhr	58	YEIALEL
19:20	bis	19:39 Uhr	59	HARAHEL
19:40	bis	19:59 Uhr	60	MITZRAEL
20:00	bis	20:19 Uhr	61	UMABEL
20:20	bis	20:39 Uhr	62	IAHHEL
20:40	bis	20:59 Uhr	63	ANAUEL
21:00	bis	21:19 Uhr	64	MEHIEL
21:20	bis	21:39 Uhr	65	DAMABIAH
21:40	bis	21:59 Uhr	66	MANAKEL
22:00	bis	22:19 Uhr	67	EYAEL
22:20	bis	22:39 Uhr	68	HABUHIAH
22:40	bis	22:59 Uhr	69	ROCHEL
23:00	bis	23:19 Uhr	70	JABAMIAH
23:20	bis	23:39 Uhr	71	HAIAIEL
23:40	bis	23:59 Uhr	72	MUMIAH

70- Die Engel-Rezitierübung oder Engel-Mantras

Die grundlegende Arbeit zur Integrierung der Engelbewusstseins-zustände ist sehr einfach. Man wiederholt den Namen eines Engels wie ein Mantra, mit einer heiligen Absicht. Diese Übung nennen wir Engel-Rezitierübung oder Engel-Mantra, und im alltäglichen Gebrauch einfach nur Rezitierübung. Es ist eine machtvolle und gleichzeitig sichere Methode, die sowohl von Erwachsenen als auch von Kindern angewandt werden kann. Im Stehen, Gehen, Sitzen oder Liegen atmet man ganz natürlich und wiederholt dabei den Namen des Engels. Man tut dies in seinem eigenen Rhythmus, innerlich oder mit lauter Stimme mehrmals am Tag. Die Engel-Mantras kann man auch vor dem Schlafengehen in der Familie oder mit den Kindern rezitieren. Diese Übung ist in jedem Kontext und in jeder Lebenssituation durchführbar: zu Hause, am Arbeitsplatz, bei den Freizeitbeschäftigungen, auf Reisen, beim Ausruhen, Entspannen oder Meditieren, vor dem Einschlafen und beim Aufwachen, in schwierigen wie in glücklichen Momenten. Durch ihre Integrierung in unseren Alltag bleibt unser Geist stän-dig in Verbindung mit unserer engelhaften Dimension, was deren Inkarnierung in die Materie fördert.

Eine wunderbare Art, die Engelarbeit zu optimieren, ist sie mit dem *Angelica Yoga*, den *Angelica Mantras* oder der *Angelica Musica* zu kombinieren (siehe dazu die am Ende dieses Buches aufgeführ-ten Werke und Schöpfungen).

71- Die Arbeit mit den Engeln

Die Energie, die durch die Rezitierübung aktiviert wird, äußert sich durch Eingebungen, Träume, Zeichen, Fügungen, zeitliche Übereinstimmungen und Synchronismen. Es ist faszinierend, zu beobachten, wie die Inhalte unserer Träume und die Alltagssituati-onen den Qualitäten des angerufenen Engels beziehungsweise den menschlichen Verzerrungen entsprechen und uns offenbaren, wel-che Aspekte wir entwickeln, verwandeln oder bereinigen müssen. Das Rezitieren der Engel-Mantras setzt einen Einweihungsprozess in Gang und in diesem Sinne wirkt der Name des Engels wie eine magische Formel. Die tägliche Anwendung dieser Methode bewirkt eine stufenweise Öffnung des Unterbewusstseins und des Unbewusstseins, die sich auf verschiedene Arten äußert:

⊙ Zunächst können die Seelenzustände von einem Extrem zum andern schwanken, zum Beispiel von intensivem Wohlbefinden zu tiefen Ängsten.

⊙ Die physischen Sinne (Sehen, Hören, Riechen, Fühlen, Schmecken) werden außerordentlich geschärft, bis hin zur Ausbildung der metaphysischen Sinne (Hellsehen, Hellhören, Hellriechen, Hellfühlen etc.).

⊙ Die Anzahl und die Intensität der Träume steigern sich allmählich und die Traumdeutung wird leichter, wenn man seine Träume mit der Engelessenz in Verbindung bringt, mit der man gerade arbeitet. Träumt man nicht oder kann man sich nicht an seine Träume erinnern, so wird man nach einigen Wochen fleißiger Engel-Rezitierübung feststellen, dass die Träume ausgelöst werden, man sich besser an sie erinnert und sie auch besser verstehen kann.

⊙ Die Traumdeutung und das Lesen der alltäglichen Zeichen führen zu tiefen mystischen Erfahrungen.

⊙ Man entwickelt eine große spirituelle Autonomie, da man durch das Studium der Zeichen und Träume innerlich über die verschiedenen Etappen seines Einweihungswegs unterrichtet ist.

⊙ Die Seele wird befähigt, sich vom Körper zu entfernen, die Parallelwelten zu besuchen und die Geheimnisse des Universums zu entdecken.

Die Arbeit mit den Engelenergien führt den Menschen über die Grenzen von Raum und Zeit hinaus und ermöglicht ihm das Reisen durch die zahlreichen Dimensionen der Schöpfung.

Die folgenden Seiten bieten eine Übersicht der Qualitäten der 72 Engel sowie der entsprechenden menschlichen Verzerrungen.

DIE HAUPTQUALITÄTEN DER 72 ENGEL

1	VEHUIAH	Göttlicher Wille, dient als Vorbild, geht als gutes Beispiel voran
2	JELIEL	Liebe, Weisheit
3	SITAEL	Aufbau, innerlicher und äußerlicher Baumeister
4	ELEMIAH	Göttliche Macht, gerechte Autorität, Studium des Lebensplans, Beteiligung an der Schicksalsgestaltung
5	MAHASIAH	Berichtigung der Fehler, Studium der Symbole, der Zeichen, der Traumdeutung und der Sprachen
6	LELAHEL	Das Göttliche Licht, das alles heilt (das Licht der Liebe)
7	ACHAIAH	Geduld, gute Verwendung der Wartezeiten, hilft die Wahrheit und die verborgenen Geheimnisse aufzudecken
8	CAHETEL	Göttlicher Segen, Harmonie mit den Kosmischen Gesetzen, Schutzpatron der vier Elemente: Feuer, Luft, Wasser, Erde
9	HAZIEL	Göttliche Liebe und Barmherzigkeit, Gabe des Verzeihens, Güte, die alles Böse vergibt
10	ALADIAH	Göttliche Gnade, zweite Chance, neuer Aufbruch
11	LAUVIAH	Göttlicher Sieg, Ergebenheit und Liebe für Gottes Werk, Sachverstand, Erfolg bei für die Menschheit nützlichen Unternehmen
12	HAHAIAH	Himmlische Zuflucht, Meditation, Verinnerlichung, liebt die Einsamkeit und das Alleinsein
13	IEZALEL	Treue, seelische und geistige Verwandtschaft, Freundschaft
14	MEBAHEL	Engagement, humanitäre Hilfe, bedingungslose Liebe, setzt sich für die Wahrheit, die Freiheit und die Gerechtigkeit ein
15	HARIEL	Läuterung, Reinigung, befreit von jeglicher Form der Abhängigkeit
16	HEKAMIAH	Loyalität gegenüber den Göttlichen Prinzipien, Friedensstifter
17	LAUVIAH	Offenbarungen, intuitives Verstehen, Telepathie
18	CALIEL	Göttliche Wahrheit und Gerechtigkeit

DIE HAUPTQUALITÄTEN DER 72 ENGEL
(Fortsetzung)

19	LEUVIAH	Ausdehnung der Intelligenz, Erinnerung der früheren Leben, Kosmisches Gedächtnis, hilft denen, die Hilfe brauchen
20	PAHALIAH	Erlösung, Rettung, Erkenntnis von Gut und Böse
21	NELKHAEL	Erleichterung des Lernens, studiert gerne, gute Konzentrationsfähigkeit, Allwissenheit, Lehrer, Pädagoge
22	YEIAYEL	Berühmtheit, Renommee, Menschenfreund, Großzügigkeit
23	MELAHEL	Fähigkeit zu heilen, Arzt, Heiler, Naturheilkunde und Pflanzenheilkunde, gesunde Nahrung, Umweltschutz
24	HAHEUIAH	Schutz, Beschützung und Warnung vor Gefahren
25	NITH-HAIAH	Träger der Göttlichen Weisheit und Liebe, Meisterung der spirituellen Kräfte, weiße Magie, wünscht andern das Gute
26	HAAIAH	Diskretion, Takt, Organisationssinn, Familiensinn
27	YERATHEL	Vertrauen, Optimismus, unerschöpfliche Energiequelle
28	SEHEIAH	Voraussicht, Vorsorge, Fürsorge, Schutz vor Blitzschlag, Brand, Sturz, Unfällen und Krankheiten, Wunderheilung, Rehabilitation
29	REIYEL	Befreiung, freier Bürger des Universums, stellt eine Verbindung zu den Geistigen Führern her
30	OMAEL	Vermehrung, Planung, Materialisierung, Entfaltung, Freude, Schutzpatron des Pflanzen- und Tierreichs
31	LECABEL	Begabung für die Lösung der Rätsel des Lebens, klarer Verstand, starker Intellekt, findet praktische Lösungen, Zukunftsplaner
32	VASARIAH	Milde, Güte, Aufrichtigkeit, Wohlwollen, Großherzigkeit, Großzügigkeit, Bescheidenheit, Liebenswürdigkeit, Edelmut
33	YEHUIAH	Unterordnung, Fähigkeit, die wahre Hierarchie zu erkennen
34	LEHAHIAH	Gehorsamkeit, Disziplin, Rechtschaffenheit, Unbestechlichkeit
35	CHAVAKHIAH	Versöhnung, harmonische Familienbeziehungen, Vermittler
36	MENADEL	Arbeit, Berufung, hilft eine Arbeitsstelle finden, schenkt Arbeitswillen und das richtige Verständnis der Arbeit

DIE HAUPTQUALITÄTEN DER 72 ENGEL
(Fortsetzung)

37	ANIEL	Befreit von den schlechten Gewohnheiten, den alten Strukturen sowie den negativen Kräften und Abhängigkeiten
38	HAAMIAH	Versteht die Bedeutung und Notwendigkeit der Vorbereitungen, Rituale und Zeremonien, Verhaltenswissenschaft, Lebenskunst
39	REHAEL	Rezeptivität und Unterstellung unter die Göttliche Gerechtigkeit, Gehorsam, Respekt, Achtung vor der Hierarchie
40	IEIAZEL	Trost, Aufmunterung
41	HAHAHEL	Mission, Seelengröße
42	MIKAEL	Politische Ordnung, die die Himmlischen Gesetze achtet
43	VEULIAH	Wohlstand, Reichtum, edle Gefühle, bedingungsloses Geben
44	YELAHIAH	Krieger des Lichts, Himmlischer Beschützer
45	SEALIAH	Motivation, Begeisterung, Eifer, Schwung
46	ARIEL	Offenbarende Wahrnehmung, Fähigkeiten des Hellsehens, Hellhörens, Hellriechens, Hellschmeckens und Hellfühlens
47	ASALIAH	Kontemplation, globale Vision, Gesamtüberblick
48	MIHAEL	Fruchtbarkeit, Heirat, Treue, Frieden und Harmonie zwischen Mann und Frau
49	VEHUEL	Erhebung zu Größe und Weisheit, Erleuchtung, Loslösung von der Materie, Altruismus, Brüderlichkeit, humanitäre Hilfe
50	DANIEL	Redekunst, schöne, angenehme Ausdrucksweise, die niemanden verletzt, Gesang
51	HAHASIAH	Universalmedizin, großer Heiler, erkennt und versteht die Ursachen von Krankheit und Schmerz
52	IMAMIAH	Kann seine Fehler erkennen, eingestehen und wiedergutmachen, schließt mit seinen Feinden Frieden, Mut, Demut, innere Stärke
53	NANAEL	Kommunikation mit Gott, liebt die Einsamkeit und die Meditation und interessiert sich für das spirituelle Leben
54	NITHAEL	Ewige Jugend, Anmut, Feinheit, kindliche Frische
55	MEBAHIAH	Intellektuelle Klarsicht, schöne Ideen
56	POYEL	Vermögen, Unterstützung, Reichtum auf allen Ebenen

DIE HAUPTQUALITÄTEN DER 72 ENGEL
(Fortsetzung)

57	NEMAMIAH	Unterscheidungsvermögen, Entscheidungskraft, kann die Ursache der Probleme erkennen, begabter Geist
58	YEIALEL	Verstandeskraft, Geistesstärke, großes Denkvermögen, Konzentrationsfähigkeit, Präzisionsliebe
59	HARAHEL	Intellektueller Reichtum, praktische Intelligenz, lernt gerne und leicht
60	MITZRAEL	Instandsetzung, Reparatur, Berichtigung, Wiedergutmachung
61	UMABEL	Freundschaft, geistige und seelische Verwandtschaft, Studium der Resonanzen, Enthüllung der Geheimnisse des Mineral-, Pflanzen- und Tierreichs
62	IAHHEL	Wiederfinden des wahren Wissens und der wahren Erkenntnis
63	ANAUEL	Wahrnehmung der Einheit, Bürger des Universums
64	MEHIEL	Belebung, Inspiration, positive Kraft für die intellektuelle Arbeit, unter anderem auch für den Umgang mit Computern
65	DAMABIAH	Quelle der Göttlichen Weisheit, Reinheit
66	MANAKEL	Erkenntnis von Gut und Böse, befreit das im Inneren verborgenePotenzial, Wiedervereinigung von Körper und Seele
67	EYAEL	Sublimierung, Verwandlung, Mutation, Metamorphose, Transfiguration (Verklärung), Transsubstantiation (Verwandlung einer Substanz in eine andere)
68	HABUHIAH	Heilung, gleicht Phasen- und Zeitverschiebungen zwischen den feststofflichen und den feinstofflichen Ebenen aus und bringt wieder in Einklang mit den Göttlichen Gesetzen
69	ROCHEL	Rückerstattung, hilft verlorene und gestohlene Gedanken, Gefühle und Sachen wiederfinden
70	JABAMIAH	Alchemie, verwandelt das Böse in das Gute
71	HAIAIEL	Göttliche Waffen, hilft das Unterscheidungsvermögen und eine lichtvolle Aura entwickeln, die wie die Kraft eines Schwertes und ein Göttliches Schutzschild wirken, schenkt Mut und Tapferkeit und befreit von denen, die uns unterdrücken
72	MUMIAH	Wiedergeburt, hilft das Gesetz der Reinkarnation verstehen, setzt den Keim für ein neues Leben und bringt zum Abschluss, was beendet werden muss, hilft bei der Sterbebegleitung

DIE MENSCHLICHEN VERZERRUNGEN

1 VEHUIAH	Schwacher Wille, dickköpfig, leicht wütend, autoritär, handelt, ohne zu überlegen, will das Schicksal erzwingen
2 JELIEL	Mangelnde Liebe, fehlende Weisheit, Uneinigkeit, Streit
3 SITAEL	Zerstörerische Kraft, die Zusammenbrüche verursacht, aggressiv, gierig, maßlos, undankbar, prahlerisch, heuchlerisch
4 ELEMIAH	Manipuliert, um seine persönlichen Bedürfnisse zu befriedigen
5 MAHASIAH	Rachsüchtig, nachtragend, voller Vorurteile, arrogant, boshaft
6 LELAHEL	Ehrgeizig, hochmütig, verschwenderisch, lebt über seine Mittel, nimmt alles als selbstverständlich an, hält sich für unentbehrlich
7 ACHAIAH	Ungeduld, Faulheit, hat keine Lust zu lernen, Unwissenheit, Misserfolg bei Prüfungen, Resignation
8 CAHETEL	Denkt nur an sich, stur, starrsinnig, willkürlich, hochmütig
9 HAZIEL	Fehlende Liebe, besitzergreifend, eifersüchtig, boshaft unversöhnlich, kriegerisch, hassvoll, hat Angst vor der Liebe
10 ALADIAH	Interesse für die Hexenkunst, Verschwendung, Fresssucht (Bulimie)
11 LAUVIAH	Misserfolg, Neid, Eifersucht, Ehrgeiz, Machtgier, Verleumdung
12 HAHAIAH	Isoliert sich und kapselt sich ab, negative Einstellung, krankhafte Ängste (Klaustrophobie, Agoraphobie…)
13 IEZALEL	Untreue, hält die geliebten Menschen fern, zieht aus seinen Erfahrungen keine Lehren
14 MEBAHEL	Hält seine Verpflichtungen und Versprechungen nicht ein, lügt, hat das Gefühl, nicht geliebt zu werden oder verstoßen zu sein
15 HARIEL	Engstirnig, puritanisch, extremistisch
16 HEKAMIAH	Verrat, Intrigen, Krieg, Revolten, innere Zerrissenheit, verursacht Uneinigkeit, Ichbezogenheit, Götzenanbetung
17 LAUVIAH	Traurigkeit, Sorgen und seelische Qualen, Depression und Hyperaktivität, Unwissenheit, Gottlosigkeit, Außenseitertum
18 CALIEL	Lüge, Unehrlichkeit, Falschheit, Schmeichelei

DIE MENSCHLICHEN VERZERRUNGEN
(Fortsetzung)

19	LEUVIAH	Verlust der intellektuellen Fähigkeiten, Gedächtnislücken
20	PAHALIAH	Missbrauch und Vergeudung der Lebenskraft, oberflächliche Liebschaften, Extremismus und Fanatismus, schweres Schicksal
21	NELKHAEL	Unwissenheit, lehnt das Lernen ab
22	YEIAYEL	Bedürfnis nach Anerkennung und Berühmtheit, Profitgier
23	MELAHEL	Krankheiten, Umweltverschmutzung, ungesunde Nahrung
24	HAHEUIAH	Fehlender Schutz, erntet die Früchte der Gewalt, versteht den Sinn der Prüfungen nicht
25	NITH-HAIAH	Schwarze Magie, Zauberei und Hexenkunst, Besessenheit
26	HAAIAH	Taktlosigkeit, Ichbezogenheit, familiäre Probleme
27	YERATHEL	Hyperaktivität, mangelndes Vertrauen, Abhängigkeiten
28	SEHEIAH	Unvorsichtigkeit, Unbesonnenheit, Energiestrudel, übermäßige Willenskraft, Ängstlichkeit, Handlungsunfähigkeit, Zukunftsangst
29	REIYEL	Durchlebt einschränkende Situationen und Sackgassen, fühlt sich gefangen, Scheinheiligkeit, schlechter Umgang
30	OMAEL	Erfolglosigkeit, wiederholtes Scheitern, mangelnde Planung und Organisation, misslungene Materialisierung
31	LECABEL	Manipuliert und beutet seine Mitmenschen aus, dunkle Geschäfte, übereiltes Handeln, schlechte Verwendung der Mittel
32	VASARIAH	Rache, Gemeinheit, Schuld, Schuldgefühle
33	YEHUIAH	Rebellion, Aggressivität, verweigert jegliche Unterordnung
34	LEHAHIAH	Ungehorsam, Widerspruchsgeist, Wettbewerbsdenken
35	CHAVAKHIAH	Familiäre Probleme, Uneinigkeit, Zwietracht, Kränkung
36	MENADEL	Will nicht arbeiten, Schwierigkeit, einen Arbeitsplatz zu finden, Arbeitsplatzverlust, versteht den Sinn der Arbeit nicht

DIE MENSCHLICHEN VERZERRUNGEN
(Fortsetzung)

37	Aniel	Lehnt neue Ideen, neue Denkweisen und Veränderungen ab, dreht mit den gleichen Gedanken im Kreis herum, kämpft verbissen, um das Alte zu erhalten
38	Haamiah	Mangelnde Vorbereitung, schlechte Manieren, Lüge, verweigert die Beachtung der Regelnt
39	Rehael	Verweigert den Gehorsam, Widerspenstigkeit und Respektlosigkeit gegenüber der Hierarchie, mangelndes Zuhören
40	Ieiazel	Traurigkeit, pessimistische Gedanken, Abhängigkeiten, zerstörerische Musik und andere zerstörerische Formen der Kunst
41	Hahahel	Versucht zu überzeugen, fühlt sich verfolgt, Spott, Verachtung
42	Mikael	Unordnung in allen Lebensbereichen, Verrat, üble Nachrede
43	Veuliah	Denkt nur an Geld und Besitz, Geld- und Energievergeudung
44	Yelahiah	Extremist, Terrorist, Krieg, Brutalität, Massaker, Gefängnis
45	Sealiah	Mangelnde Motivation und Begeisterung, Hochmut, Eitelkeit
46	Ariel	Falsche Wahrnehmung, unsinniges Verhalten, Missgeschicke
47	Asaliah	Falsche Anschauungen, Verbreitung gefährlicher, irreführender Lehren, Lügen, Unwissenheit
48	Mihael	Eifersucht, Uneinigkeit, Untreue, Trennung, Scheidung
49	Vehuel	Erniedrigt die anderen, egoistisch, prinzipienlos, scheinheilig, kennt keine Brüderlichkeit
50	Daniel	Verwendet seine Redegewandtheit auf egoistische Weise, Beschwatzer, Betrüger, Sprachschwierigkeiten, entartete Sprache
51	Hahasiah	Versteht Ursprung und Ursache von Krankheit und Schmerz nicht, Scharlatan, missbraucht die Gutgläubigkeit der andern
52	Imamiah	Will seine eigenen Fehler und Missetaten nicht einsehen, rebellischer Geist, Rauferei, verschlimmert sein Karma, erschwert sein Schicksal, hat Probleme in seinem Liebesleben
53	Nanael	Lehnt die Spiritualität ab, Unwissenheit, irrt und täuscht sich oft
54	Nithael	Verführerisches Verhalten, legt Wert auf Schein und äußere Schönheit, Magersucht (Anorexie), Fresssucht (Bulimie), Gefühl der Überlegenheit oder Minderwertigkeitsgefühl

DIE MENSCHLICHEN VERZERRUNGEN
(Fortsetzung)

55	MEBAHIAH	Mangel an Ideen, undurchlässiger Verstand, Misstrauen, bekämpft die positiven Gedanken, unzufriedener Perfektionist
56	POYEL	Armut, Verschwendung, schlechte Verwendung der Ressourcen, Prahlerei, stellt seinen materiellen Reichtum zur Schau
57	NEMAMIAH	Düstere, prinzipienlose Gesinnung, dunkles, verworrenes Leben, Unentschlossenheit, bleibt in der Routine festgefahren, schreitet nicht zur Tat, will keine Erfahrungen sammeln
58	YEIALEL	List, Hinterlist, Verschlagenheit, drängt seine Ideen auf
59	HARAHEL	Intellektuelle Schwierigkeiten, steriler Verstand, erfolglose Projekte, schlechte Beeinflussung der Menschheit
60	MITZRAEL	Verweigert jegliche Einsicht und Wiedergutmachung, Kritiksucht, Kompliziertheit, chronische Müdigkeit, Migräne
61	UMABEL	Tut sich schwer, Freunde zu finden, einsames Herz, Außenseiter, hat Probleme mit der Mutter
62	IAHHEL	Will nicht lernen, tut aber so, als würde er wissen, Schwindler, falscher Gelehrter
63	ANAUEL	Fühlt sich von den anderen getrennt, Mangel an gesundem Menschenverstand, beschränktes Denkvermögen
64	MEHIEL	Inspirationsmangel, Kritik, spielt eine Rolle, verformt die Wirklichkeit, will das Schicksal erzwingen
65	DAMABIAH	Emotionale Probleme, unbeständige Gefühle
66	MANAKEL	Kann Gut und Böse nicht unterscheiden, gefährliche Freundschaften
67	EYAEL	Hat Angst vor Veränderungen, schreitet von Erfahrung zu Erfahrung, ohne sie zu verstehen, Trägheit, ungesunde, künstliche Nahrung, meditiert nicht
68	HABUHIAH	Ansteckende Krankheiten, Epidemien, Plagen, Hungersnot, Verschiebung zwischen Gedanken und Gefühlen
69	ROCHEL	Eignet sich an, was ihm nicht gehört, Diebstahl, List, Ruin
70	JABAMIAH	Blockierungen, neigt dazu, sich in Problemen festzufahren, unfähig, sich ein Ziel zu setzen, hat Angst vor Veränderung und Tod, ungläubig, versteht das Gute und das Böse nicht
71	HAIAIEL	Terrorist, Extremist, kriminelle Ideen, Waffenlieferung, Krieg, Diktatur, Tyrannei
72	MUMIAH	Liebt das Leben nicht, Verzweiflung, Depression, Ausweglosigkeit, Selbstmord, unfähig, zu beenden, was man begonnen hat

72- Die Engelarbeit weltweit

Seit der Gründung der Universe/City Mikaël (UCM) im Jahr 2001 ist die Zahl der freiwillig Mitarbeitenden kontinuierlich gestiegen. Gegenwärtig sind weltweit mehr als 500 Menschen in den verschiedenen Arbeitsetappen der vielfältigen Projekte tätig: Organisation, Redaktions-, Korrektur- und Übersetzungsarbeiten, Grafik, künstlerisches Schaffen, Verbreitung usw. Das Wissen der Engellehre, der Symbolsprache und der Deutung der Träume & Zeichen vermitteln wir – in Zusammenarbeit mit anderen Referenten – in Vorträgen, Workshops, Webseminaren und Studiencamps, in den von der Klinik Angelica Pratica angebotenen Sprechstunden und Behandlungen sowie im Rahmen eines Studien- und Ausbildungsprogramms an Menschen aus allen Berufsbereichen (Lehrer, Ärzte, Pflegepersonal, Therapeuten usw.). Unser gemeinsames Ziel ist es, den Menschen dabei zu helfen, den Verwandlungsprozess zum Engel harmonisch zu erleben.

Die inzwischen weltweit verbreiteten Schriften erreichen immer mehr Seelen... künftige Eingeweihte, die an sich arbeiten wollen, um ihre Schwächen und Verzerrungen zu transzendieren, die Qualitäten, Tugenden und Kräfte der Engel zu entwickeln und in alle Bereiche ihres Alltagsleben zu integrieren. Sie alle streben danach, Engel auf Erden zu werden und durchleben wie ich selbst im Laufe meines Verwandlungsprozesses intensive Einweihungen, die sie tagtäglich verändern.

Meine Frau Christiane und ich haben das Glück, diese Engel-Mission auf Erden mit unserer Tochter Kasara und ihrem Partner Anthony zu teilen, die ebenfalls die Wohltaten des engelhaften Lebens manifestieren und lehren.

Unsere Botschaft: SIE KÖNNEN EIN ENGEL AUF ERDEN WERDEN

Die Engel werden oft auf zu oberflächliche und abstrakte Weise dargestellt, obwohl sie in Wirklichkeit die Schlüssel zum universellen Bewusstsein sind. Unser Ziel ist es, die Menschen unabhängig von ihrer Nationalität, Herkunft und Religion zur Erkenntnis zu führen, dass die Entfaltung unseres Engelpotenzials der wahre Grund unseres Daseins auf Erden ist.

Für weitere Informationen besuchen Sie bitte unsere Internet-Seiten **www.ucm.ca** und **www.72engel.eu**

INHALTSVERZEICHNIS

Danksagung

Wir danken von ganzem Herzen allen freiwilligen Helfern und Helferinnen, die mitwirken, um die Symbolsprache, die Traditionelle Engellehre und das Angelica Yoga weltweit bekannt zu machen.

*

Kontaktmöglichkeiten

Die *Universe/City Mikaël* (UCM) organisiert in den deutschsprachigen Ländern regelmäßig Vortragstourneen und führt ebenfalls englisch- sowie französischsprachige Vorträge, Workshops, Webseminare, Studiencamps und eine Intensivausbildung in der Deutung der Träume, Zeichen & Symbole durch.

Die Klinik *Angelica Pratica* bietet ganzheitliche energetische Behandlungen in Kanada sowie weltweit über Skype Lebenshilfe und Beratung bei der persönlichen spirituellen Entwicklung an.

Wenn Sie bei der Organisation einer Aktivität in Ihrer Region mitwirken oder als Freiwillige mitarbeiten möchten, nehmen Sie bitte mit uns Kontakt auf unter:

VERLAG UNIVERSE/CITY MIKAËL (UCM)

Gemeinnütziger Verein
Chemin d'Arche 41A
CH-1870 Monthey
Schweiz

Telefon: (0041) 24 471 92 17
E-Mail: verlag@ucm.ca
Homepage: www.ucm.ca oder www.72engel.eu

Informationen über die Klinik Angelica Pratica finden Sie unter: www.angelicapratica.ca

*Die **Universe/City Mikaël (UCM)** ist ein gemeinnütziger Verein und in keiner Weise irgendeiner Bewegung oder religiösen Gruppe verbunden. Die im Rahmen der UCM erteilte und verbreitete Lehre ist universeller Art und richtet sich an alle.*

www.ucm.ca

verlag@ucm.ca

EBENFALLS BEI UNSEREM VERLAG ERHÄLTLICH

DAS BUCH DER ENGEL, Band 1
Träume - Zeichen - Meditationen
Kaya und Christiane Muller
ISBN: 978-2-92397-13-8

DAS BUCH DER ENGEL
Träume - Zeichen - Meditationen
Die Heilung der Erinnerungen
Kaya und Christiane Muller
ISBN: 978-2-923097-20-6

ANGELICA YOGA
Einführung
Kaya und Christiane Muller
ISBN: 978-2-923097-23-7

DIE KARTEN DER 72 ENGEL
Träume - Zeichen - Meditationen
Kaya und Christiane Muller
ISBN: 978-2-923097-15-2

WIE MAN DIE ZEICHEN LIEST
Eine Einweihungspsychologie
Kaya und Christiane Muller
ISBN: 978-2-923097-18-3

DIE DEUTUNG DER TRÄUME & ZEICHEN
Kaya
ISBN: 978-2-923654-16-4

DICTIONARY
DREAMS - SIGNS - SYMBOLS
THE SOURCE CODE
ISBN: 978-2-923654-25-6
e-Book ISBN: 978-2-923654-43-0

EIN ENGEL WERDEN
Der Weg der Erleuchtung
Autobiografie
Kaya
ISBN: 978-2-923654-51-5

DREAM JOURNAL
Born Under the Star of Change
200 weiße Seiten, die darauf warten,
mit Ihren Träumen gefüllt zu werden...
ISBN: 978-2-923654-20-1

**DAS SPIRITUELLE TAGEBUCH EINES
NEUNJÄHRIGEN KINDES**
Kasara
ISBN: 978-2-923097-21-3

**DAS SPIRITUELLE TAGEBUCH
EINER JUGENDLICHEN**
Kasara
ISBN: 978-2-922467-24-6

IM LAND DES BLAUEN HIMMELS
Text: Kaya und Christiane Muller
Illustration: Gabriell
ISBN: 978-2-923097-22-0

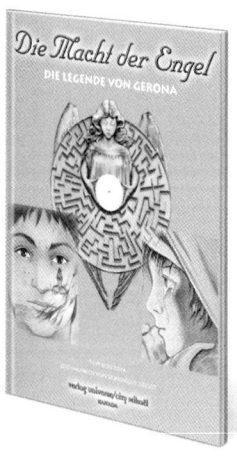

DIE MACHT DER ENGEL
Die Legende von Gerona
Text: Kaya / Zeichnungen:
Dominique Grelot
ISBN: 978-2-923097-99-2

ANGELICA MANTRA VOL. 1
ENGEL 1 bis 12
Kasara
ISBN: 978-2-923654-35-5

ANGELICA MANTRA VOL. 2
ENGEL 13 bis 24
Kasara
ISBN: 978-2-923654-36-2

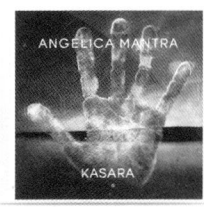

ANGELICA MANTRA VOL. 3
ENGEL 25 bis 36
Kasara
ISBN: 978-2-923654-37-9

ANGELICA MANTRA VOL. 4
ENGEL 37 bis 48
Kasara
ISBN: 978-2-923654-38-6

ANGELICA MANTRA VOL. 5
ENGEL 49 bis 60
Kasara
ISBN: 978-2-923654-39-3

CD-Kollektion ANGELICA MUSICA
Instrumentalmusik von André Leclair und Kaya

CD 1: (Engel 72 bis 67) ISBN: 978-2-923097-39-8	CD 7: (Engel 36 bis 31) ISBN: 978-2-923097-45-9	
CD 2: (Engel 66 bis 61) ISBN: 978-2-923097-40-4	CD 8: (Engel 30 bis 25) ISBN: 978-2-923097-46-6	
CD 3: (Engel 60 bis 55) ISBN: 978-2-923097-41-1	CD 9: (Engel 24 bis 19) ISBN: 978-2-923097-47-3	
CD 4: (Engel 54 bis 49) ISBN: 978-2-923097-42-8	CD 10: (Engel 18 bis 13) ISBN: 978-2-923097-48-0	
CD 5: (Engel 48 bis 43) ISBN: 978-2-923097-43-5	CD 11: (Engel 12 bis 7) ISBN: 978-2-923097-49-7	
CD 6: (Engel 42 bis 37) ISBN: 978-2-923097-44-2	CD 12: (Engel 6 bis 1) ISBN: 978-2-923097-50-3	

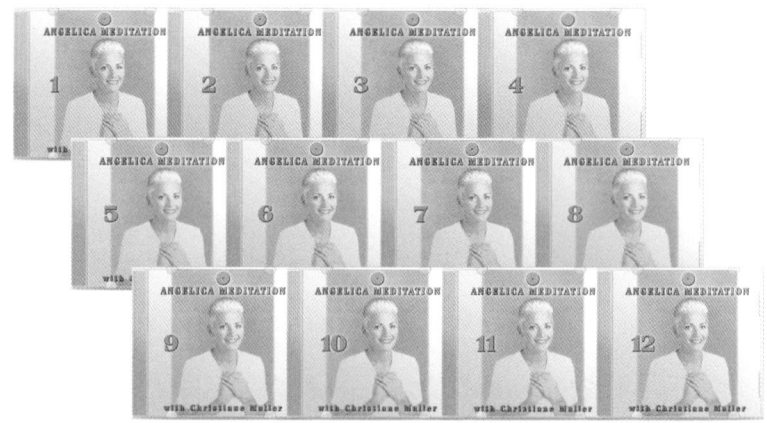

ANGELICA MEDITATION COLLECTION (in Englisch)

CD 1: (Angels 72 to 67) ISBN: 978-2-923097-68-8
CD 2: (Angels 66 to 61) ISBN: 978-2-923097-69-5
CD 3: (Angels 60 to 55) ISBN: 978-2-923097-70-1
CD 4: (Angels 54 to 49) ISBN: 978-2-923097-71-8
CD 5: (Angels 48 to 43) ISBN: 978-2-923097-72-5
CD 6: (Angels 42 to 37) ISBN: 978-2-923097-73-2

CD 7: (Angels 36 to 31) ISBN: 978-2-923097-74-9
CD 8: (Angels 30 to 25) ISBN: 978-2-923097-75-6
CD 9: (Angels 24 to 19) ISBN: 978-2-923097-76-3
CD 10: (Angels 18 to 13) ISBN: 978-2-923097-77-0
CD 11: (Angels 12 to 7) ISBN: 978-2-923097-78-7
CD 12: (Angels 6 to 1) ISBN: 978-2-923097-79-4

BORN UNDER THE STAR OF CHANGE
13 inspirierender Lieder, die Geist und Seele berühren...
CD-Album mit 36-seitigem Begleitbüchlein
ISBN: 627843159308

DIE KLIMAVERÄNDERUNGEN IM MENSCHEN
Kaya und Christiane Muller
ISBN: 978-2-923097-92-3

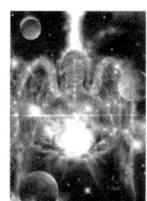

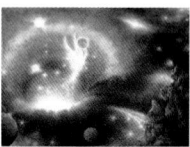

WUNSCHKARTEN EXPOSITION ANGELICA
Kunstmaler: Gabriell
Eine Auswahl von 65 Wunschkarten

NOTIZEN

NOTIZEN